Günter von Hummel

# DAS GERADE UND
# DAS *GEKRÜMMTE*

Theorie und Praxis eines neuen selbstanalytischen Verfahrens

Das Umschlagsbild von T. Heydecker zeigt exemplarisch für alle Lebewesen einen Hund in seiner Vielschichtig- und Schattenhaftigkeit, kurz: in seiner Mehrdimensionalität. So muss man sich auch die unbewusste Seele des Menschen vorstellen, die – laut dem Psychoanalytiker J. Lacan in ihrer topologischen Struktur verwunden, gestaucht, verwickelt und verzogen ist. Dennoch zeigt das Bild die Seele gerade in ihrer sich aufrichtenden, noch oben strebenden Gestaltung als Möglichkeit der Menschwerdung.

Herstellung und Verlag Books on Demand, Norderstedt
3. Auflage 2019
ISBN 978-3-8334-3660-4
Lektorat: S. Möckel, München

# INHALTSVERZEICHNIS

VORWORT              5

I. DIE PSYCHOANALYSE VON STEFAN R.
I.1 Erste Stellungnahme zur Fallgeschichte       30
I.2 Versuch einer ersten Deutung       69
I.3 Psychoanalyse oder Mystik       99

II. DER ANDERE UNSER SELBST
II.1 Der Schlag der Fremdheit       119
II.2 Eine Psychoanalyse des *Anderen*       137

III. DER DISKURS ALS SOLCHER
III.1 Praktische Anwendung       156
III.2 *Pass-Worte*, gerade und gekrümmt       166
III.3 *Analytische Psychokatharsis*       179

Nachwort       185

LITERATURVERZEICHNIS       194

„Während jene als *verrückt* gelten, die den Verlust der menschlichen Werte nicht mehr ertragen, wird denen *Normalität* bescheinigt, die sich von ihren menschlichen Wurzeln getrennt haben"
(Arno Gruen)

## VORWORT

„*Schneeblumenscharte, Kindstagstraum und Märzschmelze, die hereinbricht mit endlosen Tagen. . . später dann hieß es: ,ist für uns gestorben, was heißt für uns? Wer sagt das? Die Theologen? Für uns Kinder jedenfalls nicht. Ich habe gelesen, dass der Tod ein Skandal ist, ein Skandalon, eine Schande . . . schade . . . .*"
„*Spreche ich so? So geartet, geh´ artig, A- r - Tick? Wir taumelten durch, traumverspielt. . . ja selbst geträumt, gedacht, nachtgemacht . . Aber um was geht es eigentlich? Ich kann mit der Welt nichts mehr anfangen. Ich passe nicht hierher. Ich habe nie hierher gepasst. Ich will auch nicht hierher passen. Meine Kindheit ist an mir vorübergegangen wie ein eigenartiger Film. Ein Heimatfilm, eine Berg-, Waldwege- und Feldwiesenschnulze. Wie ein Plot von gekrümmten, halbstummen, schüchten, schlichtest-schlichten und einfachst-einfachen Menschen. Ich habe keinen Raum für die Zeit und keine Zeit für den Raum mehr. Und nichts für niemand . . ?*"

So beginnen die ersten Seiten tagebuchartiger Notizen des 42-jährigen psychisch verstörten Stefan R., der im Januar 1985 zu mir in psychoanalytische Behandlung kam, die ich unter dem Gesichtspunkt eines ganz einfachen Konzeptes darstellen will. Die psychoanalytische Behandlung von ,Psychosen'[1] ist bis heute umstritten, obwohl es vor allem in neuerer Zeit zahlreiche Veröffent-

---

[1] Ich schreibe ,Psychose' in Anführungszeichen, weil der Begriff zu vielschichtig ist und gebe im Lauf des Buches andere Bezeichnungen dafür. In diesem Sinne lasse ich auch die Klassifizierung offen, die auf Stefan R. zutreffen sollte. Einige Ärzte haben gesagt, er sei ,psychotisch', was immer darunter zu verstehen sein mag.

lichungen dazu gibt. Aber die meisten dieser Arbeiten beschäftigen sich mit der Theorie, und die Praxis, vor allem der praktische Effekt nach langer Behandlungs- und Beobachtungszeit, bleibt offen. Zudem sind die Behandlungskonzepte (mehr lerntherapeutische oder mehr psychoanalytische) sehr widersprüchlich. Freud hatte festgestellt, dass 'Psychosen' psychoanalytisch nicht behandelbar sind, weil der „psychotisch" Kranke keine *Übertragung* aufweise. Unter *Übertragung* versteht man in der Psychoanalyse den Vorgang einer Verschiebung, Aktualisierung und Verdichtung von Bedeutungen, die der Patient in Richtung auf die Person des Psychoanalytikers vornimmt. Sie ist das wesentlichste Element in der psychoanalytischen Behandlung, weil der Therapeut damit in der Lage ist, nicht nur das vom Patienten Erzählte als Faktisches, als bare Münze, als gradlinig zu nehmen, sondern die in diesem Erzählten auf seine Person übertragenen Bedeutungen zu interpretieren, zu erhellen und bewusst zu machen. Es handelt sich dadurch um einen völlig anderen Vorgang als er bei einem üblichen Gespräch stattfindet. Statt einer gradlinigen Unterhaltung, wo ein Aspekt den nächsten ergibt, findet ein *gekrümmter*, kontrapunktischer, querdenkerischer Dialog statt, in dem mehr etwas *enthüllt* als kommuniziert wird.

Der französische Psychoanalytiker J. Lacan geht sogar so weit zu sagen, dass, „wenn das Sprechen als Vermittlung fungiert [also als Kommunikation] so deswegen, weil es sich nicht als Enthüllung erfüllt hat." D. h. wir reden ständig nur um den heißen Brei herum oder aneinander vorbei, weil wir im Grunde genommen nicht echt und enthüllend miteinander sprechen. Wir teilen vielleicht jemanden etwas mit, aber nicht uns selbst. In der analytischen Sitzung wird dies dann durch das Äußern freier Einfälle und deren Deutung nachgeholt. Im Fall einer ‚Psychose' sind die Dinge natürlich etwas anders zu sehen. Dennoch geht es auch hier genau um diesen Punkt, denn in der ‚Psychose' steht das enthüllende Sprechen schon von vornherein im Vordergrund. Nur enthüllt der in dieser Weise psychisch Kranke genauso wie wir die Dinge nicht so, dass sie gleich verständlich sind, und vor allem ist er auch oft nicht gewillt, mit uns am besseren Verständnis zu arbeiten. Oft ist ihm ja auch sein eigenes Sprechen unverständlich, denn meistens sind – wie er sagt – selbst die „Stimmen", die er manchmal hört, nur „verstellt".

Doch was hieße wirklich Verständnis? Eine *Eins* z. B. ist nicht einfach von sich aus eine *Eins*, vielmehr „repräsentiert eine *Eins*", so die Lacansche Mathematik, „eine Null für eine andere *Eins*."[2] Ich als die eine *Eins* war in gewisser Weise eine Null für Stefan R., dieser zweiten *Eins*, und natürlich auch umgekehrt. Aber trotz dieser recht krassen Abstraktion ergibt sich auf diese Weise dennoch eine Mathematik! Denn die Herstellung des Null-Eins-Abstandes ist für die Mathematik – und so war es auch für uns – seit jeher große Leistung! Dieser Abstand ist nicht einfach natur- oder gottgegeben. Auch wenn jeder für den anderen – und selbstverständlich nur in gewisser Weise – eine Null repräsentiert, so war jeder sich doch des gegenseitigen Null-Eins-Abstandes gewiss, und damit kann man zu zählen anfangen! Auch die Null ist ja nicht Nichts, sie stützt ja diesen Abstand, und wenn man zusammenblieb um doch wenigstens etwas Arithmetik zu betreiben, war schon sehr viel gewonnen. Verständnis ist nicht alles. Mathematik ist vielleicht mehr als Verständnis.

Dass man das Sprechen nicht versteht, passiert schließlich ständig im Leben und auch in den normalen Psychoanalysen, wo „frei" – und das heißt ja oft: unzusammenhängend – „assoziiert" werden soll. Doch dafür lässt sich dann anschließend normal über diese „freien Einfälle" diskutieren. Es liegt beiden Situationen, im Leben und in den Psychoanalysen, das gleiche und von Freud „unbewusst" genannte Denken zugrunde, das – so könnte ich sagen – eben *gekrümmt* / gerade ist,[3] und das man also gut mit diesem

---

[2] Lacan, J., Problèmes Cruciaux pour la Psychanalyse, Sem. vom 20.1.65
[3] Ich entnehme den Begriff *gekrümmt* einerseits dem alltäglichen krumm denken, um Ecken herum denken, aber auch der modernen Geometrie, wo man vom Nicht-Euklidischen, gekrümmten Raum spricht. Vereinfacht gesagt, ist das übliche, alltagslogische Denken das Gerade,

Schrägstrich (oder wie man modernerweise sagt: slash) schreiben kann (ich habe es – wenn man es perfekt *gekrümmt* / gerade gebraucht – an anderer Stelle auch das *konjekturale Denken* genannt[4]).

*„Warum muss man immer denken, warum hört das Denken nicht auf? Das Denken denkt sich selbst immer weiter, es will sich fortpflanzen, sich vermehren, es will alles zuwuchern, zuschütten, nur um selbst immer weiter denken zu können. Das Denken ist die Hölle und die Menschen tun nichts anderes als den Gedanken zu glauben, als ihnen zu huldigen, als sie anzubeten mit immer neuem Denken. Das Denken ist die Krankheit nicht ich . . . "*

Die Psychoanalytikerin C. Schmidt-Hellerau hat in ihrer Veröffentlichung vom „Entwurf" Freuds ausgehend[5] und neurowissenschaftliche Aspekte einbeziehend ein nicht ausgesprochen mechanisches, aber doch strikt f o r m a l e s Modell der gesamten

---

während jede Art von Querdenken, von assoziativem Denken, das *Gekrümmte* darstellen soll.

[4] Das lateinische Wort *conicere* heißt vermuten – hier in diesem Fall sehr präzise vermuten. Der Begriff stammt von Nikolaus v. Kues, der behauptete, durch zunehmend präziseres Vermuten kommt der Mensch zur höchsten Wahrheit. Die allerhöchste allerdings, die veritas rerum, die Wahrheit der „Dinge", erreicht er nicht. Auch der Philosoph P. Sloterdijk erwähnt in seinem Buch „Du musst das Leben ändern" S. 272 das „präkonfuse" oder „kontrakt-symbolische Denken", das wohl große Ähnlichkeit mit meinem Begriff des „konjekturalen Denkens" hat.

[5] In seinem „Entwurf einer Psychologie" hat Freud ein Konzept der menschlichen Psyche beschrieben, das ganz mechanischen und neurobiologischen Vorgaben entspricht. Andererseits zeichnet es sich jedoch auch durch eine geradezu poetische und mythische Vielfalt von Begriffen aus, die dieses Konzept zu einer interessanten und gleichzeitig faszinierenden Lektüre machen. Trotzdem hat Freud es selbst nicht zu Lebzeiten veröffentlicht und zwar wohl deshalb, weil es ihm selbst noch zu mystisch, zu psychophysisch erschien, aber auch – exakt was den mechanisch-neurologischen Teil angeht – die Beschreibung nicht ganz logisch und folgerichtig in sich aufging. So interessant und wunderbar die Lektüre also ist, sie ist letztlich nicht ganz schlüssig.

Freudschen Lehre vorgelegt, das – genau in diesem gerade / *gekrümmten* Sinne – widerspruchsfrei funktioniert.[6] Für das Vorhaben meines Buches hier erweist sich dieses Formale als besonders nützlich, denn wenn es auch manchmal recht *gekrümmt* ist, muss es doch wenigstens formal klar sein, und d. h. also doch wieder etwas gerade gebogen. Freud folgend postuliert Schmidt-Hellerau zwei Grundphänomene, „Grundvariable", des Modells. Die eine ist in Form der *Triebe* gegeben, die von „innen" des Psychismus nach außen wirken, die andere in Form der Hemmung, der „Verdrängung", die von außen nach innen wirkt. Beide sind durch „Schalter" und „Regler" (Freud sprach von Kontaktschranken und anderen Reglermechanismen) verknüpft, „verschaltet". Der Begriff *Trieb* – dies sollte ich gleich vermerken – hat nichts mit dem tierischen Instinkt zu tun, vielmehr handelt es sich um unbewusste Strebungen, Begehren, Tendenzen, die einen aktiv treibenden Charakter haben (und auch das sind nur vorläufige Bestimmungen). Freud nannte die Triebe konstante Kräfte, es bestehen also keine „triebhaften" Impulse.

Soweit also der Ausgangspunkt, der, was dieses Buch angeht, auch schon genügt, um uns als vollwertiges Rüstzeug für ein neues – besser eigentlich nur: neu formuliertes – therapeutisches Verfahren zu dienen, das gerades und *gekrümmtes* Denken in sich einschließt, ja in sehr vereinfachter Weise kombiniert. Ich will anhand einer Fallgeschichte zeigen, wie es damit gelungen ist, die ‚Psychose' des gerade oben zitierten Stefan R. zu behandeln. Denn wenn auch die erwähnten modernen Autoren mit den komplexen Instrumenten der „Selbst- und Objektbeziehungsrepräsentanzen" erfolgreich arbeiten, so wird doch in dieser Fallgeschichte ein direkteres und vereinfachtes Verfahren entwickelt,[7] das der Patient zum großen Teil auch alleine anwenden kann. Wie der Mathema-

---

[6] Schmidt-Hellerau, C., Todestrieb und Lebenstrieb, Libido und Lethe, Verlag Intern. Psychoanalyse (1995)

[7] Begriffe wie Selbstrepräsentanz etc. werde ich später erklären. Es geht um das, was im Psychischen das eigentliche Selbst und was psychisch die Beziehungen zu bestimmten Objekten repräsentiert.

tiker und Psychoanalytiker A. Sciacchitano so schön sagt: Die Psychoanalyse heilt auch ohne Therapie.[8] Zumindest ohne diesen immensen Aufwand hunderter Therapiestunden und verwirrender Theorien. Man muss nur im Gerade / *Gekrümmt*-Denken ein sehr formal enthüllendes Element einbauen, also damit denken und dann auch direkt sprechen lernen, von der *Eins* zur Null und wieder zurück zur anderen *Eins*, und wie dies geht, will ich noch ausführlich anhand der folgenden Geschichte erklären.

Das Problem mit dem schwierigen Verständnis gilt also inter- wie auch intrasubjektiv, denn es gibt etwas, das ständig von außen nach innen wirkt, und das ist mit dem, was von innen nach außen wirkt, verschaltet, verknüpft, also in komplexer Weise verbunden. Es gibt am Anfang einen Knoten, eine verknotete, kombinierte „Gerade-*Gekrümmtheit*", und nicht, wie uns die Naturwissenschaften klar machen wollen, etwas starr Objektives: Objekte, Energie, Materie etc., also alles, was man objektiv greifen und messen kann. Oder etwas, was man mit einem einheitlichen, einheitsbewirkenden Begriff, den man schon vorher einführen muss, schließlich als Ergebnis herausbringt, wie es die Geisteswissenschaften versuchen. Sie führen z. B. den Begriff „Geist" ein, und am Schluss erklären sie – sozusagen tautologisch – „Geist" als das Ergebnis ihrer Wissenschaft. Sie haben die *Eins* und die Null schon in einem Begriff vereinnahmt ohne den so wichtigen Abstand der beiden zu erklären.

„Von dem Moment an, wo es auch ein Subjekt gibt, existiert ein Riss, eine *Spaltung*,"[9] und damit ist es mit der Einheit erst mal vorbei. Wenn das Subjekt wichtig ist und wissenschaftlich angegangen werden muss, ist nichts mehr nur objektiv oder auch nur

---

[8] Sciacchitano, A., Das Unendliche und das Subjekt, Riss-Verlag (2004) S. 76 und 102. Der Autor führt aus, dass Psychotherapie das Subjekt in seiner Endlichkeit an die Seinsverhältnisse anpasst, während es in der Analyse darum geht, dass das Subjekt besser mit dem Unendlichen der Wissensverhältnisse zurande kommt.
[9] Lacan, J., Radiophonie S. 57

subjektiv. Dieser Knoten, diese Spaltung, dieses Gerade / *Gekrümmte* ist beim sogenannten ‚Psychotiker' also deutlicher zu sehen, auch wenn er es selbst vielleicht ganz besonders verleugnet. Aber im Grunde betrifft es jeden. Es ist eine conditio humana. Gewiss hat man – um nochmals zur Naturwissenschaft zu kommen – mit der Inflationstheorie des Universums oder mit dem Begriff der Quantengravitation etwas in die Naturwissenschaften eingeführt, das nur noch abstrakt zu erfassen ist, und das kann bedeuten: kein Proton, kein Neutron ist stets gesichert dem anderen gleich. Es kommt auf die Einbettung im Quantengravitationsfeld an,[10] auf die Einschreibung in eine bestimmte mathematische Formulierung, ob es ein besonderes Proton ist oder nicht.

Mit anderen Worten: Wenn die Einheit, die in der Physik wirkt, an zwei Punkten zugleich sein kann, dann bekommt sie eine subjektbezogene, irrationale, höchstens noch mathematisch oder psychoanalytisch erfassbare *gekrümmte* Form.[11] Ähnlich muss man also die esoterischen, mythischen und magischen Versuche verstehen, das Objekt / Subjekt-Problem zu lösen beispielsweise auch in der Homöopathie, deren in ihren Medikamenten wirkende „Information" man auch auf etwas wie eine derartige Einschreibung, „Einbettung"[12], *Gekrümmtheit* beziehen müsste, wenn sie als messbare

---

[10] Es kommt hier nicht darauf an, all diese Begriffe genau zu verstehen. Die Quantengravitation soll die Physik des ganz Kleinen mit der des ganz Großen in einer Art Fluidum verbinden, dessen exakte Berechnung wir hier nicht nachvollziehen müssen.

[11] Die Experimente mit Quantencomputern können ein Photon in zwei verschiedenen elektronischen Zuständen darstellen, es ist aber nicht ein völlig identischer Punkt.

[12] Der Ausdruck „Einbettung" wird vor allem in der modernen Nicht-Euklidischen Geometrie, der Topologie (topos, griech. = Ort) verwandt. Damit ist auch gleichzeitig eine besonders neutrale, allgemeinverbindliche und wissenschaftlich exakte Form der Einbettung, der Einschreibung, *Gekrümmtheit* gefunden. Beim Möbiusband z. B. finden wir ein Band (Gerade), das aber durch seine Verdrehung seiner Enden um $180^0$ nur noch eine Fläche und eine Seite (*Gekrümmtheit* ) hat. Siehe Abb. 1

Einheit eben an zwei Punkten zugleich ist. Der Esoteriker müsste seine Essenz real verdoppeln, multiplizieren können, obwohl sie die gleiche bleibt. In gewisser Weise behaupten die Leute das auch, aber sie benutzen das Wort Energie nicht als messbare, an die Konstanz einer Ziffer gebundene Einheit, sondern als „Irgendwie-Energie" (z. B. Bioenergie) und damit werden sie eben mystisch, magisch, enigmatisch, ungenau. Dennoch will ich alle diese Auffassungen nicht verteufeln, denn sie sind eine *Eins*, die nur eine Null für eine andere *Eins* repräsentiert, und damit müssen wir leben.[13]

*„Eins und Eins ergibt Eins, denn wenn zwei sich addieren, bleiben sie dennoch einer Eins gleich. Ein mal Eins aber ist zwei, denn wenn zwei sich mal nehmen, mählen, vermählen, haben sie sich wirklich erkannt, wirklich gezählt, sind sie wirklich zwei Eine."*

Modern ausgedrückt: in all diesen Fällen sogenannter physikalischer „Verschränkungsexperimente" wird „eine präzise Definition von ‚Messung' nicht gegeben. Das ist auch nicht möglich. Denn physikalisch gibt es keinen Unterschied zwischen einem Messprozess und einer beliebigen Interaktion. Ferner sind Messgeräte keine natürliche Art von Gegenständen, die in der Natur unabhängig von unseren Interessen vorkommen wie Elektronen, Sauerstoffatome, DNA-Sequenzen oder Katzen [bezieht sich auf die Theorie von ‚Schrödingers Katze']. Vielmehr können beliebige Dinge von Experimentatoren entsprechend ihren Absichten als Messgeräte verwendet werden." Und weiter: „Wenn man definitive numerische Werte für Eigenschaften für makroskopische Objekte anerkennt – wie etwa lebendig oder tot zu sein für Katzen – und wenn man die Quantenmechanik als vollständige Beschreibung der mikrophysikalischen Wirklichkeit anerkennt, dann muss man die Möglichkeit des Übergangs zu wohlbestimmten numerischen

---

[13] Ich finde diese Auffassung Lacans deswegen so treffend, weil es bis heute keine empirische Theorie der ersten ganzen Zahlen gibt. So jedoch (*Eins / Eins*, der Schrägstrich bedeutet die Null) kann man eine neue Mathematik begründen.

Werten in die Dynamik einbauen, die man für die Zeitentwicklung von Quantensystemen ansetzt."[14]

Der Homöopath, Radiästhesist, Esoteriker muss also wenigstens im Sinne dieser Einschreibung mittels wohlbestimmter numerischer Energiewerte belegen können, wie gerade er als Subjekt der Wissenschaft (also außerhalb eines rein objektivierenden Vorgehens) diese Möglichkeit versteht. Dies ist bisher noch nicht geschehen.[15] Das Gleiche gilt für die Geisteswissenschaftler und Theologen. Sie dürfen nicht das Wort Gott, Transzendenz oder Ethik benutzen, das schon von vornherein „wohlbestimmt" ist, um es dann als Resultat ihrer Bemühungen gleichermaßen bestimmt wieder herauszugeben. Aber es ist üblicherweise der einzige Weg, den sie haben. Ich will in moderner wissenschaftlicher Weise zeigen, dass in der Psychoanalyse und davon abgeleitet in dem Geraden / *Gekrümmten* eine noch genau zu benennende und durchaus auch wohlbestimmte Einheit doch zu finden ist, die an zwei Punkten zugleich sein kann.[16] Wo die *Einsen* sich selber gegenseitig als *Einsen* zählen gerade weil sie durch die Null haben hindurchgehen müssen.

---

[14] Esfeld, M., Das Wesen der Natur, Spectrum der Wissenschaft, 6/11, S. 57

[15] Untersuchungen darüber, dass die „Information" der Homöopathie sich über den Elektronenspin vermitteln könnte, sind negativ verlaufen. Der Elektronenspin kann lediglich für den Quantencomputer als Quantenbit Verwendung finden, nicht jedoch für subjektbezogene Einflüsse.

[16] Bei der Homöopathie sehe ich eher das am Werk, was man eine „magische Psychoanalyse" nennt, nämlich eine ernsthafte Kooperation zwischen Arzt und Patient auf der Basis gemeinsamer „Anschauungen". Nicht nur der Glaube des Patienten wirkt dann, sondern auch die Ernsthaftigkeit des Arztes. Damit kann man der Homöopathie durchaus ein Existenzrecht zubilligen, und das Gleiche gilt auch für die Religion. Als Einheit, die jedoch an mehreren Punkten zugleich sein kann, bietet sich der Freud'sche Triebbegriff durchaus an, ich werde ihn jedoch anders formulieren.

*„Die Atome sind nicht meine Welt, ich gehöre nicht zu ihnen und bestehe auch nicht daraus, ich bin ein Außer-Mir, ein Außer-Sich, ein Außer-Außen. Ich kann nicht lachen, umhergehen, in Freude sein und arbeiten wie alle hier lachen, umhergehen, arbeiten und in Freude sind, und die können es wieder nicht so sehen wie ich es sehe. Wir stimmen nicht überein. Woher die menschliche Substanz nehmen, die für alle gleich ist? Nicht einmal im Ein-heits-brei sind wir eine genaue Zahl, eins- oder zwei- oder- hunderttausend. Wir sind Keins, Kains – Wut-und Wundmenschen! Außer-Uns, Außer-Allen."*

*„Was ist Seele und was Gehirn? Ich mag diesen ganzen Neuro-Psycho-Rigo-Plunder nicht. Ich würde gerne zürnend durch die Welt laufen, mit der Rage der Wahrheit, mit ‚μενιν αειδε θεα . . . .‘ vom Zorn, von dem uns die Göttin in der Ileas singt, vom anklagenden Groll . . mit der Rage des Helden ist man immer auf der sicheren Seite."*

Noch stelle ich die Texte Stefan R.s einfach so in den Raum. Lange habe ich sie so *gekrümmt* stehen lassen müssen, bis ich – und auch er selbst – wir also irgendwann mehr damit anfangen konnten. Ein von mir geschätzter Psychoanalytiker, M. Krill,[17] zitierte einmal als seine Auffassung über das Seelische Folgendes: „Seelisches Leben gründet auf einem molekular-anatomisch abgebildeten, sehr komplexen, äußerst plastisch formbaren Netzwerk mit teils hierarchischer, teils dezentralisierter Struktur und vorwiegend (zu 90 %) intrazerebral, intrapsychisch ablaufenden Informationsvermittlungen (Spitzer, Geist im Netz, 1996)." Dagegen schreibt Stefan R.: *„Die Seele ist das, was immer auf viele Orte verteilt ist. Immer ist die Seele Ich und ein Anderer, nie bin ich mich allein, nie hat der Andere mich für sich, Seele – Sich-Ander, Mich-Ander, Mä-Ander. . . ."* An mindestens zwei Stellen befindet sich die Seele also, wie auch ich nach dem oben Gesagten glaube (Eins von innen nach außen und Eins von außen nach innen), und was

---

[17] Krill, M., Das Gutachterverfahren für tiefenpsychologisch fundierte und analytische Psychotherapie, Psychosozial-Verlag (2008) S. 71

mir mehr einleuchtet, als die Definition von M. Krill und Spitzer. Denn „*Seele*" und ihr *Andere(s)(r)*, kurz und in Stefan R.s Terminologie: der *Mich-Ander* wäre die einzige Einheit, die an mehreren Punkten zugleich sein könnte, doch „*Seele*" und „*Anderer*" sind natürlich noch nicht die Begriffe, die Einheiten, die wissenschaftlich und präzise genug sind.

Auch Neurophilosophen mit mathematischem Hintergrund bemühen sich um Beweise solcher Einheit.[18] Aber sie greifen zu schnell und zu kurz. Und natürlich könnte auch Gott das sein, was an zwei Punkten zugleich ist. Aber er wäre dann nicht der Gott der Religionen. Schon Schiller sagte: „Welche Religion ich bekenne? Keine von allen – und warum keine? Aus Religion!" Wenn es ein übergeordnetes Wesen gibt – so könnte man sagen – dann nur so eines, das innen als Rede auftaucht, die außen nichts gilt (dafür wäre Stefan R. ein gutes Beispiel), dafür ist es dann außen für einen Augenblick der Gott, der wirklich existiert (das wäre mein Beitrag zur Theologie). Umgekehrt könnte man bezüglich der Neurowissenschaft sagen: ihre Rede gilt außen, aber von innen her, von dem sie doch Wissenschaft sein will, hat sie kein Wesen, nichts Wesenhaftes oder Wesentliches.

Es sind stets die gleichen Wege der Erkenntnissuche, die auch Informatiker, Kognitionswissenschaftler, KI-Forscher und Andere interessieren. Es ist nicht nur die Mathematik, die hier Wissenschaftlichkeit und Präzision zu garantieren scheint, indem man diese Einschreibung in berechenbarer Weise vornimmt, auch bestimmte Formen der Kunst könnte man hier zitieren, weshalb z. B. der Maler Matta von seiner Malerei als einer „mathematic sensible" sprach. Die Kunst eignet sich vielleicht überhaupt sehr gut dazu, dieses Phänomen zu präsentieren: Vor einem bestimmten Bild, vor einem Kunstwerk, sollten zwei Betrachter die gleiche Empfindung, die gleiche ästhetische Wallung wahrnehmen – aber sie tun es natürlich meist nicht. Kunst schafft eine Einheit, aber nur flüch-

---

[18] Penrose, R., Das Große, das Kleine und der menschliche Geist, Sp. (2002)

tig, solange wir sie zusammen betrachten und vielleicht auch noch zusätzlich darüber reden. Aber dann ist es vorbei.

Ich will also etwas finden und beschreiben, was wirklich, real, und von der Benennung her zugleich diese wirkliche „Doppel-Einheit" darstellt und dazu kommt mir kurioserweise die Geschichte von jemand wie Stefan R. gerade recht. Schließlich sprach er – wie ja schon an ein paar Beispielen gezeigt – gerade / *gekrümmt*, und das ist vielleicht sogar besser, als die reine herkömmliche Mathematik. Es geht um das, was auch der oben zitierte A. Sciacchiatano meint, wenn er von der geschwächten binären Logik spricht. Man muss, sagt er, den starken logischen Binarismus schwächen, bei dem das Wahre und das Falsche strikte Gegensätze sind. Selbst in der extremsten Wahrheit steckt ein klein bisschen Falsches und umgekehrt, und gerade so betreibt man moderne Mathematik.[19] Sie hat sich nur noch nicht so ganz durchgesetzt.

Man kommt diesem Problem viel näher, wenn man es umgekehrt ausdrückt: Da ist nicht schon etwas vorhanden, sondern anfänglich „fehlt etwas an seinem Platz".[20] Eine Kluft (Spaltung), ein *Mangel*, der ersetzt und ausgeglichen werden muss, steht am Beginn von allem, und eben das erzeugt den gerade erwähnten Knoten, die Gerade / *Gekrümmtheit*, und ihre Einschreibung! Etwas fehlt, eher ist also eine ursprüngliche Hemmung, Spaltung, eine (wie Freud später sagen wird) Ur-Verdrängung da, die wie von außen nach innen wirkt, und dann sind da eben auch noch Strebungen des Subjekts, die von innen nach außen treiben. Nicht die Einheit ist zuerst da, sondern die Spaltung, nicht ein klar geknüpfter Knoten, sondern einer, der von innen nach außen und von außen nach

---

[19] Sciacchitano, A., Das Unendliche und das Subjekt, Riss-Verlag (2004) S. 38-49

[20] Lacan, J., Ecrits, ed. seuil (1966) S. 722, wo der Autor als *UR-Sache* den Objektmangel heraushebt und damit das *Subjekt* ins Zentrum der Wissenschaft stellt – eben einer Wissenschaft v o m *Subjekt*.

innen durchschlungen und durchwunden ist, wie ich dies in Abb. 1 dargestellt habe.

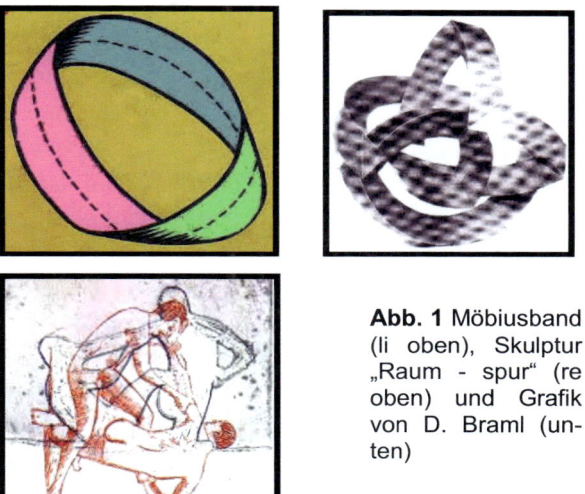

**Abb. 1** Möbiusband (li oben), Skulptur „Raum - spur" (re oben) und Grafik von D. Braml (unten)

.Man hat nämlich – wie erwähnt – versucht, diesem Sachverhalt in der modernen (Nicht-Euklidischen) Geometrie oder Topologie besser Rechnung zu tragen und hat derartige Knotenbildungen mathematisch formuliert und gezeichnet (z. B. das Möbiusband oder die Boysche Fläche, ein sich selbst durchwölbendes, durchdringendes Band oder Gebilde, bei dem die Außenfläche stets auch in die Innenfläche übergeht). Aber auch Religion und Kunst haben sich also um diesen Gordischen Knoten, dessen zwei Enden man nie zusammenbekommt und so auch nicht aufknüpfen kann, bemüht. Deswegen habe ich neben dem (topologischen) Möbiusband dieses Bild einer Graphikerin, die Stefan R. kannte, und eine spirituelle Skulptur zur Veranschaulichung dieses Knotens, dieser Spaltungsverwicklung, an den Anfang gesetzt. Am Ende will ich also ein Gebilde zeigen, das die Spaltung zu überwinden erlaubt: durch einen „sprachlichen Knoten" oder könnte man auch sagen: „Knochen"?

Das erinnert nämlich an Hegels Aussage vom Menschen als Knochen. „Die Wirklichkeit und Dasein des Menschen ist sein Schädelknochen . . . Wenn das Sein als solches oder Dingsein von dem Geiste prädiziert wird, so ist darum der wahrhafte Ausdruck hiervon, dass er ein solches wie ein Knochen ist."[21] Diese Aussage eines hochkarätigen Philosophen hat viele Menschen immer schon verwundert und konsterniert. Doch kurz: was Hegel meint ist exakt das Gleiche was Stefan R. nur empfindet und halt nicht philosophisch oder ‚normaler‘, also normalsprachlicher ausdrückt: das ‚Wahrhaftsein‘, das Sein in Wahrheit, ist nicht etwas realistisch-äußerlich Existierendes, sondern Knochenartiges. Es hat Festigkeit, Härte, Körper, aber existiert nicht als Form oder Gestalt. Man kann von dem Wenigen, das es an sich hat, nicht auf den Menschen schließen (das große Problem der Paläoanthropologen, die nur ein paar Knochen zur Verfügung haben, um vom Frühmenschen etwas zu sagen). Dass das menschliche Sein in Wahrheit, also in einer gewissen Abstraktion und doch gleichzeitigen Konkretheit, Körperhaftigkeit ein „Knochen" ist, klingt so gesehen nicht ganz unplausibel.

*„Ich wäre lieber ein Knochen, der noch reden kann", schreibt Stefan R.. Ich komme mir so knochig vor, so wenig, so trocken, einfach knöchern halt. Wären die Menschen doch nur Knochen-Menschen, man könnte sofort sehen, wer sie sind, nämlich gar nicht tot, wie es uns der Sensenmann glauben machen sollte."*

Viele Stunden redeten Stefan R. und ich über alle möglichen Themen, redeten durcheinander, planlos. Für den Anfang war dies sicher die richtige Methode, um zu sehen, „um was es eigentlich geht", wie Stefan R. gerne sagte. Und ganz unrecht hatte er ja nicht. Selbst in Politik, Wirtschaft und in der ‚high society‘ wissen die Leute oft nicht, um was es eigentlich geht. Jeder weiß nur, um was es ihm selber geht, für so etwas hatte Stefan R. ein gutes Gespür. Er konnte schrecklich entlarvend sein, denn gesellschaftlich

---

[21] Hegel, G. W. F., Phänomenologie des Geistes, Ullstein (1973), S. 180 - 202

relevante Ängste kümmerten ihn nicht. Deswegen hatte er es sich, als er zu mir kam, bereits mit vielen seiner Freunde, die noch aus Schülerzeiten zu ihm hielten, verdorben. Etliche von ihnen sorgten sich nämlich und standen strikt zu ihm, und alle waren sich einig, dass Stefan R. nur ein Opfer der 'Jagdszenen aus Niederbayern' war, ein Stück von X. Kroetz, das in der Zeit der maßlos korrupten bayerischen 'Amigos' spielte, deren Namen Gerold Tandler, Gustl Lang und ein paar weiterer schon von sich aus nach Striezl- und Spezl-Kumpaneien klang. Doch kehren wir wieder zurück zur Psychoanalyse.

**Kurze Biographie**

Stefan R, war also in einer niederbayerischen Kleinstadt aufge-wachsen, der Vater ein Fabrikarbeiter, die Mutter verharrte lebens-lang in bigotter Religiosität. Es gab noch zwei ältere und eine jün-gere Schwester. Nach der Volksschule wurde Stefan R. aufs hu-manistische Gymnasium geschickt, auf ihm ruhten alle Hoffnun-gen der Familie, während die Schwestern Lehrberufe absolvierten. Die Mutter war anscheinend stark davon erfüllt, dass ihr Sohn Priester werden sollte. Aber auch aus finanziellen Gründen schick-te man ihn in ein katholisches Priester-Konvikt, wo die Gymnasi-asten kostenlos versorgt wurden und wohnten. Erst nach zwei, drei Jahren konnte Stefan R. sich von seinen Eltern erbetteln, dass er mit dem Zug täglich dorthin und wieder zurück nach Hause fah-ren, um so dem Internatsdruck entfliehen zu können. Den Priester-traum musste die Mutter allerdings später aufgeben, als Stefan R. kurz vor dem Abitur sich entschloss, Sport, Kunst und Germanis-tik für das Lehrfach zu studieren. Zum Vater bestand eine ableh-nende Haltung. Für den Sohn war dieser stets nur mit der Kraft seiner Hände in der Arbeit und zu Hause argumentierende Vater zu grob, zu roh, einsilbig und simpel. Während der Vater den Sohn verspottete, weil dieser nichts richtig Handwerkliches zu tun vermochte, verachtete der Sohn den Vater, weil dieser keine Bil-dung hatte und intellektuell nicht argumentieren konnte. Dennoch gab es auch eine starke Anziehung zwischen diesen beiden 'Mannsbildern' (ein Ausdruck der dortigen Bevölkerung). Nach dem Studium erhielt er eine Assistentenstelle im sprachwissen-schaftlichen Institut der Universität. Als er dort nicht weiterkam machte er eine Reise nach Griechenland, von der er krank zurück-kehrte. Ich ergänze später diese Biographie beim Beschreiben der Psychodynamik.

Bleiben wir also nochmals kurz beim Formalen der Psychoanaly-se. Etwas wirkt von innen nach außen (und das nennen wir vor-wiegend Trieb) und etwas von außen nach innen (vorwiegend Hemmung, Verdrängung).[22] Freud selbst hat bereits die Verdrän-gung als einen Gegentrieb aufgefasst, weshalb Schmidt-Hellerau auch davon spricht, dass das Grundmodell Trieb-Verschaltung-Trieb heißen könnte, worin sich gleichzeitig auch das Wesen der Struktur selbst ausdrückt, die die Verdrängung enthält. Aber was heißt das alles? Was bedeutet diese dreifache Verknotung (Trieb-Verschaltung-Trieb)? Ist das nicht alles zu nüchtern und formal, auch wenn es dann mit all den Freudschen Begriffen vom Es, Ich und Überich, vom Bewussten und Unbewussten, von den Selbst- und Objektrepräsentanzen gefüllt werden könnte? Und wo bleibt die farbige Rhetorik, die Freud in seinem Entwurf begonnen hat und die uns alles viel lebendiger herüberbringen würde und wo der wissenschaftliche, konkrete, praktische Zugang zu all dem? Eine wirklich praktische, greifbare Einschreibung?

Im antiken Mythos finden wir auch dieses andere, *gekrümmt / ge-rade Denken*, und weil Stefan R. ja im humanistischen Gymnasi-um war, zitiere ich auch aus seinem Tagebuch: *„Ich bin gegen Aristoteles und das Gute, gegen das „Immer-Nur-Das-Beste-Gewollt-Haben", das immer Gutsein, ständig gut, nur gut, gut gut. Es gibt kein Gutes, das man sagen könnte. Hinter dem Guten*

---

[22] Nochmals sei betont: ich schreibe hier „vorwiegend", weil es ganz exakt zwei Trieb-Verdrängungs-Verschaltungen wären, die sich gegenüber stünden. Um aber in das Ganze hinein zu wachsen, müssen wir uns das kindliche Subjekt noch weitgehend ohne Verdrängungen vorstellen. Erst wenn der Kontakt mit der Außenwelt und der in ihr in den Vordergrund tretenden Mutter Probleme macht, kommt der Verdrängung stärkere Bedeutung zu.

*steckt immer einer, der sein Schlechtes verbergen will, der Gut-mann, der Zum-Gut-Hinredner, der Beschwichtiger, Beteurer, der Gutsherrenanhäufler, der Gutmanieren-Vergutiger, der Guteleute-Verläuterer, der Zu-Gut, Viel-Zu-Gut . . . und wer nicht gut genug war wurde als Tantalus oder Sisyphos gequält."*

Camus hat den Mythos des Sisyphos neu interpretiert, indem er behauptete, man müsse sich Sisyphos als glücklichen Menschen vorstellen. Ausgerechnet der gequälteste Mensch sollte der glücklichste sein! War nicht Stefan R. selbst ein bisschen Sisyphos, der direkt aus dem Schmerz, also der Hemmung und/oder der Lust, also dem Trieb und seiner Verschaltung heraus zu denken und zu leben versteht? Man muss sich Sisyphos nicht als einen glücklichen Menschen vorstellen, sondern als einen neurotischen, einen in sich eingesperrten Menschen. Nicht umsonst hat Freud deswegen ebenfalls einen Mythos zur Erstellung seiner psychoanalytischen Wissenschaft gewählt, den Mythos des Ödipus.

Denn dieser Mythos besteht darin, dass ein König (Laios), also ein besonderer Mann, trotz dieser Herausgehobenheit, trotz dieses Geraden seiner Aufrichtung und Größe, wegen der Pest in seinem Land Hilfe von Jenseits, also von oben, von woanders her, vom Über-Außen, kurz: von einem im Diesseits zum Jenseits und wieder zurück *Gekrümmten* hat holen müssen! Von einem G, o und Doppel-t, von einem also, über den der Philosoph M. Foucault sagt, er wohne eben nicht im Ganz-Jenseits-Woanders, „sondern im Diesseits unserer Sätze", im Geheimnis unserer diesseitigen Sprache, in Syntax und Linguistik, deren Funktionieren uns immer noch rätselhaft ist. Diesem König, diesem Hoch-Gegradeten raunte das Delphische Orakel nämlich ins Ohr: „Von der Pest wird dein Land befreit, aber wehe du zeugst einen Sohn! Der würde dich umbringen müssen!" *Gekrümmtes* par excellence! Gerade / *Gekrümmte* Psycho-Linguistik.

Doch seine Frau – wie immer treten alle Akteure des Lebens auf und agieren *gekrümmt* gegen den sonst allzu geraden Verlauf des Lebens – wollte einen Sohn. Sie machte ihren König-Mann betrunken, im wollüstigen Rausch, in der chaotischsten Form der Liebe, wurde nun dennoch der Sohn gezeugt, wodurch sich der Schicksals-*Knoten* endgültig zuschnürte. Ödipus wurde geboren, und man musste das „mordsüchtige" Kind nunmehr aussetzen, doch das *Gekrümmte* des Orakelspruchs erfüllte sich schnurgerade hintenherum, um sich dann nochmals gerade / *gekrümmt* ins Ziel zu winden. Ödipus, der Geradlinige, und die allzu gerade gespiegelten „Selbstrepräsentanzen" gehen von innen nach außen. Das Orakel dagegen, das *Gekrümmte*, die „Objektrepräsentanzen" gehen von außen nach innen. Ich bleibe bei diesem einfachen roten Faden der zwei Grundelemente für mein Buch.

„Selbst"- und „Objektrepräsentanzen", beide müssen getrennt voneinander erfahren und auch konstruktiv kombiniert werden können. Eben weil diese Repräsentanzen bei Ödipus unbewusst verknotet sind, *gekrümmt*-gerade sind, ist Ödipus der wissenssüchtige und angstlose Held, denn selbst die sexistische Sphinx beunruhigt ihn nicht. Aber dann holt ihn eben die Angst doch in Form einer grenzenlosen Lust, eines Ur-Bildes, Ur-Blicks ins Schlafzimmer der Mutter, und als aggressions- und vaterbezogene Wahrheit in Form des Orakels wieder ein. *„Wie oft musste ich rufen: Vater, die Mutter!! Oder: Mutter, der Vater!! Vatermutter, Vatmuter, Vermuter, Vertut er.. . "* raunte Stefan R. *„Wir sind zu sehr an der Mutter gehangen, der Muuuhhhuuter, wir haben zu sehr an den Vater geglaubt, an den Vaattter, Varrattter . . . Es war immer Spannung im Hause, nicht fassbar, atmosphärisch, psychoklimatisch, warm-kalt, hell-dunkel, heimeligunheimlich, lebendig-tot . . . "*

„Selbst- und Objektrepräsentanzen" sind nicht immer getrennt oder klar kombiniert. Sie gehen ständig durcheinander. Nicht nur das Begehren hin zum gegengeschlechtlichen und der Hass auf den gleichgeschlechtlichen Elternteil bestimmt diese frühen Komplexe, sondern sadistische Aggressivität und sexistisches Liebesverlangen verbinden sich zu extremen Mischungen. Ich stelle dies alles am Anfang meines Berichtes zur Diskussion, weil es für die Geschichte von Stefan R. wesentlich ist. Bei ihm geht es um diese ganz frühen – fachlich auch präödipal genannten – Komplexe, die mit dem Ödipuskomplex nicht ganz gefasst werden können.

Stefan R. selbst berichtete in der Therapie von sexuellen Phantasien und Träumen, auch einigen mit einer seiner Schwestern. Es hatte zu dieser Schwester in seiner Jugend immer ein Anziehungs-Abstoßungs-Verhältnis gegeben. Die „Chaosliebe " (ein Ausdruck des Chaostheoretikers Cramer) war in Stefan R.s Leben immer schon da. Auch in Phantasien hatte er sich ausgemalt, wie er sich seiner Schwester hätte nähern können, aber die Gesetze und Regeln in seiner ländlichen Heimat waren streng. Die Schwester hätte einer erotischen Beziehung nicht nur nie zugestimmt, sie hätte es auch sofort den Eltern oder anderen Personen verraten. In seinen Tagebüchern fanden sich unzählige obszöne Bilder von Frauen und Darstellungen skurriler sexueller Träume. Nähe, Intimität, Persönliches waren für ihn immer im Konflikt mit Sexualität, mit Aggressiv-Erotischem.

Mehrmals erwähnte Stefan R. das Problem der ‚unbeabsichtigten Erektion', ein Begriff, der erst vor kurzem im letzten Buch der Reihe ‚Sexualität und Wahrheit von M. Foucault erschienen ist. Foucault argumentiert ganz klar, dass nicht die Unterdrückung durch die Kirche und die christliche Religion das Problem darstellte. Er schildert Clemens von Alexandrien, der sich schon in der ersten christlichen Jahrhunderten um gute Ratschläge bemühte, doch wenn es etwas gibt, das nicht durch ein Sexualobjekt, durch eine definitive Beziehung hervorgerufen wird, wie soll man dann damit vorgehen? Wie umgehen mit dem, das direkt vom Unbewussten kommt? Solche Dinge beschäftigten Stefan R. ganz pragmatisch, war er doch auch der, der immer ohne Absicht, ohne Kultur- und Fremdbezug, stets nur er selbst sein wollte.

*„Wie soll man wissen, wer man ist, wenn schon mit dem Ist das Wissen verbunden ist, es nicht denken zu können? Descartes hat es sich zu einfach gemacht: er war, wenn er dachte. Mich aber zersprengt das Denken in tausend Ichs. Ich bin selbst das Ich der anderen, das Denken des irgendeinen oder gar von niemand, ich bin*

ein Denker der Nicht-Denker, ein Sein ohne Wissen des Seins . . . . das Wissein, Weisesein, das Weinensein . . . Lieber weine ich über die ganze Welt, als dass ich sie zu verstehen suche. Die sie verstehen, pressen sie nur in die Windungen ihres Gehirns. Ich weine sie weg, die Welt, . . . . ."

Am Ende ihres durchformalisierten Modells der Freudschen Psychoanalyse kommt Schmidt-Hellerau nämlich letztlich (und von mir jetzt etwas vereinfacht) zu dem Ergebnis, dass das *Ich* samt seiner unbewussten Anteile (Strukturvorgänge als Triebe aufgefasst) seinem *Anderen* gegenübersteht (Triebe als Strukturkomplexe aufgefasst). Wörtlich sagt sie, dass sie darauf hinauswill: „dass ein Teil des Ichs (der den psychischen Apparat gleichsam „von außen" wahrnimmt und in dem alles spiegelverkehrt ist) aus einer *jenseitigen* Perspektive arbeiten könnte, „indem sich Trieb und Struktur wie Figur und Grund umkehren, . und dass [in] diesem jenseitigen Bereich die Strukturbildungsprozesse des diesseitigen Ichs den Triebvorgängen entsprächen, wohingegen die diesseitigen Triebvorgänge im jenseitigen Ich-Bereich strukturierende (begrenzende) Funktion innehätten."

**Vereinfacht also: Das Subjekt samt seinem *Anderen***

Dazu malte Stefan R. eines seiner Sprachquadrate, seiner Wort- und Buchstabenspiele in sein Tagebuch, die wohl etwas mit seinen sprachwissenschaftlichen und mythisch-magischen Wort- und Grammatikbildungen zu tun hatten. Ein Beispiel aus dem späteren Teil seiner Tagebücher will ich schon hier vorab zeigen, weil es noch wichtig sein wird. In diesem Quadrat sollen wohl omen und nomen, nemo und andere lateinisch-griechische Worte vorkommen und gleichzeitig ein Wortspiel quadratischer Art vor allem mit dem Wort nemo = niemand und omen = Zeichen zustande kommen. Zudem ergibt sich ein eigenartiges Rätsel, worauf ich noch zurückkomme. Ich habe es hier eingefügt, weil es meiner (und Schmidt-Helleraus entsprechenden) Nomenklatur offenbar auch ihn selbst und seinen *Anderen* darstellt.

Der *Andere* ist der, der aus dieser aufs Sprachliche bezogenen Quadrierung herauszusprechen scheint. Das Subjekt und sein *Anderer*, wie ich es oben gerade erwähnt habe, dient uns ja als grundlegendes Strukturkonzept, und es ist insbesondere auch von dem französischen Psychoanalytiker J. Lacan so konzipiert worden. Ich habe jetzt gewiss hier in der theoretischen Darstellung etwas vorgegriffen, komme jedoch noch ausführlicher dazu. Wir brauchen es – dies sei nochmals betont – nicht so kompliziert zu machen. Das *Subjekt* (also *Ich* plus Struktur), samt seinem *Anderen* (also Struktur plus Trieb), diese Verschaltung wird uns weiterhin als einfaches Grundkonzept für alles Folgende dienen.

*„Uneins mit sich, mischt's sich mit sich. Ich kann dieses Leid der Menschheit nicht mehr sehen, kann nichts davon hören, nichts ertragen. So viele Kinder müssen arbeiten, so viele Menschen hungern, all das macht Angst, Angst vor dem Nichts, Angst vor den liebenden Menschen, vor denen, die mich lieben, denn die Liebe bedroht mich. . . . Die Liebe ist so übergroß, so übermächtig, größer als das Universum und so muss sie alles erdrücken. Und doch ist sie ja ein so viel versprechendes Wort! Sie schallt von den Wänden wider: Lieben, leben, ebenlieb-be-lieb-ige-liebe. Die Liebe ist überall, sie hat keine eigenen Grenzen oder gibt es eine Liebe, die Wissen hat, die weiß? Das wäre die Erlösung. "*

Am besten ist es den psychisch Kranken so sprechen zu lassen (und auch malen zu lassen, wie es die Bilder von Stefan R. in diesem Buch zeigen), um zu hören und zu sehen, dass hier eine Wahrheit herausschimmert, die wir anders gar nicht finden könnten, obwohl wir sie für uns selber brauchen würden. Diese scheinbar ganz andere Struktur des ‚Psychotikers' (besser: des der menschlichen Grundstörung besonders ausgelieferten Subjekts), aber auch diese so emotional-mystische Metaphysik oder „Spiritualität" Altägyptens (oder auch anderer Primärkulturen) ist tatsächlich das total *Andere* zur rational-intellektuellen Diesseitigkeit, und die Unterschiede zusammenzudenken ist nur mit einem derartig einfachen Modell möglich, wie ich es gerade beschrieben habe. Ist nicht schon so ein Wort wie ‚Psychose' einseitig und verfremdend? Urteilen wir nicht schon mit einem Wort über das Wesen, mit einem Begriff über das wirkliche Sein eines Menschen, wenn wir ‚Psychose' sagen?

*„Nach dem ersten Mal in der Klinik hatte ich einen Traum: Ich war in einer großen Bibliothek (Universität?) und las auf einem Buchrücken in großen Buchstaben das Wort: SEXUALITÄT. Gierig schlug ich es auf, fand aber nicht die erhofften Bilder. Vielmehr starrte mir auf einer der Seiten das Wort SCHIZOALITÄT entgegen. SEXO-, SCIXO-, SCHIZO-, welche Angst hat mir die Buchstaben verdreht? Welche Sexophrenie hat mich versext, -hext? Wer spricht da anagrammatisch? Ich hatte Angst, krank zu werden, doch im selben Moment war ich mir sicher, dass ich den Menschen von meinen Erfahrungen erzählen muss:. Ich war Helligkeit und Tränenfreude, Höhenlust und Traumflug. Ich wusste die Dinge. Ich konnte die Farben sprechen sehen, die Dinge fertig ins Museum hängen: Hirnsprühexponate, Akte, gesprochen von der Schizomanie, der Sexophonie und anderer -phrenologien."[23]*

G. Benedetti hat in seinem Buch „Der Geisteskranke als Mitmensch" Wege aufgezeigt, diese Gegensätzlichkeiten, dieses Dilemma der Grundstörungsproblematik zu überwinden.[24] Er beschreibt, dass man z. B. im Gespräch mit dem ‚psychotisch' Kranken umgekehrt wie in der klassischen Psychoanalyse vorgehen muss. Nicht die Deutung dessen, was der Patient unbewusst auf den Analytiker „überträgt", also die *Übertragungs-Deutung* steht

---

[23] In der Analyse deuteten wir diesen Traum so: Das Buch erinnerte von der Farbe seines Umschlages her an eine Frau, die Stefan R. damals kannte, aber die Bibliothek war die seines Elternhauses. Der Rücken der Mutter und der Frau weckten die Sexualität, doch der weibliche Körper kann nicht gierig geöffnet werden ohne zurückzuschlagen mit einem Bannspruch ähnlich dem Delphischen Orakel. Die Schizophrenie ist die Sucht nach einer Einheits-Verschmelzung, nach Überwindung der Spaltung durch Sexualität, was wohl nicht möglich ist.
[24] Benedetti, G., Der Geisteskranke als Mitmensch, Vandenhoeck & Rupprecht (1976)

im Vordergrund, sondern zuerst eine ausreichende *Identifizierung* des Therapeuten mit dem Kranken.[25] D. h., der Therapeut muss etwas im Wesen des *Anderen*, des Kranken, aufspüren und sich damit identifizieren, und wenn es nur das ist, wie dieser eine Wand anstarrt. Denn von da aus kann der Therapeut, indem er sich in seine Nähe (nicht zu nahe) setzt und zuerst ebenfalls die Wand anstarrt (das ist die *Identifizierung*), nunmehr zu dieser zu sprechen beginnen! Indem der Kranke diesem Sprechen (das natürlich gewisse Besonderheiten enthalten muss, die ich noch zeigen werde) zuhört, wird er darauf reagieren. Er wird eine Bewegung machen oder sogar etwas sagen. So ergibt sich jetzt für den Therapeuten eine Möglichkeit für einen weiteren Dialog. Von der Selbst-Verdeutlichung des Patienten (Wandanstarren) ausgehend und sich damit (kurz-mittelfristig) identifizierend führt der Therapeut nunmehr sich selbst als *Anders-Verdeutlichung* (statt der herkömmlichen *Übertragungs-Deutung*) ein und kann so ein Darüber hinaus, eine Hilfe, Heilung erreichen.

*Identifizierung* und *Anders-Verdeutlichung* – schon wieder habe ich dieses Paar des Gerade / *Gekrümmten* neu ausgedrückt. A. Roecher-Rössler formuliert diesen Sachverhalt noch einfacher, wenn sie sagt, dass eine psychotherapeutische Behandlung bei ‚Psychotikern' „nur auf der Basis einer stabilen, vertrauensvollen Beziehung möglich ist". Sie erwähnt Kohut, der in der ‚Psychose' die „Abwehr der traumatischen Angst vor Desintegration" sieht. [26] Eben deswegen muss der Therapeut vorsichtigst das Subjekt / *Anderer* sein, das Gerade / *Gekrümmte*, er muss diese Spaltung repräsentieren und auch deren Heilung sichtbar machen können. So also müssen wir uns auch dem Fremden nähern und nicht dadurch, dass wir ihm unsere Meinungen und Wissenschaften aufstülpen,

---

[25] Unter *Übertragung* versteht man in der Psychoanalyse den Vorgang einer Verschiebung, Aktualisierung und Verdichtung von Bedeutungen, die der Patient in Richtung auf die Person des Psychoanalytikers vornimmt.

[26] Roecher-Rössler, A., in Riedel, L., Wahnsinn und Normalität, Perspectiva Verlag (1999) S. 274

noch dass wir blind (und langfristig) seinen Mythos, seine ‚Geistigkeit' oder sonst etwas übernehmen.

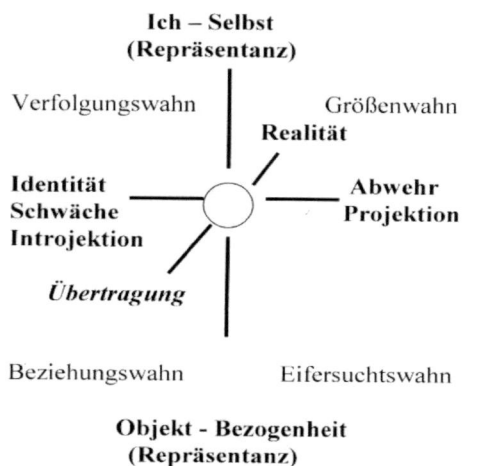

**Abb. 2** Schema psychologischer Besetzungen. Im Zentrum die Leerstelle der Spaltung (Spaltungsknotens). Im Größenwahn kann z. B. psychisch-libidinöse Besetzung vom Objekt abgezogen und mehr ins Ich verlagert werden. Im Liebes- und Eifersuchtswahn wird das Objekt überbesetzt und die Angst es zu verlieren erzeugt Projektion. Gleiches gilt beim Verfolgungsbzw. Größenwahn im Sinne einer Identitätsschwäche. Quer dazu die Ebene von Realität und *Übertragung*.

F. Schwarz und C. Maier haben in ausführlichen Darstellungen die komplexe und schwierige Behandlung von „Psychotikern" geschildert.[27] Auch sie stellen den *Übertragung*svorgang ins Zentrum ihrer Ausführungen. Sie sehen in der „Psychose" die Selbst- und Objektrepräsentanzen zu sehr verschmolzen, zu wenig differenziert oder zu extrem diffundiert, zu wenig im Gleichgewicht gehalten. Im Schema der Abb. 2 (nach Mentzos, etwas abgeändert) stelle ich diese im Unbewussten wirkenden Instanzen in ihrer Psychodynamik dar. Im Zentrum befindet sich die Kluft des *Mangels*, die Spaltung, eine Leerstelle. Im Vordergrund die *Übertragung*, im Hintergrund das, was man die Realität, die Bezogenheit auf einen realen Konsens nennt.

Wie die Autoren betonen, muss man im Unterschied jedoch zu der üblichen Behandlung von Neurosen beim ‚Psychotiker' zweierlei beachten: man muss diese *Übertragung* behutsam deuten, schon eine Nuance zu viel, ein zu Persönliches an Deutung kann den Patienten überfordern oder zu aggressiven Reaktionen veranlassen.

---

[27] Schwarz, F., Maier, C., Psychotherapie der Psychosen, Thieme (2001)

Aber auch die Hervorlockung einer *Übertragung* kann notwendig sein und darf ebenso nur in kleinsten Schritten erfolgen. Denn zu bewusst zu erleben, dass man mit dem Analytiker persönlich konfrontiert ist, kann für den Patienten unerträglich sein.

„*Brigitte war meine erste Freundin. Wir lebten die Studentenzeit zusammen, das Lernen, das Diskutieren, die Abende in den Kneipen, die Stunden am Brunnen, der Sex am Morgen. Sie starb später an Krebs. Sie war stärker als ich, reifer, weiter, schöner, trauriger, gelöster, spontaner, menschlicher, klarer . . . warum starb sie an Krebs? Warum starb sie und nicht ich? Sie war gefestigter, sicherer, wärmer, und wir rauchten und pafften tausende Zigaretten zusammen. Warum ging sie weg, warum griff es sie an, lähmte sie, zerstörte sie, zerfraß sie, riss, raffte sie weg? Sie, die Größe hatte, Klugheit, Mitgefühl . . . warum verschwand sie, sprachlos, keinen Hauch zurücklassend, keinen Lautklang, kein Haar, keine Lippen, keine Farbe, rot, violett, türkis, ocker, ultramarin . . . .*"

# I. DIE PSYCHOANALYSE VON STEFAN R.

## I. 1 Erste Stellungnahmen zur Fallgeschichte.

Stefan R. kam zwei- bis dreimal die Woche zu mir. Oft redete er so wie in seinen Tagebüchern, oft schrie er herum, meist aber konnte man mit ihm ganz normal über alles reden. Sehr schnell bezog er eine Bemerkung persönlich auf sich, es war klar, dass ich mich behutsam ausdrücken musste, aber manchmal gelang dies nicht so perfekt. Nach den ersten Klinikaufenthalten verließ ihn seine Freundin, die also auch die Mutter seines Kindes war. Einige Male hatte er Beziehung zu anderen Frauen, oft aus gar nicht akademischem Kreisen, die also auch äußerst wenig mit seinen Ideen anfangen konnten. Doch er war eine sportliche und gut aussehende Erscheinung und hatte es nicht schwer jemand kennen zu lernen. Meistens kreisten seine Erzählungen um die Kinmdheit.

*„Und die langen Sommer, die Sommerfrischensommer, die Heu-wagensommer-sommer, wo es noch Faszinationen des Ge-schmacks und der Gerüche gab und Mit-Tiere und Mit-Dinge und Mit-Mirs. Warum reden wir immer nur vom Mit-Menschen, wo es doch auch so wichtige Mit-Dinge gibt, Mit-Dirs, ‚Mits‘ ganz ein-fach? Tautropfen-Gras und Wölbe-Wolken, Perl-Wasser-Betten im nahen Bach, ein Schnitzmesser, ein Baumstumpf! Meine Mit-Dinge, die mit in meine Träume gingen, die zu mir sprachen, die zu mir gehörten. Meine Mit-Tiere, die Mit-Katzen, die Langbein-Spinnen, die Gefieder-Vögel und die mit-metallenen Käfer! Alles Mits, Blatt-Mits, Fuß-Mits, Mit-Mits. Meine Mits-Menschen dage-gen, Mit-Mäschigen, Mittel-Mässigen, -essigen, Lästig-Lässigen, Mätschigen, wer waren sie? Wo waren sie Mit? Sie oder Es? Ich hatte sie nicht.“*

*„Sommertaghungrig, wir fuhren durch die Welt, oder auch blick-verloren und nachtblaß. Baumvergessen in den Zweigen dem Wis-pern des Windes lauschend. Meine Mutter war eine Domina, eine im domus nie da, und mein Vater war ihr Feind. Er hatte die Hän-de des Arbeiters, rauhe, schartige Hände und war schwach aber*

*lüstern. Er beobachtete die Mutter durchs Schlüsselloch im Bade-*
*zimmer, anders ging nichts. Windsauge, sieh es doch . . der arme*
*Teufel. Er hat den Sex seiner eigenen Frau nur in seinem Auge.*
*Meine Mutter war anordnend, befehlend, dirigierend, kommandie-*
*rend. Sie war nie ein Körper-Warmes, eine Fühl-Heit, eine Nackt-*
*haut, gestreichelt, geliebkost auf dass der Geruch nach Wohligem,*
*ein Prickeln oder Liebesstaunen hätte aufkeimen können."*

*„Manchmal sperrte sich meine Mutter nach Streit mit dem Vater*
*tagelang im Speicher ein und drohte sich umzubringen. Wir Kin-*
*der weinten und bettelten, Angsttage verlorener Kindheit, verrate-*
*ner Unschuld, entsetzlicher Verlorenheit, schrecklicher Abgründe.*
*So gab es nur die leeren Augen am Grunde der Mondnächte, der*
*Schneewächten . . . . Andere Kinder hatten eine Mama, ein Kose-*
*wortwesen, eine Wärmehand, eine Schmeichelbrust, eine Mär-*
*chenstimme, Nachttraum – und Einschlafaugen – ich hatte nur*
*eine Muatta."*

So gehen die Aufzeichnungen Stefan R.s weiter. Und wirklich:
sind nicht schon diese ersten Worte Stefan R.s weniger gerade als
*gekrümmt? Geartet, geh artig, Ar- Tick? Sommer-Sommer, Mit-*
*Mits, Sie- oder Es-Mits?"* Und plötzlich der Einbruch von Vatta
und Muatta und ein Wortklangspiel: *Domina- im domus nie da*
und *Nächten und Wächten?* Und woher kommen die Meeresau-
gen? Hört man psychoanalytisch verstanden nicht eine Dissoziati-
on heraus, eine Spaltung, Realitätsferne?[28] *Durchbrechen*, eine
Kluft tritt auf, ein erster Rand bildet sich. Eine Struktur des von
innen nach außen und von außen nach innen? Eine Schlinge, deren
hungriger Lust-Vektor zu sich selbst zurückkehrt und so eine Kluft
offen lässt? Der Rand des Mundes, der eine Schleife der Lust zur
Brust der Mutter und zurück zieht, der Mund-, der Oral-Trieb? Ein
Trieb, der eigentlich ein Sprechen ist, weil er die Brust der Mutter

---

[28] Lacan, J., Le desir et son interpretation, Seminaire Nr. VI S. 310?, wo
der Autor das Geschehen, das durch den Anspruch, durch den Schrei
des Kindes nach der Mutter als erstes psychisches Aufbrechen entsteht,
als Spaltung bezeichnet.

dermaßen für sich beansprucht, dass das Kind glaubt, sie gehöre zu ihm.[29] Tatsächlich also eine ganz primitive Triade von Trieb (an dem noch das Bedürfnis des Hungers hängt), Struktur (Mutter) und Hemmung, Verdrängung, Spaltung, wie ich sie im Vorwort erwähnt habe. Vielleicht klingt dies alles zu abstrakt, theoretisch, zu distanziert und nüchtern. Dennoch glaube ich, zeigt uns Stefan R. besser als viele „Normale", um was und wie es geht.

*„Auch das Schreien muss man salonfähig machen! Wir brauchen einen Schreikult, ein Ausschreien, Anschreien, Hinaus-, Heraus- und Davonschreien. Und ein Dagegenschreien gegen die Mutlosigkeit und Lethargie der Welt. Schreien und Speien, ja Wurf- und Schießschreie, Fels-Tonnen-Danieder-Schreie, Bomben-Krach- und Dynamitschreie, damit endlich alle es hören: hört auf mit eurer Spießigkeit und Kälte! Schreit und schreitet davon . . ."*

Das Kind sieht beim Stillen die Mutter an. Der Rand der Pupille, der die ersten Beziehungen zu den Objekten der Welt reguliert, zu Farben, Konturen einerseits, spielt genau so eine Rolle wie der Anspruch, Anruf an die Mutter andererseits? Auch diese Triebe beinhalten also die gleiche *signifikante* Operation, jenes „von innen nach außen", wie ich im Vorwort sagte, aber gleichzeitig auch die Abwehr des anderen Triebs, jenes „von außen nach innen"?[30] So kommt also auch aus dem Auge der Mutter ein Ver-Sprechen, ein Halb-Sprechen, aber keine konkrete und dauerhafte wirkliche

---

[29] Diese Spaltung kann in seiner Dynamik durch das Möbiusband dargestellt werden. Durch die Verdrehung eines kreisförmigen Bandes um 180 Grad entsteht ein Band mit nur einer Fläche und einem Rand, obwohl es stets auch Vor- und Rückseite dieser Fläche und linken und rechten Rand gibt. Damit ist ideal die Dynamik der ersten Mutter-Kind-Beziehung dargestellt. Der Rand des Mundes ist gleichzeitig eins und getrennt mit dem Rand der mütterlichen Brust, der Mamille. Die Fläche des kindlichen Körpers ist gleichzeitig mit dem mütterlichen eins als auch getrennt (das Kind empfindet es mal so mal so) je nach dem Anspruch, dem Sprechen, dem Schrei des Kindes nach dem *Anderen*. Siehe Abb. 2.

[30] Granon-Lafont, J., Topologie Lacanienne, Point Hors Ligne (1990) S. 17

Ant-Wort. Und so entsteht das Orale. Das erste „*Mitding*", „*Mittendrin-Ding, dingdrin.*"

Wie J. Lacan es ausdrückte, „verwerfen" die „Psychotiker" eine zentrale Metapher aus ihrem Seelenleben, die Lacan weniger mit dem Wesen der Mutter als mit dem Wesen des Vaters, der schöpferischen ‚Benamung', dem „phallischen Signifikanten" in Zusammenhang brachte.[31] Selbst wenn um die Mutter geht, taucht die Frage auf, wie sie den Vater kommuniziert, wie sie symbolisch den Erzeuger vermittelt, wie sie im Bedeutungsdiskurs als das auftaucht, was die Sprache ihr im Namen dessen auferlegt, was vom ‚Namensgeber' her stammt. Die „Psychotiker" nehmen irgendwie die Sprache nicht ernst, nicht im Rahmen der Bedeutungen, der Nominierungen eines Mangels, des Kastrativen innerhalb des Sexuellen, und so fehlt zwischen ihnen und den anderen ein Band der Verständigung, die auch die anderen nicht zustande bringen.

Dass man das *Genießen* nur reduziert haben und nicht unerschöpflich von einer Lust zur nächsten taumeln kann, sehen sie zu wenig. Ihre Selbst-Verdeutlichung mischt sich nicht konstruktiv mit der *Anders-Verdeutlichung* und führt daher nicht zu einer generellen Verdeutlichungsmöglichkeit. Mit seinen Deutungs-Konstruktionen, die er dem Unbewussten entnimmt, muss der Analytiker dazu verhelfen, dass er das Erleben des „Psychotikers" kennt, aber man es in eine gute Sprache, in eine generell umsetzbare Vermittlung bringen muss. „Salonfähig!"

„So [weil eben nicht paternal ‚benamt'] bleibt die Bedeutung, die durch den Signifikanten des Begehrens der Mutter geschaffen worden wäre, rätselhaft, und auf die Frage, was die Mutter be-

---

[31] Ich wähle absichtlich den Ausdruck „Benamung" im Gegensatz zur einfachen Benennung. Er stammt von einem Patienten, der sich versprochen hatte, als er die paternale Funktion der Besamung genau so wie die der Benennung ausdrücken wollte, dabei aber ein Kunstwort schuf, das genau diese Metapher trifft, die Lacan auch den „symbolischen Phallus" nennt: ein Quer-Wort, ein *gekrümmtes* Wort!

gehrt, gibt es keine Antwort."[32] Die Mutter hätte im Namen des Vaters sprechen müssen (damit ist nicht unbedingt der konkrete Vater gemeint, sondern ein prinzipieller), damit „die Scham als affektive Grundtönung den Substituierungsprozeß des mütterlichen Begehrens begleitet, was im Falle der „Psychose" das Subjekt in höchste Bestürzung treibt, sobald es sich einem Objekt gegenüber sieht, das eine Metaphorisierung innerhalb des phallischen Bedeutungsrahmens erfordert oder erzwingt."[32] So ausgedrückt ist es für den Laien wahrscheinlich nicht leicht zu verstehen, lassen wir es daher Stefan R. selber sagen:

*„Ich denke in Bildern der Körper, in Metamorphosen des Schleims, der Milch, des Wachsens und des Samens, die alle unendlich fließen, aufquellen und wieder wildwuchern, hoch-, auf-, empor-, und über- überwachsen. Großwachsen, prallwachsen, wachwachsen. Zerwachsen, zerplatzen, zerfetzen. Schließlich zerlusten sie sich .. und fangen wieder von vorne an. "*

Die Lust findet keinen Halt, sie braucht eine Metapher, aber wer gibt sie uns? Sie bleibt unbewusst. Freud spricht davon, dass auch Denkvorgänge unbewusst sind,[33] dass es Gedanken gibt, die nicht das Ich denkt sondern die das Unbewusste verkörpern.[34] Aber was soll das sein, ein unbewusstes Denken? Schließlich sind wir gewohnt, dass wir das Denken mit sprachlich und bewusst verbinden. Zwar ist jedem von uns bekannt, dass wir manchmal im Traum ganze Tiraden oder auch Sätze denken, doch sind diese Gedanken oft nicht ganz logisch, folgerichtig und sprachlich klar. Wir sprechen daher auch vom „assoziativen" Denken, das flüchtig und sprunghaft ist und das mehr den Trieben, dem *Es* gehorcht. Dennoch ist gerade dieses Denken oft in der Lage, unbewusst ein „schwieriges intellektuelles Problem" zu lösen, wie Freud sagte. Freud spricht ebenfalls von dem „Denken in Bildern", für das

---

[32] Ruhs, AS., in Ertl, M., Keintzel, B., Ich bin tausend Ich, facultas (2002) S. 102

[33] Freud, S., GW, XVI, S. 204

[34] Lacan, J., Scilicet, 1 (1968) S. 35

dann bezüglich der „Relationen, die den Gedanken [üblicher-
weise] besonders kennzeichnen, ein visueller Ausdruck nicht gegeben werden kann. Das Denken in Bildern ist also ein nur sehr
unvollkommenes Bewusstwerden. Es steht irgendwie den unbewussten Vorgängen näher als das Denken in Worten . .“[35] Exakt
für dieses „irgendwie“, das also auch Stefan R.

plagt, werden wir
eine Lösung in unserem Vorgehen finden, weil sich darin auch das
fremde Denken mit dem eigenen und das „normale“ mit dem psychotischen in klarere Zusammenhänge bringen lässt.

Ich will also von einem dialogischen, gerade / *gekrümmten* oder
*konjekturalem* Denken sprechen, das die Menschen auszeichnen
sollte?[36] Ein flexibles Denken, ein Zusammen-Denken. Ein Denken im wissenschaftlichen Sinne, aber äußerst anschaulich, *gekrümmt*-geometrisch, konstruktiv. Im gleichen Sinne sind die Philosophen – gerade in der Moderne, etwa M. Foucault oder J. Derrida – davon ausgegangen, sich die Dinge, die Welt, so zu denken,
wie sie eigentlich n i c h t ist, wie sie aber, von da aus konstituiert,
viel eigentlicher und wirklicher zu s e i n hätte. Wie konnte man
– ironisch gesagt – nur so blöd sein, sich die Welt so zu denken
wie sie i s t, kann doch schon das Denken allein das S e i n erheblich stören, wie man an jedem Grübler sehen kann.[37] Wir  s i n d –
sagt Lacan in einem gewissen Gegensatz zu Descartes – wo wir

---

[35] Freud, S., GW XIII, Fischer (2000) S. 248

[36] Dieser Begriff ist von der mathematischen Konjektur abgeleitet,
die eine mathematisch zwingende Mutmaßung, Vermutung beinhaltet.
So wie es also Vermutungs-Wissenschaften gibt, könnten wir auch von
einem Denken reden, dass sich auf klare, einleuchtende, ja geradezu
lichte Vermutungen stützt.

[37] Selbst Romantiker wie F. Schiller hätten dies unterschrieben, denn für
sie war ja gerade das Ideale, der sich hinaufschwingende Gedanke das
Eigentliche. Der Körper, die Welt galt ihm nichts. Wir heute können uns
jedoch nicht einfach mehr mit romantischen Gefühlen zufrieden geben
und uns auf einen derartigen Unsinn wie „Ich fühle, also bin ich“
stützen, wie es z. B. Damasio, ein moderner Neurowissenschaftler tut.
Natürlich sind wir auch nicht, indem wir denken. Ich „konjekturalisiere“,
ich *krümme, knote* mich, also bin ich, so müsste man sagen.

nicht denken zu sein. Da, wo wir wirklich s i n d, existiert ein so unbewusstes Denken, dass das Wort „denken" schon fast nicht mehr passt und man daher unmöglich direkt davon etwas sagen kann. Und genau aus diesem Grund denkt es sich der „Psychotiker" und der uns Fremde nicht so wie wir, sondern er lebt es. Er ist es. Er *krümmt* es, er *krümmt* sich mit ihm, um es gerade hinzubringen und so taumelt er nach vorne, anders als wir.

Das ‚psychotische" Ich ist zerstückelt und erscheint daher als ein *Anderes*, aber gleichzeitig lernen wir „Genormte" dadurch, dass es eine *Andersheit* in jedem von uns gibt. Das antike Ich ist klein und unbedeutend und es lebt ganz in seinem gespaltenen *Anderen*, das beispielsweise seine *Götter* sind, seine „Spiritualität", seine mystische Hoffnung, seine Lust- und Schattenwelt. Wir dagegen leben im *Ich* samt seinen Struktur / Trieben, die wir vom *Anderen,* von unserer *Andersheit* als solcher her konstitutiv denken müssen oder müssten. Es hätte wenig Sinn, wieder ganz zum antiken Mythos oder *Gott* zurückzukehren oder unser Ich abzuschaffen, wie es manche Esoteriker lehren. Wir müssen das *konjekturale Denken* erlernen, auch wenn dies nur ein anderer Ausdruck für Psychoanalyse ist. Gerade in dieser Feinheit der Begrifflichkeiten liegt dann doch ein großer Unterschied zur mystischen Psychophysik Fechners und Freuds. Und zur Mystik überhaupt.

Schon Nietzsche sagte, man muss sich den Menschen so denken, als ob er „ein Knoten wäre in einem Seil, das sich vom Tier zum Übermenschen spannt". Leider ist er mit dem Übermenschen ins Stolpern geraten, indem er sich diesen als biologisch gezüchtet und durch Erziehung geistig geschult und herangezogen vorgestellt hat. Schließlich hat er das Tier ganz vergessen und an sich selbst als den bereits fertigen Übermenschen geglaubt.[38] Hätte er sich den Menschen doch weiterhin als *Knoten* vorgestellt, wie er sagte, er hätte das Wesen des ‚Psychotikers' genau so wie des

---

[38] Safranski, R., Um sein Leben denken. Nietzsche – nach hundert Jahren, FAZ vom 26.8.2000, S,I und Podak, K., Das Erdbeben der Epoche, SZ von 26.8.2000, S. I

Normalen, des antiken Menschen genau so wie des modernen Europäers, erfasst und die Psycholinguistik unserer Tage, so wie sie etwa Lacan formuliert, schon vorausgenommen. Denn für Lacan ist der Mensch (egal ob in Ost oder West) und der Beginn von allem (wie ich schon eingangs erwähnte) tatsächlich ein *Knoten* (ein Fortschritt gegenüber dem Hegelschen Knochen). Ein Trieb-Struktur-Trieb-*Knoten*. Ein Borromäischer *Knoten*.[39] Man denkt dadurch, dass eine Struktur – die der Sprache nämlich – den Körper zerschneidet",[40] man denkt wie Ödipus mit dem eigenen Schmerz dieser Zerschneidung, aber auch wie Osiris mit der Lust dieser einzelnen zerstückelten Körperbilder.

**Abb. 3**
**Borromäischer Knoten**
Drei Schlingen sind so verknotet, dass beim Aufschneiden einer einzigen die anderen zwei frei werden. Dadurch sollte nach Lacan die gegenseitige Durchschlingung psychischer Strukturen dargestellt werden.

*„Der Ofner Franz, der Herbertshuber Richard, der Untergensberger Karl, der Reitershofer Max – was alles für mittelalterliche Einödnamen! Aber so waren wir, halbverdruckste Bauernbuam, Onanierer, Schultrickser, Obrigkeitsfürchter, Kampfträumer, Phantasierer und Grenzgänger, die verschlagen genug waren, denen da oben aus dem Weg zu gehen. Echte Freunde waren wir*

---

[39] Dabei handelt es sich mathematisch eigentlich um eine Verschlingung, bei der drei Schleifen = Strebungen im Menschen (Das Imaginäre, Reale und Symbolische) so ineinander durchschlungen sind, dass alle drei Schleifen frei werden, wenn man die Verschlingung nur an einer Stelle durchschneidet. Der Borromäische Knoten ähnelt sehr der Boyschen Fläche (siehe Abb. 1) bei der ebenfalls drei Bereiche vollkommen ineinander durchschlungen sind sowie dem, was ich vorhin schon als Spaltungs-Knoten bezeichnet habe. Befreit der Mensch sich im Symbolischen, kann er auch das Imaginäre und Reale frei gestalten.
[40] Lacan, J., Radiophonie, Television, Quadriga (1988) S. 63

*nicht, jeder musste doch selber schauen, wie er sich durchmogelte und irgendwo mal eine Schulaufgabe stehlen konnte oder ein abgegriffenes Aktphoto erwischte. Pornos! Pornos gab es damals noch nicht! Um die Lollobrigida für eine Sekunde halbnackt zu sehen, bevor sie nach einem Handtuch griff, mussten wir in die nächste Stadt fahren und durch listige Manöver das „Jugendverbot" umgehen. Schlafen und Zündeln war noch das Beste."*

Freud näherte sich diesem Denken durch die „freie Assoziation", also durch das assoziative Denken des Patienten. Dem fügt nunmehr durch die ebenso „gleichschwebende Aufmerksamkeit" der Analytiker sein Denken hinzu, um zu wirklichen *Worten, Begriffen,* für beide zu kommen. Ich möchte in meinem Verfahren, auf das dieses Buch hinauslaufen wird und das ich *Analytische Psychokatharsis* nenne, fast umgekehrt vorgehen. Ich biete dem Kranken Bild-Worte an (ich nenne sie auch *Formel-Worte*), die aus wissenschaftlicher, psychoanalytischer Begründung stammen, und die in ihm das assoziative Bildhafte mit dem sprachlichen Wort-Denken verbinden, so dass ein begreifbares Denken für beide entsteht. Meditation und rationales Denken müssen somit kein Widerspruch sein.

Wir sind eben nur daran gewöhnt, in der einen oder anderen Weise zu denken, rational nachzusinnen, oder zu kontemplieren, zu sinnieren, und manchmal auch beides zugleich zu tun, im Fluss, im *Flow* zu denken. „Das tranceähnliche Flow-Erleben ungelenkter Denkprozesse ist ein häufig untersuchtes Kreativitätsphänomen", sagt P. Fiedler, und bezeichnet es auch als normales dissoziatives Phänomen, wie es oft „bei selbstgewählten Extrembelastungen" vorkommt.[41] J. M. Silva und M. I. Appelbaum, sowie K. S. Masters haben es bei Marathonläufern beschrieben.[42, 43] Es wird nur

---

[41] Fiedler, P., Dissoziative Störungen und Konversion, Beltz (1999) S. 63

[42] Silva, J. M., Appelbaum, M. I., Cognitive Therapy and Research Nr. 13 (1989) S. 185-92

[43] Masters, K. S., American Journal of Clinical Hypnosis Nr. 34 (1992) S. 193-201

viel zu stark von selbsternannten Gurus und esoterischen Strö-
mungen im Rahmen mystischer Weltanschauungen missbraucht,
weshalb ich gar nicht genug darauf hinweisen kann, dass nur dieses von mir hier dargestellte, aus den *Konjekturalwissenschaften*
abgeleitete und auf psychoanalytische und linguistische Bezug-
nahmen sich stützende Verfahren einen sinnvollen Gebrauch dieses „Denkens" ermöglicht.

Ich bin vielleicht etwas zu schnell vorgegangen. Der Leser wird
nichts verstehen. Er wird sagen: Ist dieses Buch, wenn es sich auf
die Psychoanalyse stützt, nicht wieder zu kompliziert und ein
Reinfall? Aber wir müssen uns auf etwas stützen, und so verspre-
che ich, dass das Ergebnis etwas anderes sein wird, das nicht wieder nur einen anderen Begriff für all die bisher verwendeten ein-
setzen wird, sondern in den eben gerade genannten Bild-Worten,
eine ganz einfache und klare therapeutische Vorgehensweise vermittelt. Diese Bild- oder *Formel-Worte*, sind keine Worte im herkömmlichen Sinne mehr, sondern Ander-Worte, gerade / *gekrümmte* Worte, in sich selbst verknotete Bedeutungs- und Sinn-
knoten (wenn man so etwas einmal sagen darf). Aber eben
dadurch repräsentieren sie das „Von-Innen-Nach-Außen" und das
„Von-Außen-Nach-Innen" als *Analytische Psychokatharsis* in per-
fekter Weise. Und sie sind auf wissenschaftlich nachvollziehbare
Weise entstanden, was ich gerade in diesem Buch zeigen will.

**Nicht so viel Theorie, mehr Geschichte ..**

*„Als ich im Konvikt war* [im Alter von 10 Jahren] *schickte mir die
Mutter ein Fresspaket. Darunter war auch ein Glas roter Marmelade. Ich hatte so Heimweh, Mutter, in Form dieses Glases trug
ich dich herum! Ich roch es, Himbeer, Holunder, Holluzination.
Eine große Brust, eine Beeren-, Farben-, Himbeer- und Holun-
derbrust. Eine Götzenbrust, ein Brustmarmeladen -Busen, Zucker
und Heilbrust, bis es dann passiert ist: irgendwo rutschte ich am
Steinboden aus, zersplitterte das Glas und hatte ich die Scherben
und die Marmelade im Handgelenk .."*

„Und so *saß ich wieder am Fenster und sah in die Richtung nach Hause, Nicht Nord-Ost, nicht Nord-West, sondern Nord-Nord-West, Stauden-Nord, Eschenbaum-West, Hol` unter Nord, Holunder-West. Nicht Nord-Süd-Ost, sondern Nord-Nord-West, da wo der Zichorienstrauch stand, je genauer die Richtung, desto näher war ich zu Hause, wo doch gar nicht meine Heimat war. Denn obwohl ich nur aus Heimweh bestand, hätte ich mich nie in die Mutter fallen lassen können, in die Mutter-arme, M-arme-lade, Marmorlade, die uferlose, harte . . .*"

„*Nebenan war die Greinerwiese. Im Krieg besaß niemand etwas, aber Herrn Greiner gehörte dieser bucklige wiesengerundete Hügel und wir fuhren im Winter darauf mit selbstgezimmerten Brettern Ski. Mit zwei Stecken aus Haselnussstauden und Ledergurten anstelle von Allround-Carvern und Atomic-Sicherheitsbindungen. Einmal prallte ein Junge damit gegen eine Begrenzungsmauer am Ende des Hanges und die Leute sagten, er hätte ein Loch im Kopf. Loch im Kopf! Ich stellte mir eine schaurige Kluft vor, aufgekratert wie eine Höhle tief hinein in die Nacht des Gehirns. Rätselhaftes Grauen, wo der Blick in einen endlosen Abgrund stürzte, wo es doch in Wirklichkeit nur eine Wunde der Kopfhaut war! Aber was heißt schon Wirklichkeit! Schon damals ersetzte das Bild den Blick. Das Bild – Blick – Bild den nüchternen Nur - Blick. War das Bild - Blick - Bild nicht eine bessere Wirklichkeit als das simple äußere Nur-Bild?*

Der Philosoph R., Carnap will festgestellt haben, dass Kleinkinder eine „nicht-euklidische Wahrnehmung" haben. D. h. sie sehen – aus unserer Erwachsenenperspektive betrachtet – die Dinge topologisch verformt,[44] wie es Stefan R, gerade mehr intuitiv beschrieb. Und was für das Kleinkind gilt, gilt – cum grano salis – auch für die sehr frühen Menschen und vielleicht auch für manchen ‚Psychotiker'. Ich glaube zwar nicht, dass Stefan R. in der Zeit, in der er bei mir war, solche Erlebnisse hatte. Er konnte ja

---

[44] Carnap, R., Einführung in die Philosophie der Naturwissenschaft (1969)

selbst seine Kindheitserlebnisse aus der Distanz heraus betrachten, was eben dafür spricht, dass er mehr eine Persönlichkeitsstörung hatte, als eine ‚Psychose'. Aber er war – wie ich später noch berichten werde – fast dreißig Mal in klinischer Behandlung, wo man stets den Begriff ‚Psychose' für seine Krankheit verwandte.

Doch oft wurde er eingewiesen, weil er nachts ständig wach und laut war, oder Tag und Nacht durch die Stadt und fremde Gärten lief, was ich eher als ein Protestverhalten werten würde, etwas mit dem er Aufmerksamkeit erhielt. Bei mehrmaligem Streit mit der Polizei wusste er stets genau, wie er durch Schreien und extrem demonstrierte Entschlossenheit bei den Beamten Angst auslösen konnte, was freilich nicht verhinderte, dass diese ihn dann doch zu einer Aufnahme in der Psychiatrie überreden und mitnehmen konnten. Ich komme später noch ausführlicher auf diese realen Gegebenheiten zurück, die ich eigentlich für nicht so wesentlich halte, es sei denn, man kann sie deuten.

*„Im Tiefschlaf gibt es für den Schlafenden wirklich nichts, gar nichts, selbst „Das Nichts" gibt es da nicht, nur null . . . Der Nihilismus macht mir zu schaffen, vacuus = leer, frei, öde, herrenlos, erblos, ledig, ohne Geliebte, schutzlos, unbeschäftigt, müßig, geräuschlos, ruhig, still, sorglos, eitel . . . ich evakuiere das Vakuum! Vertreibe die Untermieter der leerstehenden Wohnungen! Ex mich aus . . ."*

*„Weil ich Bettnässer war, gab man mir abends nichts zu trinken, dieser dunkelheitende Durst, und nur die Phantasie ihn zu löschen. Hätte es doch nur einen Schluck kalten Wassers gegeben, wenn ich schlaflos wach lag. Nur ein paar Tropfen. Diese Kindheit war schrecklich!"*

In seinem Schreiben und Reden versucht Stefan R. vielleicht etwas durchaus Reales einzufangen in einer Kombination unmittelbarster *Signifikanten,* direktester *Sinneinheiten*, die uns bei ihm die Einsamkeit einer Nacht mit den Monologen oder bei P. Celan die Liebe mit dem haltlosen Gedächtnis des Opiums nahebringen soll.[45] Ein gutes Buch benötigte eigentlich keine Realität, niemand, nichts, um seine Signifikanten zu stützen, sie sagen sich sozusagen von selber aus. „. Eine gute Phrase scheint mir ein unabhängiges Dasein zu besitzen. Doch glaube ich, dass die besten wahrscheinlich in Einsamkeit zustande kommen," schreibt Virginia Woolf.[46] Nun ist Stefans R.s Tagebuch keine anerkannte Lyrik (im Gegenteil, man hört die Iterationen und Wortspiele der kranken Seele heraus) und selbst P. Celans Gedichte bewegen bis heute noch die Gemüter, ob nicht etliche auch das Fluidum einer psychischen Störung schon in sich trugen.[47] R. Vogt deutet den Selbstmord Celans aus Schuldgefühlen gegenüber seinem Vater und „der Rückkehr in die sichere Ungeschiedenheit der vorgeburtlichen Verbindung mit seiner Mutter".[48] So etwas könnte man bei Stefan R. auch erahnen.

An was soll man sich also halten? Lassen wir vorerst einmal stehen, dass das menschliche Subjekt nur durch die Zu- und Gegeneinanderstellung der *Signifikanten,* und das heißt für uns also zweier *Triebe* und ihrer *Verschaltung,*[49] wirklich erfasst werden kann. Es bleibt bei dem Anfang, der – wie ich sagte – der *Mangel* ist, ein grundsätzliches „Es fehlt etwas an seinem Platz".[50] Das Subjekt findet sich – auch wenn es das nicht merkt – gespalten vor

---

[45] Celan, P., Gedichte, Mod. BuchClub (1966) S. 6, wo der Autor schreibet: ,Wir lieben einander wie Mohn und Gedächtnis'.

[46] Woolf, V., Die Wellen, Suhrkamp (1964) S. 15

[47] Bollack, J., Wahngänge, Von gezogenen und von umgestoßenen Grenzen in den Gedichten Paul Celans, Psyche Nr. 5 (2000) S. 399, wo der Autor der Psychopathologie des Lyrikers „die innere Logik der künstlerischen Gestaltung und die selbstbewusste Entscheidung des Künstlers in Kenntnis der eigenen Krankheit" als Sinnstruktur entgegenhält.

[48] Vogt, R., Der Tod von P. Celan, Psyche Nr. 9/10 (2000)S. 1061

[49] In diesem Sinne definiert Lacan den *Signifikanten* als das, was ein Subjekt für einen anderen *Signifikanten* repräsentiert.

[50] Lacan, J., Ecrits, ed. seuil (1966) S. 722. Wir könnten auch sagen, etwas fehlt, weil man es nicht SCHAUEN kann, obwohl man bereits zu sehen, zu blicken, anfängt.

(Sich und sein *Anderer*), was die Mutter (die selbst der erste, pri-
mär-primitive *Andere* ist) nur schlecht und recht kompensieren
kann. Mutter – dieses Wort ist tatsächlich schon viel zu fertig,
viel zu lang, viel zu viel! Anfänglich fehlt selbst dieses mama, o-
der selbst einfach nur: ma! Einfach nur:! (dieses Ausrufungszeichen, dieses imperative signum würde schon genug zeigen, dass
Es, ein Etwas, das eine volle Mutter sein könnte, die zwar fehlt,
aber es dann doch ein Zeichen für sie gäbe).

Die mütterliche Mund-Brust, dieses erste *Mit-Ding* – wie Stefan
R. es nannte – dieses ma, Ausrufungszeichen, dieses „!", setzt
sich an die Stelle eines Ur-Mangels, eines Nichts, einer Spaltung.
„!" ist aber auch gleichzeitig ein Ur-Laut, der den *Mangel* über-
tönt, und das ist ein zweites *Mit-Ding*, das dem anderen gegenübersteht. Wie man es auch immer drehen und wenden will: Ein
„!", der Schrei-Mund, der verhallen, der verfehlen kann, braucht
das Mund-Auge, den glanzspendenden, erhellenden, aber auch
bannenden und vielleicht oft zudem gefräßigen Blick, der mithilft,
das „Objekt" Mama wirklich zu etablieren, zu festigen. Mama
wird so zum Symbol für die erste Kombinatorik und Verschaltung
der Triebe, für die erste gelungene Durchschlingung der Trieb-
Punkte. Im *Oral*-Objekt Mama (mehr die Brust als die Mutter)
verschalten sich Mund-Anspruch, Schreitrieb, *Sprechtrieb* und
Mund-Auge, *Schautrieb*, Orientierung und finden schließlich später einmal über andere Objekte und zahlreiche weitere Schritte zur
wirklichen Mutter.

Meine zwei Rufzeichen hat die Psychoanalytikerin D. Birksted-
Breen auch in ihren klinischen Untersuchungen bestätigt. Sie sagt,
dass in der menschlichen Psyche neben meist unbewusst ablaufenden Spiegelungsprozessen auch sogenannte „Widerhalleffekte"
eine wichtige Rolle spielen. Der „Widerhall" ist wie der vom Linguisten F. de Saussure gefundene *Signifikant* ein lautlicher „Prozess von Gegensätzen", von seelischen Echovorgängen, indem er
zwischen Mutter und Säugling (Kleinkind), nämlich zwischen
dem Reverie-Geplapper der Mutter und eben den widerhallenden
Antworten des Kindes entsteht. Es findet also eine erste Hall-

Widerhall, Anklang-Widerhall oder *Signifikanten*-Kombination statt, die noch keine ausgereifte Sprache darstellt, dennoch aber schon symbolische Grundlage hat. Es verlautet etwas, und in diesem Hin und Her der Verlautungen entsteht ein erstes Identitätsgefühl im Kind. Ja mehr noch, es entsteht ein Identitätsklang, eine Art eines ersten Losungswortes, wenn es auch vorerst nur Klänge, Laute und Vokale sind, aus denen dieses Wort-Klang-Widerhall-Geschehen besteht. Schon der Säugling kann sogar meist die rhythmischen Lautfolgen wiedergeben, die ihm vorgelallt wurden, dieses erste Es, Da oder Das also bestätigen, anerkennen.[51] D. Birksted-Breen zeigt Fälle auf, an Hand derer sich ganz klar nachweisen ließ, dass Menschen, denen diese Fähigkeit zum „Widerhall" fehlt, nicht träumen können und daher auch meist schwere Schlafstörungen und psychische Probleme haben.

*„Ein wirkliches Wort, ein Wort-Wort! Wenn es doch Wort-Worte gäbe, also solche, die gleichzeitig sagen, was sie wirklich meinen! Wenn es doch die Ein-Wort-Sprache gäbe, die Wort-ein-Wort-Sprache, wo jedes Ein sein Wort macht und dann erst kommt wieder das nächste Ein, das insofern ein Wort ist, weil es sich vom Einen zum nächsten Einen hinüberwortet, definitiv, Schall-Punkt für Schall-Punkt. Weil das dann sein wirkliches Mehr-Wort macht, seinen echten Zwei- und Drei- und Vier-Wort-Satz und seine ganze Vollwort-Sprache. Und Einwort-Einwort-Einwort kämen so nacheinander daher wie erleuchtende Sagen, wie Klar-Märchen, wie Opern, wie Sprachspreche und Kultgesänge!"*

*„Mein Vater war streng und beschwichtigend, laut und kleinlaut: Ich meine es ja nicht so, wie ich es sage, schimpfte er. Erst am Totenbett konnte ich ihm antworten: Ja, Vatta, Wenn du`s so meinst und auch so sagst – ist´s o.k. Und wenn du´s anders meinst und anders sagst – ist´s auch o.k. Aber wenn du´s so meinst und anders sagst oder anders meinst und so sagst, krieg ich meinen Kas-*

---

[51] S. Freud sprach hier vom ES, die Daseinsanalytikerin C. Spitzer vom Da des Anklangs / Widerhalls und der Psychoanalytiker D. Symington vom Das, von der Dasheit des Zwischenmenschlichen.

*per. Ich glaub, da hat er's zum ersten Mal verstanden. Aber nicht nur mein Vater war so, kein Mensch beherrschte die Sprichtspra-che, die Sprachspreche, die Spruche, wo es sich aussprucht und - spuckt. Wirklich: heraus-spuck-sprucht. Alle sagen sie nur Sprü-che, aber sie sprudeln nicht Spreche heraus, speicheln Sprache nicht aus, denn sie haben keine Spucke."*

Wie ich eingangs von G. Benedetti zitierte, kann man Stefan R. vorerst einmal nur verstehen, wenn man ihn so lässt und sich viel-leicht mit etwas von ihm identifiziert. Wenn er sagt: *„Worte sind kurzatmig, wo doch jeder nur im langen Atem seiner selbst lebt! Ich bin der langatmig atmet, atemlang, gelangatmet, wortatmet, Atem im Wort und Wort im Atem bin. Nur wenn mein Atem mein Wort ist, spreche ich wirklich,"* kann man ihm nicht einfach sagen, dass es vielleicht umgekehrt ist. Das würde ihn verwirren. Be-ginnt für ihn das Leben nicht offensichtlich da, wo der Atem stockt, wo etwas an seinem Platz fehlt? Es verfehlt sich. Das ist – psychoanalytisch gesehen – der Objekt-Mangel, der Anfang (diese erste *signifikante* Operation), und wir können es eigentlich gar nicht so sagen, denn selbst die ersten Worte fehlen ja. D. h., wir können eben nur die Situation nehmen, die uns der Kranke, der Hilflose, der *Andere*, der Fremde, vermittelt und davon ausgehen. Die er uns sagt in der „freien Assoziation" seines Tagebuches und seiner Rede, aber auch nur im Aufzeigen einer Situation, einer Szene, in Bildern und Fetzen und Silben und Lauten. Die er stot-tert, keucht, *wort-atmet.* So musste ich mich – wie Benedetti und auch die anderen Autoren sagen – mit seinem „Literarischen", mit etwas von seinen „Sprach-Laut-Worten" identifizieren. Ich konnte versuchen Sprachlaute, Wortklangbilder aufzugreifen und ihm damit vorsichtig diese doppelte Bewegung von *Übertragung* und Deutung ins Spiel bringen.

Gerade im „Literarischen", in der Identifizierung mit den Knoten der Buchstaben kann der Analytiker Teil seines Patienten werden und umgekehrt. Beide haben am Wort und am Atem teil. Es könn-te das Wort des Vaters sein, der Atem der Mutter. Alle möglichen Deutungen wären möglich, wenn zu spüren ist, dass schon Ansätze von *Übertragung* vorliegen. Aber auch, wenn durch die Identifizierung des Analytikers die *Übertragung* hervorgelockt wird. Benedetti hatte dazu noch gewisse Umwege und umständliche Techniken empfohlen. So verlangte er, dass die „Psychose" „dualisiert" werden und der Analytiker von seinen Patienten träumen müsste, um diese Träume dem Patienten übermitteln zu können und so nicht nur Objekt der *Übertragung* zu sein, sondern „Übertagungssubjekt".[52] Eine recht schwierige und komplexe Methode, die mich an die Mohave-Indianer erinnert, die auch besondere Handlungen im Leben wie etwa das Heiraten noch zusätzlich träumen mussten, um sicher sein zu können, dass sie wirklich verheiratet waren.

Stefan R. war also etwas lebensabgewandt, ziemlich sprunghaft in seinem Denken, affektiv unstabil, planlos, gehemmt-schizoid und – wie unsere Psychiater heutzutage so schön sagen – emotional schwingungsarm. Dabei sind zu viel Emotionen und Affekte, ein Affektiertsein, wohl genauso schlecht, wie zu wenige, wie Affektarmut. Für den reinen Naturwissenschaftler sind Affekte nur Gehirnerregungen, Bewegungen von Neurotransmittern und anderen Hormonen, für den Psychoanalytiker stellen sie mehr Gemütszustände dar, die quantitativ oder qualitativ der eine Teil des Triebes sind – der andere ist die, bewusste oder unbewusste Vorstellung.

Freud selbst hat hier leider eine begriffliche Unsicherheit hereingebracht, die bis heute noch besteht. Manche Psychologen sähen es nämlich gerne, wenn diese lästigen Affekte, die man so schlecht objektivieren kann, immer `richtig´ wären, genau zugehörig, angepasst an die Logik einer bestimmten Umgebung. Weil ein solches Vorgehen aber nicht psychoanalytisch ist, sondern eher pädagogisch, psychagogisch manipulativ, meinen jetzt ein paar ganz Schlaue, dass die Affekte, und nicht wie Freud sagte, die Triebe die „primären motivierenden Kräfte" im Leben der Menschen

---

[52] Lempa, G., in Schwarz, F., Maier, C., Psychotherapie der Psychosen, Thieme (2001) S. 114

sind.[53] So wird die Psychoanalyse heute wieder einmal von der guten alten Bewusstseins- und Affektpsychologie unterwandert, die nichts anderes ist, als ein Stück Scholastik, Schulmeisterei. Denn wenn ich den Affekt schon weiß, weil ich ihn irgendwie genau benennen kann, benötige ich keine Psychoanalyse mehr, die ja erst klären soll, ob der Affekt nicht verschoben, verwandelt, also ganz anderswo hingehört, als man ihn erlebt, und mit welcher Vorstellung er in Zusammenhang steht. Ob er vielleicht gar nichts anderes ist, als z. B. das Bild des eigenen Todes und eigentlich gar kein Affekt.[54]

Vereinfacht ausgedrückt gibt es heute mehrere psychoanalytische Schulen, die jeweils einen anderen Begriff ins Zentrum stellen: Den Trieb, das Objekt (Objektbeziehung) oder das Selbst (eine Art erweitertes Ich). Die Selbstpsychologen sehen Freud z. B. als reinen Triebtheoretiker und stellen zwei Aspekte des Selbst als wesentlicher heraus: Selbstspiegelungen und Objektrepräsentanzen. H. Kohut nannte den „Glanz im Mutterauge" eine ganz wichtige Selbstspiegelung für das Kind, denn es kann sich darin beleuchtet, bestätigt, geliebt „sehen" (ich hatte es schon mit dem Begriff vom Mund-Auge erwähnt). Die Objektrepräsentanzen dagegen repräsentieren im Selbst die äußeren, vor allem die für die „spezifische Aktion" (ein Ausdruck Freuds für spezifische Handlungen, die von außen kommen müssen, um ein Verlangen zu befriedigen) wichtigen Objekte. Werden diese (z. B. Pflege, das Sprechen der Mutter, Orientierungshilfen, etc.) nicht gegeben, kommt es ebenfalls zu Defiziten. Doch funktionieren, wenn man genau hinsieht, nicht die Selbstspiegelungen und die Objektrepräsentanzen selber

---

[53] Mertens, W., Kompendium psychoanalytischer Grundbegriffe, Quintessenz (1992) S. 5-13
[54] Lacan, J., Schriften III, Walter (1980) S. 203, wo Lacan feststellt, dass das Affektive bei Freud das ist, was in einer ersten Symbolisierungsphase ausgeschlossen wird und somit im Realen verbleibt, und vom Symbolischen her damit immer mit einem negativen, tödlichen Aspekt belastet bleibt.

wie Triebe? *Schautrieb* und *Sprechtrieb*[55] z. B.? Nicht anders wird es uns bei der Betrachtung der Objektbeziehungstheorie gehen, die also das Objekt ins Zentrum stellt und zu der ich später kurz Stellung nehmen will. Auf jeden Fall sind diese Schuldifferenzen ganz unwichtig und unnötig, wie man gerade am Fall Stefan R.s sehen können wird.

*„Meine Mutter hasste im Vater den Mann. Sie zeigte mir oft anklagend und heimlich seinen Nachttopf und seine stinkige Wäsche, während sie in mir etwas Großes sehen wollte. Ich sollte Priester werden. Ich sollte das Heil für sie verkörpern. Ich sollte den Lichtstrahl in das Haus des Fabrikarbeiters bringen. Ich sollte die Mutter mit Jesus verkuppeln, mit der Bibel vereinen, mit der Hostie schwängern. Das alles verwirrte und verstörte mich . . wo sollte ich Halt finden? Später habe ich mich bei allen möglichen psychologischen Lehrern gemeldet. Bei keinem hatte ich wirklich Vertrauen. Vor Ausbruch meiner Krankheit war ich in analytischer Gruppentherapie und als ich einmal tief weinen musste, sagte der Analytiker: der Stefan weint jetzt vor Freude. Da erfasste mich ein Taumel, ein Sog nach oben, es brach aus mir heraus. Was? Das Nichts, die endlose Leere der menschlichen Welt? Die verwirrende Fülle des Kosmos? Es war der Glückstaumel des Taumelglücks, ein Taumel ohne Freude. "*

Nach seinem Studium der Germanistik in Deutschland war Stefan R. also im Institut für Sprachforschung tätig gewesen und später nach Griechenland gegangen, wo er sich seinem – wie er es nannte – „spirituellen Lehrer", dem Yogalehrer Darshan Singh[56] an-

---

[55] Lacan nennt ihn Invokationstrieb (Anrufungstrieb). Damit sind wir genau wieder bei unserem Ausgangspunkt, wo wir vom Oral-Trieb gesprochen haben, der mit der Anrufung ja aufs engste verbunden ist. Das orale Objekt ist ja tatsächlich auch das erste symbolische Objekt und damit Wegführer zum Sprechen, zur Welt der Symbole.

[56] Darshan Singh (1921-1989), Sohn Kirpal Singhs (1896 – 1974), behauptete der Nachfolger seines Vaters als Lehrer des Surat Shabd Yoga zu sein. Diese Yogalehrer stützten sich auf eine Reihe von Mystikern, die sich wiederum auf Guru Nanak, den Gründer der Sikh-Religion beriefen.

schloss, der dort viele Schüler hatte. Noch zu Beginn seiner Er-
krankung mit etwa 28 Jahren hatte er mit einer Frau aus der gerade
erwähnten therapeutischen Gruppe einen Sohn und wohnte längere
Zeit mit dieser zusammen. Während dieser Zeit kam es zu seinen
ersten Klinikeinweisungen. Doch lassen wir ihn selber weiter reden:

*„Ins Gymnasium musste ich weit mit dem Zug fahren, aber ich
wollte nicht mehr ständig ins Konvikt, in diese Pastoralanstalt, ins
Züchtigungshaus. Lieber die lange Fahrt aushalten, obwohl ich oft
Angst hatte, schreckliche Angst. Angst vor den Leuten, die im Zug
alle missmutig, kränkelnd, starr, versperrt, fröstelnd, dumpf, ton-
los und kalt auf ihren Bänken saßen. Draußen auf den Wiesen
wuchsen knallgelbe Doldenblumen und Hahnenfuß. Ich musste
mich an ihnen festhalten, sie waren meine einzigen Freunde.
Astilben und Herbstanemonen. Ich zitterte, fror vor Unruhe, Un-
gewissheit, vor all den Un's, unsern Un's, . . . .“*

In diesem Stil gehen seine Schilderungen weiter, was Freud „freie
Assoziation“ nannte. Jeder Analytiker von heute weiß aber, dass
es  d i e  freie Assoziation nicht gibt (Freud sagte das selber
schon[57]), dass wir also alle mehr oder weniger auswählen, was wir
sagen. Oder wir glauben, wenn wir viel reden oder mit manchem
Geheimnis unser Innerstes herauslassen, freiester Spontaneität zu
genügen, während wir im Gegenteil damit das Verhüllte, ja Ver-
hüllteste in uns nur weiter verdecken. Trotzdem,  lassen wir vorerst einmal unseren Analysanden weiterreden, denn wir haben im
Moment nichts Besseres als eine wenigstens weitgehend „freie
Assoziation“. Stefan R. schilderte zahlreiche Einzelerlebnisse aus
den ersten Nachkriegsjahren in einer ländlichen Kleinstadt, wo die
Mutter mit anderen Kindern und einer weiteren Familie lebte,
während anfangs der Vater noch in Kriegsgefangenschaft war. Ein
äußerst einfaches aber oft auch doch beschauliches Leben hätten
die Menschen dort und damals geführt. Ich will ein paar weitere

---

[57] Freud, S., GW, Band XIV, Fischer (1999) S. 66

für das Verständnis der Analyse wichtige Stellen aus dem Tagebuch vermischt mit Aussagen seiner mündlichen Rede zitieren:

*„Der Zogler Hans, der erste Tote, den ich sah, `der Trinker mit den vielen Kindern, der Asoziale' – wie sie immer sagten, auch das war ein Schock. Es gab viele skurrile Geschichten, die zu den faltigen, starren und lieblos-gegerbten Bauerngesichtern in der Sonntagsmesse passten, deren endloses Ritual in einem undurchschaubaren Aufstehen und Niederknieen, Singraunen und Kling-Murmeln, Beschwören und Monotonie bestand. „Dominus vo bis du?", „Amen, om-nomen", „gebenedeit, gebende, gedeiht, weit, ausgeweitet unter den Weibern, den Leibern-Weibern, ungefreit." So ging es immer dahin. Ostern dagegen war irgendwie beseligt von einem zirbelnden Lichtgrün, vom Samenerguss der frischen Blüten, vom Herausspritzen der Blütensäfte, vom Girren und Zwitschern der Vögel. Nachts nässte ich häufig ein, die Spuren panisch vibrierend verwischend und dann wieder ein Tag und eine Nacht. . . In einer zerbeulten Blechschachtel hatte ich wochenlang verklebte `Zuckerln' gehortet, die schon ganz `pickig' waren, bestimmt für das Jenseits irgendwelcher Gaumenorgien, die aber nie eintraten, und so verklebten und vergammelten sie in einem tiefen Versteck im Schrank. Ich hatte sie nicht vergessen, ich hortete sie einfach wie ich mich selbst hortete . . ."*

*„Diese ganze Kindheit, ein stetes Fallen ins Planlose, Wirklichbauschen ins Windhohe, in Absturzangst und wieder Aufzittern, Abschwanken, Wegschwelgen. Ein Spiel mit den Mustern an der Wand, Farbmäandern, geometrischem Tanz, ein Spiel mit Unterlügen und Überphantasien von großen schimmernden Maskenfrauen, von ewigen Heldengedanken und teuflischen Lustgeschichten, in denen z. B. dicke fette Frauen in großen Pfannen gebraten wurden, gewendet und gewuzelt, und sie blieben immer lebendig, bis sie richtig knusprig waren. Und wie sie vor Angst-Lust, vor Wollust-Leid schrieen! Wuzel-Bruzel-Kinder-Lust? . . . . "*

Stefan R.s Tagebücher sind auch voll mit sexistischen Zeichnungen und Parolen, die so gar nicht zu seinen sonst oft wehmütigen

Aussagen über die Kindheit und seine ersten Liebensbeziehungen passen. Doch dies weiß er auch und zitiert gerne Goethes Spruch von den zwei Seelen, die nebeneinander in der eigenen Brust wohnen. Aber es fällt ihm eben auch schwer, um nicht zu sagen: es war für ihn auch fast unmöglich, diesen Zwei-Seelen-Zustand in sich wenigstens immer wieder einmal für längere Zeit auszuhalten. Für ihn sind daher die Kinderlüste und die Herrensignifikanten, die Herrenparabeln auf ewig unvereinbare Gegensätze.

*„Dagegen standen die Herren! Die Dom- und Baron-Herren, die Herrscherr-Herren, die Väter-Herren, die Herr ihrer Triebe sind, und gar der absolute, der Herrrrr mit den vielen Rs. Ich fürchte noch immer den Herrrrn, den Herror-Herrn. Die Herrrren da unten und den Herrrrn da oben. Auch diesen Herrn in mir, den Zorn-Hrrrrrrrn, den Hrrrrrorerherrn...'*

*„Und doch: Ich will den Zorrrrn salonfähig machen. Nicht den Kriegszorn, nicht den sogenannt heiligen Zorn, sondern den Kinderzorn, den Zorn über die rechtlose Welt. Den Zorn des Achilleus, dem sie einfach Briseis wegnahmen, seine Geliebte, den Zorn der Ilias, den μενος. . . Es geht um die „Reinheit der Niedertracht" (Genet), die Vernunft von Zeter und Mordio, die Geilheit der Verwünschungen und die Heiligkeit der Außer-Mirs. Denn der Groll segnet mich, ich selbst kann Groll, Donner-Rollen, Geröll, Rasen, Raufen und Rrrrrrr nicht unterscheiden."*

Nach etlichen Therapiestunden riefen mich auch zweimal sein Vatter und seine Schwestern an. Die Krankheit Stefan R.s machte ihnen erhebliche Sorgen. Man hätte ihn lieber gleich eine Lehre machen lassen sollen, dann wäre er vielleicht nicht auf so viele und unsinnige Gedanken gekommen, meinten sie. Dabei waren sie alle zuerst einmal stolz darauf gewesen, wie er sein Abitur gemeistert und später das Studium für Sport und Germanistik mit Bravour abgeschlossen hätte. Und so sehr die Verhältnisse zu Hause vielleicht auch verstörend waren, die Eltern ihre Beziehungskonflikte offen austrugen und die Kinder sich selbst überlassen blieben (Stefan R. fiel mehrmals in einen kleinen Bach hinter dem

Haus), eingeschlossen die dumpfen, niederbayerischen, stockka-tholischen und rechtsnationalen Gesinnungen, kann man all diese Verhältnisse nicht für seine Krankheit als wesentlich verursachend einstufen. Den Krieg hatte Stefan R. nicht mehr erleben müssen und in der herb-hageren Nachkriegszeit waren alle gleichermaßen arm, aber nicht unglücklich.

*„Mein Vater hatte ständig den dunklen Zorn, den Falten-, den Grimassen-Zorn, der rümpelt und schlägt. Der nichts sagt, nicht, was es ist, welcher Affekt, welcher Gedanke. Wie lange lässt er mich hängen, obwohl er weiß, dass ich dringend eine Matratze benötige, wie lange ignoriert er mich, der Vattter, der fata, fatum, fahrt er? Wer versteht mich denn, wer hört mich überhaupt? Soll ich wirklich weiterleben? Ich gehöre doch nicht hierher!"*

Stefan R. berichtete in den ersten Analysestunden also ähnlich monoton wie in seinem Tagebuch über die Gedanken und Gefühle seiner Kindheit, Jugend und seines Studiums. Das Notizbuch hatte er vorwiegend in Griechenland begonnen, und er sagt darin selbst: *„Vielleicht war es schon viel früher, dass mir all diese Phantas-magorien des der Farben und Todwesen begegneten. Gibt es transzendente Energie im Raunen des Stadtbaches, der ums Eigelb der Dotterblumen quirlte, glucksend ums Bärlappkraut spritzte und im gurgelnd mergelnden Unterminieren der Steine metaphysi-sche Geschichten von fernen Zeiten und Kontinenten erzählte? Nichts natürlich für ein video-tele-phonetisch geschultes Auge und Ohr, das die Farben und Laute auf- und zuschließt wie die tägli-chen Hemdsknöpfe. Wie sollte man auch hinter den fahlen, kunst-furnierten Wegwerfmöbeln noch den Baum erkennen, dessen ver-knorpeltes Geäst sich wie Sehnen und Muskeln umschlungen, da-mit man sich darin einen Hochsitz bauen konnte für die Tagdeliri-en? Diese Kraftpakete von Baumarmen, von Ästenfingern, von Wurzelfüßen! Lebendes Holz . . ."*

*„Ach nein, ich glaube all diesen Worten nicht. Weder meinen noch denen der anderen. Das war alles früher, als ich noch glauben konnte. Aber dass die Erwachsenen selbst im Unglück leben . . .*

*bricht einem das Herz, wie leer, wie tot, wie verwirkt . . wie das*
*aushalten?"*

*„Ja, schlafen, das geht vielleicht noch, aber ich liege oft wach und*
*muss denken, was gar nicht meins ist, muss das Denken denken,*
*irgendetwas denken nur um es zu denken. Einmal sah ich im*
*Halbdunkel ein Licht aufleuchten, smaragdgrün, nein strahlend*
*hell! Ein Moment beseeligender Faszination und panischer Angst.*
*Ein Schimmer aus dem Gemisch von Erde und Feuer, eine Feuer-*
*säule aus Lapis-Opal, Pyrit-Turmalin, Jaspis-Achat . . Und so*
*schrie ich sofort: Allmächtiger!! Dieses Ur-Ur-Ur-Licht existiert. .*
*. . "*

Wir sprachen in der Therapie oft über dieses Lichterlebnis, das
vielleicht eine Halluzination war, aber Stefan R. stark beschäftigte.
Und wer weiß schon, was eine Halluzination wirklich ist? Vor allem so ein Erlebnis, das er doch in einer gewissen Distanziertheit
auffassen konnte und von dem Zen-Buddhisten vielleicht sagen
würden, es sei eine Erleuchtungserfahrung, ein Satori-Erlebnis.
Der indische Psychoanalytiker S. Kakar konnte zeigen, dass eine
Person, die bei uns als persönlichkeitsgestört gilt, in Indien eine
Heilige wäre und umgekehrt ein indischer Heiliger wie Rama-
krishna bei uns als „psychotisch" gelten würde.[58] Doch trotz vieler
Diskussionen über dieses Thema konnten Stefan R. und ich keine
Klarheit über dieses ihn sehr bewegende Erlebnis finden. Ich wer-
de jedoch mit der *Analytischen Psychokatharsis* eine Lösung vor-
schlagen, die das Problem klärt.[65]

Stefan R. hatte – nach weiteren zwei Jahren in der Therapie – inzwischen wenig Freunde, sich mit seinen Eltern auseinanderge-
lebt, wie er sagte und hatte Schwierigkeiten eine Arbeit zu finden.
Wie soll man die Psychoanalyse einer derart komplexen Struktur
angehen, die sich schon in seinen Schilderungen durch ausge-
schmückte Darstellungen und weittragende Ideen ausdrückte? Wie
ich schon andeutete, galten lange Zeit narzisstische oder Borderli-

---

[58] Kakar, S., Der Heilige und die Verrückte, Religiöse Ekstase und psychische Grenzerfahrung, Beck (1993)

ne-Patienten, sowie auch „Psychotiker" als nicht analysierbar. Vor allem die Gruppe um Melanie Klein, einer Schülerin Freuds in England, hat sich einen Namen damit gemacht, gezeigt zu haben, dass auch diese Patienten einer Analyse zugänglich sind. Diese Analytiker stützten sich dabei vorwiegend auf schwache, „verdünnte" *Übertragung*en. Rosenfeld beschreibt frühkindliche Objektbeziehungen (Beziehungen des Triebs, der Libido zu frühkindlichen Liebesobjekten) und psychotische Ängste,[59] die durch ein besonders einfühlsames Vorgehen und eine Analyse der Gegenübertragung des Analytikers als *Übertragung*sphänomene gedeutet werden können. Ähnliche Stellungnahmen von Benedetti und anderen Autoren habe ich bereits erwähnt.

*„Und der Rektor der Volksschule ließ auf Befehl vier Schüler (Herbert Kühnstetter, Helmut Muskat, ‚Burschi' Henghuber und mich) zum Rapport antreten, den Rohrstock in der Hand! „Ich verlese! Die Anklage! Die Hände vorhalten!" Wir: Angst vor dem Schlag! Angst vor dem Stock! Nicht zurück zucken! Mut zum Schmerz! Gib mir ein Trans, Trans-Ende, die schmerzenden Hände, die kalten Wände, die endlose Fremde. . . was für ein Blödsinn dieser Erzieher! Überhaupt diese vernebelte Enge, Dumpfheit, Düsternis meiner Heimatstadt, ein Provinznest, ein Kaff, ein Dreckloch voll dieser unterdrückten missmutigen Menschen!!"*

Die *Übertragung*, die „das Ingangsetzen der Realität des Unbewussten ist",[60] ist der Angelpunkt jeder Analyse, indem so die unbewussten Bedeutungen in der Beziehung zweier Subjekte (Analytiker und Analysand) auftauchen und einer Bearbeitung und Deutung zugänglich werden. Wenn Benedetti den Begriff der Therapeuten-Identifizierung verwendet, so weil diese auch zu einer Gegenidentifizierung des Patienten führt, und damit sich eine *Übertragung*sbeziehung herstellt, die wie üblich bearbeitet werden

---

[59] Rosenfeld, H., Sackgassen und Deutungen, Verlag Internationale Psychoanalyse (1990)

[60] Lacan, J., Die vier Grundbegriffe der Psychoanalyse, Seminar XI, Walter (1980) S. 153

kann. Rosenfeld dagegen stellt mehr die „omnipotente Phantasie des Eindringens in den Analytiker" als typisch für diese Kranken heraus.[61]

Wenn man ihnen deutet, dass sie in einem drinstecken, können sie sich aus einem wieder „herausarbeiten" und so eine objektivere, distanziertere Perspektive einnehmen. Meist verschieben ‚Psychotiker' die seelisch-libidinöse Besetzung von Objekten und deren Internalisierung in Richtung auf eine Besetzung von Ich- und Selbstanteilen, wodurch es zu Größenphantasien und Wahn kommen kann. Der Analytiker muss vorsichtig versuchen sich als *Übertragung*sobjekt sichtbar zu machen, um diese Verschiebung wieder zu den Objektbesetzungen zurückzuführen und so wieder an die Realität heranzukommen. Klingt alles etwas hochtrabend, aber so ähnlich funktioniert es.

Man kann es auch einfacher sagen: „In der Neurose wissen wir, dass wir gespalten sind und wir suchen nach therapeutischer Hilfe. In der „Psychose" sehen wir die Spaltung in der Welt und wir sehen die Falschheit des falschen Selbst der andern. Wir sehen durch die soziale Fassade, durch den Wahnsinn der Normalität hindurch. Wir versuchen aus diesem Gefängnis auszubrechen, aber wir verlieren uns selbst auf diesem Weg."[62] Tatsächlich scheint dies bei Stefan R. der Fall. Er hüllt sich in seinen Formulierungen ein, aber verliert er sich nicht selbst dabei?

*„Mein Vater stand unter dem Regiment meiner Mutter, er war nur aufbrausend, polternd, lärmend und stark. Ich hatte immer Angst vor den lächelnden Müttern, diesen liebevollen Betschwestern und diesen rei(z-ß)enden Tanten. Vor ihrem Zähnefletschen-Lächeln und ihrem Süßholzraspeln. Und dann mein Vater! Oder der Schuldirektor. Sie töteten mich mit ihren Blickworten, mit ihren Befehle schleudernden Pupillen, ihrem Zornesbrauenpoltern!*

---

[61] Rosenfeld, H., Zur Psychoanalyse psychotischer Zustände, S. 140 und 195

[62] Boadella, D., in Riedel, L., Wahnsinn und Normalität, perspectiva (1999)

*Überhaupt musste man allen Erwachsenen misstrauen. Eine zu be-
tont gütige Stimme, eine so verstärkt streichelnde Hand oder die
vor Wohlwollen zu breit gezogenen Mundwinkel erschienen mir
unheimlich, falsch und verlogen. ,Fooiisch'! So abgründig ,fooi-
isch'! Man musste in Angst verharren, verschüchtert, vervorsich-
tigt, verfolgtängstlich, verangsttotalgestarrt.*

*Im Konvikt lagen wir zu dreißig im Schlafsaal und der Präfekt
schlief hinter einem Vorhang, so dass wir nicht einmal im Dunkeln
einem Gedanken lautgeben durften. Ich hatte brennendes Heimweh und panische Ängste ohne Schlaf. Da! War Da! nicht jemand
hinter dem Fenster? Dort! Ein Schatten? Mutter, warum hast du
mich weggeschickt? Warum Stein, Diatonit in der Seele, warum
Klüftung, Verschieferung, Warvenschichtung, die verformt, gesin-
tert und versiegelt ist hin zu Glimmer, Quarz und Schmerz. Mag-
ma und Smegma, Lava und Sperma, Moränen, Moor und Mord-
morast, Mutter?"*

Jedenfalls schilderte Stefan R. seine Erinnerungen oft in einer sehr
ähnlichen Form wie in seinen Notizen, und so sah ich die Möglichkeit, neben dem verbalen Ausdruck in der Sitzung ihn auch um
die zeitweise Überlassung der Tagebücher zu bitten. Dadurch
konnte ich einerseits erreichen, dass ich als Therapeut mich mit
dem „Literarischen" des Patienten identifizieren konnte, andererseits aber erscheint ein solches Vorgehen auch vom Standpunkt
der klassischen Analyse aus durchaus berechtigt. Denken wir, dass
Freud z. B. die Analyse des kleinen Hans nur aus den Aufzeichnungen von Hansens Vater erstellt und bei der Schreber-Analyse
benutzt er ebenfalls nur das Buch dieses Patienten. Und Lacan zitierte in seiner ersten Veröffentlichung aus den Romanen seiner
Patientin „Aimee" um ihrer Analyse besser Ausdruck geben zu
können. Doch sehen wir weiter: Es geht nochmals darum, dass
Stefan R. meinte, schon in den ersten Kindheitstagen eine Verbindung *zu etwas „jenseitig Anderem"* gehabt zu haben, wenn auch
ganz unklar bleibt, wie man sich so etwas vorstellen soll.

„Wenn ich ging, musste ich mit dem Füßen aufstampfen, trampeln, marschieren oder laut dahertscherfeln, denn sonst hatte ich nicht das Gefühl zu gehen, und wenn ich redete musste ich oft schreien, hinausgellen, denn sonst hatte ich nicht das Gefühl etwas zu sagen. Und das „Liebemachen" mit den Frauen war wie das Rudern auf einer Galeere, wie im Steinbruch arbeiten oder ein Verbrechen begehen, es war alles andere als Lust. Jede war auf ihre Weise schwierig, lahm, verstellt, unverständlich oder völlig rätselhaft. Es war immer mühsam, kompliziert, selbstquälerisch, banal oder blöd. Ich wollte irgendwas, was, was wollte ich eigentlich? Wissen wer sie sind, ja, das war's. Wissen, wer sie in der Lust sind, aber es kam nie zu diesem Wissen. Wenn ich es nur einmal gewusst hätte!"

„Wenn ich einen Vortrag hörte, hätte ich am liebsten immer dazwischen gerufen, meine guten Einfälle, mein genialer Kommentar! Der Schweiß brach mir aus, Zittern, meine Parenthese, hört sie doch! Wenn ich atmete, musste ich oft jeden Atemzug selbst bewegen! Ich musste mein Sein wiederholen, ständig reverberieren, immer neu „ich bin, ich bin, ich bin, der ich bin, der ich bin."[63]

„Wer ist der, der so plötzlich vor mir auftaucht, den Blick tauscht, wieder fort ist? Wer ist mein Ich im Anderen? Wie ist das Innen meines Außen-Innens? Wie ist mein eigenes Anderes, mein Eigenanders, Inneneigen? Wie bin ich Einander - Sein? Wie bin ich Anders-Blick für mein eigenes Augensehen? Wie Schau-Bild für die Blick-Schau und Horch-Wort für das Schweigen?. Denn es gibt Reden und Schweigen, aber auch Horch-Worte, Horch! Worte! Horch, die Einsamkeit! Luag und horch!"

---

[63] Diese Passage an Stefan R.s Tiraden erinnert mich ganz stark an das Ehyeh-Asher-Ehyeh, „Ich bin, der Ich bin" des Gottes, der zu Moses aus dem brennenden Dornbusch sprach. Ich habe darüber in meinem Buch ‚Signifikant Gott' diskutiert. Ist dies nicht genau der absolut *Andere* von Moses selbst (Triebe als Strukturkomplexe aufgefasst)?

Es erinnert auch an die Erfahrung, die J. Genet einmal beschreibt, als er im Zug fahrend mit einem Mal das Gefühl hat, jener andere ihm gegenüber Sitzende zu sein. Seine Falten, sein Husten, sein Elend, sein Grauen zu sein. Nur mit Mühe kann sich Genet von dieser Blick-Schau-Identität losreißen und der Panikattacke entkommen. Und so geht es auch dem Kind: es verschmilzt beim Stillen mit den Glanz-Augen der Mutter und stürzt dadurch in die Fesselung des Oralen, der es nicht mehr entkommt und in der es somit dann die *„fetten Bruzelfrauen braten"* muss. Es ist die Phase der Lacanschen Spiegelidentität, wo man glaubt, man könnte sich für immer gespiegelt im *Andern* erkennen. Doch es entwischt uns, da es nur virtuell ist.

**Weiteres zur Biographie und Psychodynamik**

Die ersten Jahre im Internats-Gymnasium haben Stefan R. entscheidend geprägt. Dort musste er sich intensiv mit den anderen Schülern und den damals ja noch sehr rigiden, strengen, ultrakonservativen Lehrern auseinandersetzen. Sexuelle Phantasien in jegliche Richtung, verdeckte Homosexualität, Ausreißpläne und Überlebenstricks beherrschten das Terrain. Stefan R.s Schilderungen erinnern hier stark an R. Musils „Verirrungen des Zöglings Törless" und an Salingers „Fänger im Roggen". Wie kommt man aus diesem Internatshorror heraus, was soll dieses ganze Leben, was fängt man mit dem zunehmenden Drängen der Sexualität an? Eine einigermaßen normale ödipale Entwicklung konnte bei Stefan R. nicht ausreichend stattfinden, er musste auf präödipale Erfahrungsstufen zurückgreifen.[64] Es ist also kein Wunder, dass er so delirierende Äußerungen macht, denn er kann sich nicht auf Gefühle stützen, die zwar konflikthaft sind, aber doch durch Gegen-

---

[64] Die Funktion des Ödipuskomplexes (hier bezogen auf das männliche Kind) besteht in zweierlei: pathologisch, indem der Vater gehasst und die Mutter begehrt wird, normierend, indem man trotzdem dadurch widersprechende Gefühle und Konflikte entwickelt, die eine Lösung verlangen, da man sich ja doch mit dem gleichgeschlechtlichen Elternteil auch identifizieren muss.

überstellung und Durcharbeitung zum normalen sozialen Leben führen können.

*„Die Wirklichkeit lärmte erst durch die herben Pauk- und Mahn- und Ernst- und Lehr- und Schul-Wörter der Erwachsenen hindurch, die nichts gaben, was man behalten wollte. Ein Wort zum Liebhaben, zum Einsammeln, zum Mit-Schlafen hätte es gebraucht. Worte sind mehr als Wörter, sind W-ohn-orte, Syllaben zum Einnisten, Sinn-Klang-Bilder zum Aufrichten, zum Hinaufstehen, für Erektionen, für Höhenflüge. Hoch-Worte, Hall-Worte, den Wortlaut in Lautworten sagen, ihn läuten lassen!"*

*„Wörter jedoch wurden nur geschallt, sie waren Schimpfwörter und Imperative, Alltagsklatsch und Banalitäten. Falschheit und Prahlerei. Diese schrillen und harten Wörter: „Hausaufgaben machen", oder gar diese schroffen, kalten Anti-Wörter: „Strafarbeiten" und „Züchtigung", sie können kein Gespräch erzeugen.. Nicht die physischen Schläge taten damals weh, sondern die seelischen, die Wortmorde, die in den Ritualen der Entwürdigung, in ihren Prügel- Wörtern, in ihren Strafgesetzvokabeln, in Ihren Erziehungssadismen eine ohnmächtige Wut zurückließen".*

*„Nur einmal erinnere ich mich an eine Lehrerin in der Volksschule, die uns den Buchstaben D mit dem Dum - Dum - Dum der Regentropfen an den Fensterscheiben nahebrachte. Wenn sie es summte, sang, an die Tafel D-ippte, dann wurden W o r t e daraus, Regentropfen-Worte, Worte der D-ämmerung, D-ichtung, der D-enk-Delirien und D-ranggefühle, die aus dem d-umpf-dümpelnden D-ickicht d-rangen.! Wie viel besser waren diese echten Worte als das Gelabere oder das Gealbere der Alltagsmenschen. Ich liebte diese Lehrerin, aber wir hatten sie nur ein Schuljahr."*

Nach seinem Scheitern mit der Arbeit im sprachwissenschaftlichen Institut fand Stefan R. die Gruppe um den Yogalehrer Darjan Singh, den er in Griechenland kennengelernt hatte, auch in der Nähe seines Zuhause. Erst ein Jahr darnach wurde Stefan R. von einem auch mir Bekannten aus diesem Yogakreis zu mir gebracht.

Stefan R. hatte inzwischen kein Vertrauen mehr in diesen Yoga-
und Meditationslehrer, vertraute aber diesem Mittelsmann, der
mich ihm empfohlen hatte. Ich führte ein langes Gespräch mit beiden, und wir kamen überein, dass ich Stefan R. in analytische Psychotherapie nehmen würde. Bei uns muss man üblicherweise am
Beginn einer derartigen Psychotherapie für einen Krankenkassen-
Gutachter ein Gutachten erstellen, ob die Kasse die Kosten dafür
übernimmt. Doch was soll man in einem Fall wie Stefan R. in ein
derartiges Gutachten schreiben?

Die Beschreibung der ätiologisch- kausalgenetischen (d. h. ur-
sprünglicher, verursachender) Wurzeln ist genauso problematisch
wie die Darstellung der sogenannten Psychodynamik, d. h der in
sich selbst zusammenhängenden, treibenden psychischen Fakto-
ren, Fixierungen etc. Wie soll man nach den ersten fünf bis zehn
Stunden ausgeschmückter Schilderungen eine ausgereifte Planung
und vorausgreifende Einschätzung des Falles vornehmen können,
wie dies von den kassenärztlichen Behörden gefordert wird? Wie
in der Schule gibt es nämlich `Richtlinien' für die Psychotherapie,
wonach nur das bezahlt wird, was wissenschaftlich schon zum anerkannten Repertoire gehört und was sich in dem anerkannten Be-
griffsinstrumentarium darstellen lässt. Es war nicht zu umgehen,
dass im Hintergrund die Diagnose einer Psychose schlummerte,
deren psychoanalytische Behandlung von der Krankenkasse wohl
nicht übernommen würde. Stefan R. war ja deswegen bereits
mehrmals in klinischer Behandlung gewesen, doch der Gutachter
wusste davon nichts. Ich selbst war mir nicht sicher, ob es sich
nicht doch nur um eine Persönlichkeitsstörung gravierender Art
handeln würde, die therapierbar wäre.

Ich schrieb also etwas von ‚Triebfixierungen', schrieb davon, wie
der Trieb durch Fixierung ans Objekt gehemmt wurde und sich daraus eine Abwehr des Patienten z. B. gegenüber sozialen Kontak-
ten entwickelte. `Fixierungen' sind ein strenger Bestandteil einer
mechanistischen Auffassung, der schon Freud mit dem Begriff
von der `Klebrigkeit' der Libido ein Gegenkonzept gegenüberge-
stellt hat. Danach bindet sich der libidinöse Strom, der Strom der

Triebe nicht an Objekte, sind nicht fixierte Objektbeziehungen das
Wesentliche, sondern etwas Zähes am Trieb selbst. Es geht um eine direkte Beziehung des Triebs zum *Anderen* (groß geschrieben),
zum anderen nicht nur als Objekt (der daher klein geschrieben
bleibt), sondern zum wirklich *Anderen*, also eine Beziehungstheorie wie sie etwa Seidler als „Alteritätstheorie" beschreibt[65]. Zum
*Anderen* als Ort der Sprache und des Sprechens, mit dem wir stets
einen Rest Objekt teilen, der übrig bleibt, und der somit wieder er-
neute Ursache des Triebes werden kann.[66] Es geht, wie ich schon
eingangs sagte, um die Beziehung eines Triebs zu einem anderen
Trieb, um die Trieb-Trieb-Verschaltung.

Das Herantragen endloser ausgeschmückter Schilderungen an den
in den Sitzungen mit Stefan R. hatte zweifellos etwas Analytiker
Problematisches an sich, etwas rücksichtslos Vereinnahmendes,
Projizierendes. Das erinnert an Umstände, die Gedo die
„archaische *Übertragung*" nennt,[67] hinter der vielleicht Ver-
schmelzungs-wünsche des Analysanden stehen und in denen der
Analytiker sich in der inzestuös gefärbten Urszene wiederfindet,
einer Position, aus der heraus er schwer das *Übertragungs*-
Geschehen zu deuten vermag. Er ist dann leicht geneigt, vorzeitig
etwas zu sagen, seine Gegenübertragung zum Ausdruck zu
bringen, bevor noch die Frage des Subjekts voll gestellt ist. Ich

[65] Seidler, G. H., Der Blick des *Anderen*, Verlag Internation. Psychoanalyse (1995)
[66] Dies ist die Theorie J. Lacans, indem das Objekt des Triebes nicht nur
das ist, mit dem der Trieb sich verbindet, sondern auch das, das ihn
verursacht. Dies ist am besten am Sprechtrieb (Invokationstrieb) zu
sehen, dessen Objekt der Apell, die Stimme, der Imperativ ist. Indem in
diesen Objekten nicht alles einer Aussage vom Aussagenden zum
Angesprochenen herüberkommt, bleibt ein Rest, der diesem Trieb
wieder neue Nahrung gibt. Auch am Schautrieb ist dies zu sehen, dessen
Objekt der *Blick* ist. Nicht nur verlustiert sich der Trieb am Blick, aus der
Vielfalt, der Blicklust, der Metonymie der Blicke heraus bekommt er als
Begehren wieder Nahrung, Impuls, zu Schauen.
[67] Gedo, J.J., The psychoanalytic management of archaic transferences,
Am J. Psychoanal. Ass. 25 (1977) S. 787-803

schilderte also dem Gutachter den Fall zuerst einmal in dieser Form und schloss auch meine Bedenken ein. Versteht Stefan R. denn seine Frage selbst? Muss man ihn nicht erst einmal dazu bringen, seine Frage, die ihm von seinem Leben, seiner Kultur, seiner Zeit gestellte Frage richtig zu artikulieren? Muss man also nicht, wie wir bei Benedetti gelesen haben, zuerst Identifikationen anbieten um Gegenidentifikation zu erreichen? Wie kann der Analytiker an der Stelle des Analysanden die Frage des Subjekts nach seinem Sein sich stellen lassen und zwar so, als würde sie sich dem Betreffenden selber stellen? Der Mensch hat irgendwann die Unzahl der Dinge entdeckt und dann ihre Sprech-Zeichen, ihre *Signifikanten* finden müssen. Nirgendwo sieht man besser, wie schwierig-heikel die sogen. Objektbeziehungstheorie ist, die in letzter Zeit modern wurde, und die ein genaues Pendant der Affekttheorie ist, weil sie, wie ich schon oben sagte, Fixierungen, einen starren, festgelegten Kodex von Typen einführt, zu objektivieren sucht, und so in Wirklichkeit gar keine Beziehungstheorie ist.[68]

Dass auf Grund einer Analyse etwas in uns so gefestigt, dicht, objekthaft wird und dazu auch noch immer richtig, `social referencing'[69] ist, weil ja analysiert, dass wir uns also darauf immer verlassen können, klingt märchenhaft. „Niemand jedoch scheint durch das Unbehagen verwirrt, das daraus folgt, und man sieht in ihm eher einen Grund, all die Herren von Münchhausen einer psychoanalytischen Normalisierung zu ermutigen, sich in der Hoffnung an den Haaren aus dem Sumpf zu ziehen, den Himmel der vollen Verwirklichung des Genitalobjekts, ja des Objekts überhaupt zu erreichen".[70] In Wirklichkeit wird alles von den beiden „Variab-

---

[68] Seidler, G. H., Der Blick des *Anderen*, Verlag Internat. Psychoanalyse (1995) S. 187 (Eine wirkliche „Beziehungslehre" wäre etwas, wo Subjekt und Objekt „ohne einander gar nicht gedacht werden könnten")

[69] Mertens, W., Kompendium psychoanalytischer Grundbegriffe, Quintessenz (1992) S. 12-14

[70] Lacan, J., Schriften I, Quadriga (1986) S.102

len", Struktur (Subjekt) und Trieb (Anderer), bestimmt. Aber wie bekommt man diese Dichotomie gut in den Griff?

*„Um was geht es überhaupt? Was machen die Menschen eigentlich miteinander? Sie geschafteln und geschäfetln, fuchteln, rascheln, werkeln und nuscheln. Sie verarbeiten. Sie verlachen, zerreden, vertrinken sich. Aber sie zeigen sich nicht, enthüllen sich nicht. Sie geben ihr Zeig-Zeug nicht preis, ihre Hüllfurcht und Panzerangst. Sie geben ihre Angst nicht her, ihre Krankheit, ihre Sterbe-Strebe, ihre Todesphantasie. . . .*"

*„Vergiss es nicht zu sagen, oder doch: vergieß es! Schütte dich aus. Ausgegossen siehst du am schönsten aus. Du bist leer und ich atme deine Leerheit, leicht, eleviert, aufgewolkt. Blütenstaub aus Lackmuskraut, Quitte, Xeranthemum, Schminkwurz, Hiobsträne und Venusschuh. Blausilbriger Storchenschnabel, grüne Yucca, rotblauer Natternkopf, goldener Onosma und purpurner Digitalis. Indigo, Ysop, Xanthoxylum. Fühl mich, gier mich, ziehzerstreif mich. Hochgefesselt, umnabelt, abgeformt in dich gemorphotet, gemorphodeit bis dunnnsss.*"

Ich würde einer klaren Schilderung von Stefan R.s Geschichte nicht gerecht, wenn ich nicht einige Ereignisse erwähne, die natürlich in den Tagebuchnotizen so nicht vorkommen. So wurde Stefan R. in den zwei oder drei Wohnungen, die er während der gesamten Zeit der Therapie und zum Teil schon in den vorausgegangenen Jahren bewohnte, wegen Lärmbelästigung (oft auch nachts), wegen lautem Schreien, Aufhängen von relativ sexistischen Bildern im Treppenhaus und einmal auch wegen einem kleinen Teppichbrand auffällig. Einmal brachte die Polizei ihn in die Klinik, nachdem er einen reißenden Fluss zu durchqueren versuchte und Passanten sie alarmierten. Oft ging er quer durch Gärten und Grundstücke, lief abends nackt durch einen Teil der Stadt und wurde einmal in Cherbourg (Frankreich) aufgegriffen, weil er eine Statue bemalte.

Zuvor schon war er eine Station zu früh aus dem Zug gestiegen, ging dann die halbe Nacht am Bahngleis entlang um schließlich von freundlichen Leuten aufgenommen zu werden, die ihn dann nach Cherbourg brachten. Dort wollte er eine frühere Freundin besuchen, mit der er eine Zeitlang zusammen war und die sich in ihn verliebt hatte. Die Beziehung schien ganz harmonisch gewesen zu sein, aber in Cherbourg angekommen fand er gar nicht mehr ihre Wohnung. Er wusste nur ungefähr Name und Wohnung, und so landete er für drei Wochen in der französischen Psychiatrie. Von dort aus rief man mich an, und ich organisierte einen Krankentransport nach Hause. Es gäbe noch viele andere mehr oder weniger harmlose skurrile Geschichten zu erzählen.

Angefangen hat alles mit dem erwähnten schweren Konflikt, den Stefan R. nach seinem Kunst- und Germanistikstudium mit seinem Doktorvater hatte. Dieser hatte wesentliche Teile von Stefan R.s Arbeit unter seinem eigenen Namen veröffentlicht ohne auch nur einen Hinweis auf den eigentlichen Autor zu geben. Hinter diesem Konflikt brachen für Stefan R. alte Dilemmata wieder auf. Zu Recht betonen F. Schwarz und G. Lempa diesen Unterschied: Konflikte sind meist einer gewissen Symbolisierung zugänglich, Stefan R. wandte sich sogar selbstbewusst und voll berechtigter Kritik an einen entsprechenden Anwalt, nachdem sein Doktorvater ihn also hinsichtlich dieses Plagiatkonfliktes mit Ausreden abgewiesen hatte und brachte damit den Konflikt auf eine sozial verbindliche symbolische Ebene. Dagegen sind früh in ihren Beziehungserfahrungen geschädigte Menschen „auf eine Ebene antinomischer, nicht symbolisierbarer existenzieller Dilemmata (Vorstufen von Konflikten) fixiert. . . Bei schizophrenen Erkrankungen liegt ein Identitätsdilemma zwischen Nähe und Distanz vor, bei affektiven Psychosen ein Dilemma zwischen Selbstwert und Wert des Objekts."

Freuds „Entwurf einer Psychologie" von 1895, das ein Grundkonzept des „seelischen Apparates" erstellt, kommt meinem Konzept von der Verschaltung des *Subjekts / Anderer* schon sehr nahe und läuft auf die Freudsche Arbeit hinaus, die neben dem beobachtenden, erkennenden, erinnernden und kritischen Denken direkt das Schmerz- bzw. *Andersdenken* und Befriedigungsdenken vereint:

das assoziative, das direkte, das unbewusste Denken, das ich wie gesagt auch „konjekturales Denken" nenne. U. Hock versteht darunter eine „paradoxale Logik",[71] genau das, was wir in dem Verfahren der *Analytischen Psychokatharsis* in sogenannten *Formel-Worten* finden werden und eben auch als *Konjekturalwissenschaft* bezeichnen können.

Ob es wirklich ein derartiges Denken in anderen Kulturen möglich ist, wie es auch M. Epstein hinsichtlich des Buddhismus beschreibt, ist fraglich und vielleicht nie ganz ausreichend und schlüssig zu beantworten[72] Das unbewusste Denken, Lacans „penser foisonnante", ist ein vermutendes, erwartendes Denken, ähnlich erwartend, wie man es in einer Meditation tut, wo man dauernd die zu rationalen Gedanken wegschieben muss. Es ist – wie die Mathematiker sagen – ein „Denken in Erwartungen", ein „Denken in Strukturen".[73] In diesem Sinne folge ich mit dem Zuhören von Stefan R.s „asiatischem Gemurmel" (wie er selbst einmal sagte und das ich später auch ein *Es Spricht* nennen werde), und dem, dem immer `erinnerbaren Blick, Lacans „imaginären Oszillieren" (das Stefan R. auch einmal sein „orientales Leuchten" nannte und ich als ein *Es Strahlt* bezeichnen werde) schon einer Spur, die das Subjekt in seinem Subjekt-Sein viel stärker berücksichtigt.

So wird das Subjekt nicht vorzeitig schon verdinglicht, ‚verobjektet', wie dies in den meisten Wissenschaften der Fall ist (Descartes hatte von sich als einem „denkenden Ding" gesprochen, aber er

[71] Hock, U., Das unbewusste Denken, Fischer (2000)

[72] Epstein, M., Gedanken ohne den Denker, das Wechselspiel von Buddhismus und Psychotherapie, Fischer (1998)

[73] Basiere, P., Die Welt als Roulette, Denken in Erwartungen, Rowohlt (1995) und Die Architektur der Mathematik, Denken in Strukturen, Rowohlt (2000). Wir wollen aber hier gleich betonen, dass mein Gebrauch der Konjekturalwissenschaft nicht so ausufernd mathematisch, sondern viel kompakter und lebensnäher ist und daher keine wissenschaftlichen Spezialkenntnisse welcher Art auch immer nötig sind.

war noch selbst der Denker). Ich wollte Stefan R. eben eine Chance geben, der zu sein, als der er sich in seiner Subjektbezogenheit ausdrückt, wie auch immer. Ich gebe dem *Schau-* und *Sprech*feld, *Schau-* und *Sprech*trieb (Invokationstrieb bei Lacan), also einem *Strahlt / Spricht* eine gewisse Höherwertigkeit vor den anderen Trieben, die Freud mit den Begriffen des `Oralen' und des `Analen', eingeführt hat, und die durch ihre strikte Bezogenheit zu „erogenen Zonen" das psychoanalytische Gesamtkonzept vorwiegend zu Rand- und Oberflächen-Funktionen haben werden lassen.

Einen gewissen Strudel der Begrifflichkeiten und des Denkens gibt es auch in der Psychoanalyse. Passend zu dem, was Stefan R. schrieb, ist die Auffassung der Psychoanalytikerin T. Bauriedl, nämlich dass das Wesentliche das „Bedürfnis nach einer dialektischen Beziehung" ist, d. h. das „Bedürfnis nach befriedigendem Kontakt", in dem „die psychische Realität gegenseitig anerkannt wird", also etwa auch die von Männern und Frauen.[74] Sie postuliert, dass „Symbole Einheiten von Beziehungsfeldern sind", die dadurch entstehen, dass sie „als Erlebnisbrücken zwischen Subjekt und Objekt" die jeweilige Bedeutung einer Beziehung ausdrücken. Der Analytiker muss nur fair und ehrlich genug sein, um im Sinne einer „empirischen Intuition" die Dialektik der Beziehung immer weiter voranzutreiben.

Die beziehungsanalytische Auffassung würde uns hier sehr gelegen kommen, denn sie eröffnet die Möglichkeit, den analytischen Prozess auch aus der Sicht der Wahrnehmung einerseits (also wieder das *Ich-Subjekt* in seiner Spiegelungsentstehung) und der Selbsterfahrung andererseits (durch die *Signifikanten* des *Anderen*) zu beschreiben. Für Freud war die Wahrnehmung ein gespaltener Vorgang: mit den Sinnen nach außen, mit dem Ich nach innen. Für den Objektbeziehungstheoretiker eine selektive: man sieht nur durch die Brille des Triebobjekts. Der Beziehungstheoretiker aber sieht durch die Brille der Beziehungssituation, die durch ein Fortschreiten der Beziehungserfahrung laufend verändert wird und

---

[74] Bauriedl, T., Beziehungsanalyse, Suhrkamp (1984) S. 244-245)

man könnte die Zusammenarbeit von Analytiker und Analysand somit ein analytisches Wahrnehmungs- und Selbsterfahrungstraining nennen. Doch auch die reine Beziehungsanalyse kann den Begriff der Beziehung so weit treiben, dass nicht mehr klar ist, auf was sich eigentlich alles bezieht. Bauriedl gibt z. B. zu, dass Ausdrücke wie „empirische Intuition", Einstellung auf das „Ich und Du" einer Beziehung oder der Hinweis, der Analytiker solle vor allem darauf achten, „ob und wie gut er lebt", zahlreicher Kritik und Missverständnissen ausgesetzt sind. In einem anderen Werk weist sie sogar darauf hin, dass der Begriff des Triebs durch die Beziehungsanalyse überflüssig wird,[75] was einem Verlassen der Freudschen Grundlagen gleichkommt.

Bauriedl glaubt sich ihrer Wahrnehmung sicher zu sein, weil sie meint, das Szenische des Patienten in sich „halten" und gleichzeitig noch wahrnehmen zu können, eine strukturelle Betrachtung der therapeutischen Beziehung also. Doch woher kommt die Struktur? Was bei Stefan R. auffällt, ist, dass er die Beziehung durch zweierlei strukturiert, was ich oben als $S / A$ (Subjekt / Anderer) bezeichnet habe, wodurch wir das Triebkonzept nicht aufgeben müssen, indem es durch den Schrägstrich dargestellt ist, und auch der Beziehung können wir gerecht werden, weil sie die zwischen $S$ und $A$ ist, als eben vom Trieb reguliert.

Stefan R. hatte nach der Gymnasialzeit sein Studium über Germanistik, Kunst und Sport problemlos absolviert. Er war nie irgendwie „auffällig" geworden, wie die Psychiater das heutzutage gerne nennen. Es war die Zeit der Siebziger Jahre des letzten Jahrhunderts, die Zeit der Hippies, der neuen Drogen wie LSD, der Studentenrevolten, der nouvelle vague im Film und der Pariser Intellektuellen wie Sartre, C. Levy-Strauß, Lacan und anderer. Es gab kaum eine Bewegung, für die sich Stefan R. nicht interessiert hätte: transzendentale Meditation, Bhagwan Rajneesh, linke Politik, Anti-Atom-Bewegung, Angela Davis, Ökologie. *„Ich fand mich nicht mehr zurecht"*, erzählte er mir. *„Was sollte ich nach dem*

---

[75] Bauriedl, T., Auch ohne Couch, Verlag Intern. Psychoanalyse (1994)

*Studium machen? Lehrer werden? Das schien mir zu spießig, trostlos. An der Universität bleiben? Das machte mir Angst. Das war wie eine Riesenfirma, wie ITT, Managergetue, Stress, kalte Leute. Da war es wie eine Erlösung, dass man mir anbot an das sprachwissenschaftliche Institut zu gehen."*

## I. 2 Versuch einer ersten Deutung

*„Nach meinem Studium also ins Herder-Institut. Große Platanen am Eingang, mediterranes Weiß. Die Arbeit war monoton. Mir halfen nur die warmen Nächte, in denen man noch spät unter der Markise eines Cafes sitzen konnte, warmgepulst, trinkend und rauchend, dem Getriebe zusehend, wie sie – als seien alle Clochards – übers Trottoir schlenderten, zeitungsraschelnd, genussvoll den Nachtatem einsaugend. Ich mochte diese Halbweltgeräusche, und die Namen der Widersprüche, der Doppelwort."*

*„Doch schon am nächsten Tag an einem alten Friedhof packte mich wieder die Hast. Alles tot, verdorrt, gekippte Grabstelen umwuchert von Lungenkraut und äonische, an den Schläfen hämmernde Zeit, die nicht fortschritt. Auf den Straßen ballten sich Hunderte von Autos und die Leute liefen als beträfe es ihr Leben. Ich konnte die Geräusche des Lebens und die des Todes nicht mehr voneinander unterscheiden. War das Surren des Liftes im Institut Wohllaut der Technik oder tödliche Monotonie des Metalls? Die Platane vor dem Fenster, lichte Orientalik oder meine Sucht nach Exotik? Und überhaupt, die Untersuchungen über Dialekte im Institut . . ."*

Dass der Doktorvater am Institut die Untersuchungen Stefan R.s veröffentlichte ohne dessen Namen zu erwähnen, habe ich schon erwähnt. Jemandem den Namen zu nehmen muss schlimmer als Prügel sein. Auf jeden Fall reagierte Stefan R. auf diese Kränkung mit Kopfschmerzen und seelischem Rückzug. Er ging nicht mehr ins Institut, glaubte nunmehr selber, dass er zum sokratischen Philosophieren berufen sei, trieb sich in der Stadt herum und kehrte unversehens ins Elternhaus zurück, wo er, wie ich ebenfalls erwähnte, einen Anwalt befragte. Später meldete er sich beim Kreisverwaltungsamt um Anerkennung als Kriegsdienstverweigerer zu bekommen. Es war die Zeit der Atomkriegsdrohungen zwischen Ost und West Mitte der siebziger Jahre des vorigen Jahrhunderts. Er sagte, er habe einen Traum gehabt, in dem viele Tote und Verletzte herumlagen und er könne sich nicht vorstellen, an einem

Krieg beteiligt zu sein. Daraufhin schickte man ihn zum Gutachter, zum Psychiater. Nicht ganz zu unrecht argumentierte dieser, dass wer den Kriegsdienst nicht aus rational durchgearbeiteten Gewissengründen verweigere, sondern aus einem Traum heraus diesen Entschluss fasse, eine Begutachtung seiner Motivation benötige.

Aber ist der Psychiater hier der Richtige? Warum nicht ein Theologe, der wenigstens noch aus der Bibel weiß, dass Träume auch halbe Offenbarungen sein können? Oder warum nicht ein Psychoanalytiker? Sollte nicht ein Traum Gefühle bloßlegen können und jemanden auf eine damit zusammenhängende Einsicht stoßen lassen?[76] Auf jeden Fall kam der Psychiater zu dem Schluss, dass Stefan R. krank sei und man ihm aus diesem Grund, nämlich dem Verdacht auf „Psychose", die Kriegsdienstverweigerung anerkennen könne. Er müsse sich jedoch gleichzeitig in der Psychiatrie behandeln lassen. Es war der erste Kontakt mit der Psychiatrie, und Stefan R. meinte später selber, dass mit diesem Stigma seine Krankheitskarriere ihren scheinbar gradlinigen Verlauf nahm. Man verstand nichts vom *Gekrümmten*.

Mir liegen die Unterlagen aus dem Bezirkskrankenhaus vor, in das er bald danach eingewiesen wurde, weil er zudem wieder tagelang in der Stadt umhergeirrt war. Man diagnostizierte erneut eine schizo-affektive „Psychose". Weitere bis zu dreißig Einweisungen folgten im Laufe der nächsten Jahre. Es wurden Neuroleptika verordnet. Auslöser der Krankheit war sicherlich die Handlungsweise des Doktorvaters. Aber Stefan R. gab zu, dass er mit dem Stress und dem Ellenbogen-Prinzip an dem Universitäts-Institut nur schlecht zurande gekommen war. Dann der Schlag, den ihm sein Doktorvater verpasste. Das Kriegsdienstverweigerungsverfahren und der Aufenthalt in einer psychoanalytischen Gruppe, in der man seine Gedanken willkürlich interpretierte, gab

---

[76] Damals gab es noch die Wehrpflicht und sicher hätten viele gerne diese Möglichkeit genutzt, davon befreit zu werden, wenn man nur sagen würde, man habe es aus einem Traum heraus entschieden.

dann den Rest. Man hätte damals schon eine Eintel-Psychotherapie beginnen können.

Meiner Ansicht nach ist es falsch, zu früh und zu kategorisch Diagnosen zu vergeben. Beim Begriff des „Borderline" haben viele Autoren darauf verwiesen, dass sie ihn besser gar nicht verwenden möchten, da der Patient dadurch erst recht zum Patienten wird. Der Patient ist vielleicht ein Außenseiter und Grenzgänger. Vielleicht auch ein Schlitzohr oder zurecht Patient. Zu mir sind zweimal Patienten in die Sprechstunde gekommen, die zur Begrüßung gesagt haben: „Ich bin ein Borderliner". Sie haben das Hobby ihrer Ärzte schon vor sich hergetragen. Ihre Angehörigen und ihr Umfeld machen sie dann endgültig zu diesem Krüppel. Obwohl Stefan R. bei mehr als dreißig Aufenthalten in der Klink als „schizo-affektiv „psychotisch" eingestuft wurde, muss man diese Diagnose nach erfolgreicher Therapie als sehr fraglich ansehen. Ich nehme dazu im Weiteren noch ausführlich Stellung.

Ich erwähne hier viele Details auch aus der Frühgeschichte von Stefan R. nicht, so z. B. die Tatsache, dass er als Kleinkind beim Spielen sieben Mal in den kleinen Bach hinter dem elterlichen Haus gefallen war und jedes Mal gerade noch rechtzeitig von der Mutter wieder herausgezogen wurde. Hätte man hier nicht einmal eine Sicherung anbringen können? Hatte das Kind schon geahnt, welch schwieriges Leben auf es wartete, war es der Todestrieb, der es so oft in das verführerisch glitzernde Nass tauchen ließ? Die Mutter war nicht nur entsetzlich bigott, sie war wohl auch sehr gespalten, der Sohn für sie vielleicht auch eine große Belastung, nachdem sie schon zwei Töchter hatte. Für das Verständnis einer „Psychose" könnten diese Dinge alle sehr relevant sein. Ich will die Fallgeschichte sich jedoch aus sich heraus entwickeln lassen, also aus der „freien Assoziation" heraus und nicht aus dem, was der Patient auf Fragen antwortet. Einiges aus seiner Biographie erwähne ich im Nachwort und gebe dort eine abrundende Erklärung.

In der 214. Stunde kam Stefan R. zu mir mit einem Buch über Sokrates,[77] indem es auch um dessen „ich weiß, dass ich nichts weiß" ging. Das hieß natürlich nicht, dass Sokrates grundsätzlich nichts wusste. Er sagt in diesem Zusammenhang nämlich sehr wohl, dass das Einzige, was er weiß, die erotischen Matheme (τα μαθηματα ερotika) sind, die erotischen Komplexe, *Signifikanten*, Verknotungen. Gewiss verkörperte Sokrates den damaligen „Erotiker" schlechthin, dessen Liebe tödlich sein kann, den weisen Narren, den skurrilen Helden, das „Subjekt ohne Kopf". Denn er wusste sich dem Eros unterstellt, aber er lebte ihn nicht, er philosophierte ihn. Er liebte die Knaben und liebte sie doch nicht, ließ die anderen bei ihren Verdächtigungen. „Ganztägig treibt er sich im Lykeion und auf den Sportplätzen herum, bringt sein Leben hin, versteckt im Winkel mit drei bis vier Jungens flüsternd.[78] Kein Treffen ohne Flirt, kein Gespräch ohne Anspielung, Sokrates ist den Schönen erlegen.[79] „Sokrates ist Päderast" – und er ist es doch wieder nicht. Er versteht es, jenen „Schlag" zu verpassen, der auch „im letzten Akt durchaus erotisch ist".[77]

In dem Moment, als er das Zitat über den „schlagenden Eros" erwähnte, und ich Stefan R. das Sadistische, das Todestriebhafte, „Erschlagende" in seiner *Übertragung*sbeziehung deuten konnte („Es gibt etwas Schlagendes in Ihren Assoziationen, während bei Sokrates der Schlag doch indirekt war, immanent in seiner Rede, Ergebnis seiner Dialektik und Maieutik") fiel Stefan R. ebenso schlagartig (wie das bei einer richtigen Deutung oft der Fall ist) eine Geschichte ein, die er wahrscheinlich sonst nicht erzählt hätte, und was somit ein Fortschritt der Analyse war, eine Bestätigung für die Deutung in der *Übertragung*. Stefan R. rückte mit der Geschichte seiner Beziehung zu einer Frau namens Xenia heraus, die er in Griechenland kennengelernt hatte. In dieser Beziehung spielte auch das Schlagen eine Rolle.

---

[77] Böhme,G.,Der Typ Sokrates, stw (1992) S. 20 und 76
[78] Platon, Gorgias, Insel Verlag (1991) S. 181
[79] Platon, Menon, Insel Verlag (1991) S. 28

*„Tatsächlich"*, sagte er, *„habe ich eine Erfahrung mit dem schlagenden Eros gemacht, als ich in Griechenland war, in dieser Beziehung zu Xenia, weil sie von mir – so ein oder zweimal – mir geschlagen werden wollte. Ich wusste nicht, ob ich sie liebte, anfangs vielleicht eher nicht. Sie verwirrte mich. Es war wie in meiner Kindheit mit der Renate S., die mich in die Scheune lockte und dann hob sie ihr Kleid hoch, angespannt, ich traute mich nicht, sie zu berühren, vielleicht gab es gar keinen Impuls dazu, oder doch. Ich nahm einen Strohhalm und betastete damit vorsichtig ihre Vulva. Es war wie ein Riesengeheimnis, das gefährlich ausufern konnte. Niemals hätte ich meine Hose aufgemacht, niemals! Das wusste ich intuitiv! Und so auch mit Xenia. Wollte sie etwas Sadomasochistisches? Schlagen betört mich, sagte sie, Spiele, verwirrend-erregend und voll von Angst und Aggression. Ich wollte sie nicht zurückstoßen, aber ich ließ mich auch nicht darauf ein. Ich wusste nicht, was ich tun sollte. Ich konnte zuerst nicht mit ihr schlafen. "*

Der meist missverstandene Freud deutete den sadomasochistischen Eros als eine Legierung von Todes- und Erostrieb. Lacan interpretiert die Freudsche Abhandlung „Ein Kind wird geschlagen" als eine elementarere, bildhaftere Darstellung des Ödipuskomplexes, ja, geradezu als die Darstellung des Ödipuskomplexes „anders herum". Die übliche Verwendung des Ödipusmythos liegt für die Psychoanalyse mehr im Erzählerischen, Mythischen über den Liebe / Hass- Komplex, über die Ambivalenz der Gefühle. Es ist die Geschichte von Mord und Inzest, symbolisiert durch den väterlichen phallischen Signifikanten, den transzendenten *Phallus (*das *Spricht* des *Anderen*, das der Sohn sich hochstaplerisch anmaßt oder mit ihm darüber rivalisiert). Dagegen stellt die Abhandlung Freuds über das Auftreten der Schlagephantasie einen wichtigen zweiten Zugang zum Zentral-Komplex der Psychoanalyse überhaupt dar, der hier mehr über das Spiegelnde, das ich

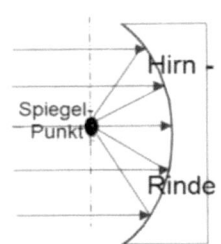

gerne das *Strahlt* des Subjekts nenne, zu verstehen ist.

Die Abbildung rechts oben zeigt die der Schädelbasis aufsitzende Halbkugel als reflektierende Nervenzellschicht, die vom Körper oder auch von Erinnerungen her kommenden unbewussten Sinnes- oder Nervenströme im Spiegelpunkt bündelt. Lacan sprach hinsichtlich dieses ‚Primärvorgangs‘ des Schautriebs von einem ‚ultrasubjektiven Ausstrahlen‘, das ich weiter vereinfacht ein ‚Es *Strahlt*‘ nenne. Es hat einen fast halluzinatorischen Charakter, erfüllt aber eine wichtige Funktion, denn es bündelt in diesem Spiegelungs-, ‚Licht‘- oder Strahlt-Punkt alles Bildhafte aus den frühen Elternbeziehungen, aber auch aus den Beziehungen zur Umwelt.

Dieses ‚Es *Strahlt*‘ des Schautriebs steht nämlich dem gleichwertigen ‚Primärvorgang‘ des Sprechtriebs gegenüber. In einem völlig schallgeschützten und auch schallschluckenden Raum kann man schon nach kurzer Zeit einen Laut oder Ton oder Ähnliches vernehmen, wie es auch der Wissenschaftsredakteur S. Schramm von Experimenten eines Akustik-Technikers als ‚Klang des Nichts‘ schilderte.[80] Die im Körper wie Echos zurückgebliebenen Sprech-, und Entäußerungsvorgänge werden also laut, was ich verkürzt als ein Es Verlautet, ‚Es *Spricht*‘ bezeichnet habe. Manche Psychoanalytiker benennen es auch als ein „Klang-Objekt“.[81]

Es treten im *Strahlt* mehrere hintereinanderliegende Phantasmen, Visionen auf (eine Mehrschichtigkeit des *Strahlt*): Erst nur das unspezifische Bild eines (fremden) Kindes, das geschlagen wird, dann das Bild des rivalisierenden Kindes und schließlich das eigene Bild, das nunmehr im Sinne dieses Vater-Tochter-Komplexes *Spricht*. In diesem Freudschen Text versteckten sich also die Protagonisten – meist waren es junge Frauen – hinter dem Bild eines geschlagenen Kindes. Tatsächlich sind sie es selber, die – phantasmatisch – von einer bedeutenden Person, meist dem Vater,

---

[80] Schramm, S., Der Klang des Nichts, SZ vom 7. 11. 2016, S. R7
[81] Maiello, S., Das Klang-Objekt, PSYCHE Nr. 2 (1999) S. 137-157

dem großen *Anderen*, geschlagen wurden oder werden sollten und unbewusst auch wollten. Das ist der Ödipuskomplex „anders herum".

Die jungen Frauen wollten von diesem bedeutenden *Anderen* geliebt werden und unterstellten ihm gleichzeitig, dass dieser das Schlagen genießt. Schließlich gipfelt die Deutung Lacans darin, dass das Instrument des Schlagens ein universales Zeichen (ein *Strahlt / Spricht*) ist, das den bedeutenden *Anderen,* den Vater symbolisiert, unter dessen Fuchtel wir alle stehen. Doch die Fuchtel hat wiederum etwas mit dem symbolischen *Phallus* zu tun, sie ist strahlender Buchstabe, Gesetz, Tyrannei dieser Angst-Lust der jungen Frauen. Und so schließt sich der Kreis. Genauso wie im Orakelspruch des Ödipusdramas kommt also auch durch die „Fuchtel, unter der wir alle stehen" eine Tyrannei des buchstäblichen, schlagenden Missverstehens heraus. Lacan sieht daher den Ausgang aus diesem Drama-Komplex einfach darin, dass man lernt, die im Ödipuskomplex innewohnende Aggression, die Fuchtel des symbolischen *Phallus*, des Andre-Patriarchats, wenigstens im Minimum zu akzeptieren.

*„Schließlich konnte ich mit ihr nicht zum Orgasmus kommen, einfach weil ich zweifelte, ob sie mich will. Es erschien mir alles paradox. Woher sollte ich wissen, dass sie, wenn sie sich an mich schmiegt, meinen Körper berührt, mit ihrer zarten Hand „weich" über meine Haut streicht . . woher weiß ich, dass sie mich liebt? Mich, M(ein)Ich? Meinen Körper? Die Haut? Die Haare? Den „schlafenden" Penis? Was will sie von mir? Den ruhigen Müßiggänger, den Kuschel-Mann, den unsteten Geist? Die wahre Statue? Den Statuten-Mann, den Toten? Will sie töten? Will sie wollen? Sie führte mich an der Nase herum, ich eroberte sie ständig. Sie war für mich die totale Seltsamkeit, fremd, jenseits, anders einfach. So extrem anders . . ."*

Trotz allem erschien ihm Xenia dann letztlich als eine Frau par excellence. Als die „universale Weibliche" wie er selbst sagte. Die Geschichte erinnert an A. Gides „Schule der Frauen", in der die

Protagonistin über ihren Mann sagt, dass sie ihn nicht mehr aushalten, nicht mehr ertragen, könne. Nicht jedoch weil er so unmöglich sei, so grob oder uneinfühlsam, sondern im Gegenteil! Er war zu perfekt, alles an ihm war durchdacht, mit hohen Idealen und Zielen in Verbindung gesetzt, selbst in der Liebe war er ein runder, rundum perfekt gestylter Gentiluomo. Und gerade das machte sie verrückt, denn letztlich war er nirgends zu fassen, als lebendiger, farbiger, eben auch mal mit Fehlern behafteter Ehe-Mann. Gides Mann in seiner „Schule der Frauen" war geschliffen, rund-glatt, all-ge-roundet. Durchaus analog ist die Situation bei Stefan R. zu begreifen. Diese Frau, mit der er Monate in Athen zusammen war, erwies sich – so meinte er schließlich – als das Weib schlechthin. Sie war schön und intelligent, zärtlich und leidenschaftlich, und sie erbot sich ja sogar für jede Variante des Liebesspiels, der erotischen Besonderheiten. Aber gerade das machte ihn verrückt, unsicher, benommen und erst recht nervös.

*„Wenn die Frauen gegen die Gewalt der Männer geschützt werden müssen, warum schützt uns niemand gegen die Überlegenheit der Frauen? Liebe deine Phantasien in mir, sagte sie und sie verstand es, die Spannung zu erhöhen. Sie wusste einer körperlichen Geste explosive Stärke und schwindelnde Höhe zu geben, Triumph! Du hast mich erniedrigt erobert . . deine Liebe hat mich verletzbar gemacht, zerstückelt. – Und die deine, versuchte ich mich heraus zu winden, hat mich in mir eingesperrt in meinen hermaphroditischen Körper, denn ich weiß nicht mehr, welches Geschlecht ich habe. Es ist, als sei ich du, als sei ich dein eigenes Begehren, als sei ich dein Männliches für mein eigenes Feminines. Wo waren die schönen Tage, wo die Liebe so entspannend war, so leicht, der Sex so natürlich, einfach rauschhaft"* (Dies sind wiederum Zitate aus Stefan R.s Tagebuch, das ich erst später in die Hand bekam).

Selbstverständlich ist nichts natürlich, deswegen war und musste Stefan R. schließlich impotent sein. Die Beziehung war für Stefan R. unerträglich, zu spannungsreich, zu belastend, weil diese exzellente Frau für ihn nicht wirklich fassbar war. Sie war scheinbar das Gegenteil der bigotten Mutter Stefan R.s und auch gleichzeitig seine begehrlich-begehrenswerte Schwester. Nicht dass er gänzlich impotent gewesen wäre, aber er nahm sich plötzlich in der Rolle des Kierkegaardschen Verführers wahr, der, kaum hatte er die Frau erobert und sie ihm wie gesagt jede nur erdenkliche Liebe angeboten, sie unvermittelt fallen lassen musste. „Die Klimax war auch der Abbruch", sagt W. Hochkeppel zu Kierkegaards „Tagebuch eines Verführers". „Eben deshalb ist Kierkegaards Text einer der erotischsten der Weltliteratur",[82] weil in ihr nichts Erotisches vorkommt. Und freilich ist auch Kierkegaard davor geflohen, dass Sex zu anstrengend sein könnte. So auch in Stefan R.s Geschichte, wo der erotische Schlag laut schallend klatscht, obwohl er gar nicht vollzogen wird. Ja, gerade darin besteht vielleicht sein Wert.

Natürlich war das Verhalten aller dieser Männer (Gide, Kierkegaard, Stefan R.) neurotisch, aber zusätzlich scheinen sie noch an Objekte ihrer Liebe geraten zu sein, die die perfekten psychischen Antipoden darstellten? Bei Gide ist es die Frau selbst, die diesen dummen Gedanken hat, jeder solle ein Tagebuch schreiben und dann wolle man sie gegenseitig lesen. Als ob dies die Wahrheitsfindung verbessern würde! Wenn ich weiß, dass der andere mein Tagebuch lesen wird, schreibe ich es immer unter diesem die ganze Angelegenheit schon etwas verfälschenden Aspekt, und der ist ein anderer, als wenn ich es ausschließlich für mich selbst, für „niemand" schreibe, wenn ich es einfach wirklich frei schreibe, so wie man in der Analyse „frei assoziiert". Darin, in dieser Entblößung, liegt die Wahrheit. So wie Gide uns Leser, so täuschte Xenia Stefan R. und dieser sich selbst. Und auch Xenia wurde getäuscht, denn diesem eigenartigen Stefan R. gegenüber war sie hilflos in ihrem Liebesanspruch. Wo Stefan R. auf eine masochistische Phase regrediert ist, wo er Koagel ist, Objekt, entdeckt Xenia gerade dadurch ungeahnte sadistische Kräfte bei sich selbst. Nicht nur geliebt werden wollte Xenia, sie kleidete diesen Liebesanspruch in eine Verwirrung, mit der Stefan R. nunmehr selbst

---

[82] Hochkeppel, W., Eros auf der Flucht, SZ vom 24.6.00 S. III

nicht mehr zu Rande kam und von der sie selbst nichts mehr hatte..

In der Beziehung zu dieser Frau hat Stefan R. zwar exakt jene Merkmale gezeigt, die O. Kernberg als typisch für die Borderline-Persönlichkeit aber auch ‚Psychotiker‘ anführt:[83] Er erlebte die Frau als „fremd" und konnte sich letztlich „nicht in sie einfühlen". Er konnte ihr „keine einheitliche ausgeprägtere Emotion entgegenbringen" und hatte kein „wirkliches Verständnis für die reiferen und differenzierteren Persönlichkeitsaspekte" dieser Frau. „Libidinöse und aggressive Triebabkömmlinge konnten sich nicht richtig bei ihm verbinden", und so scheiterte eben die Beziehung. Aber wäre dies nicht eine Vorverurteilung? Denn war die Frau nicht wie gesagt der genaue Antipode? Sie wusste genau, was Männer wollen, da war ihr nichts fremd, und sie konnte ihm eine einheitliche ausgeprägte Emotion entgegenbringen, nämlich das Gefühl, ihn mehr als zu lieben. Bei ihr konnten sich libidinöse und aggressive Triebabkömmliche bestens verbinden, denn sie wollte bis zum Geht-Nicht-Mehr gehört werden. Genau das war es, weshalb ihm hier später dann doch das Sprechen versagte und er impotent wurde. Aber er war nicht „psychotisch". Er war zwar gestört, aber man konnte ihm psychotherapeutisch helfen.

Jedes auch nur annährend durch Beschreibung gekennzeichnete Verfahren, diesen Menschen, so wie es Kernberg tut, gerecht zu werden, ist schon im Ansatz zum Misslingen verurteilt, eben weil man ja mit jeder Zuordnung von Namen und Begriffen, sich zum Herrn dieses Problems aufwirft, das man vom Subjekt her zu lösen vorgibt. Jede materielle Zuordnung zu rein psychischen Phänomenen, jedes Sachbuch über Psychologie ist eigentlich ein Nonsens. Verrücktheit ist eine ungewöhnliche, zu sehr persönliche Lösung für ein im Grunde genommen generelles Problem. Wenn überhaupt, so hat Freud selbst noch den besten Zugang dafür gefunden, wenn er sagt: „Seine eigene Vorgehensweise so zu lieben, wie

[83] Kernberg, O., Borderline - Störungen und pathologischer Narzissmus, Suhrkamp (1978) S. 59

man sich selbst liebt, das ist es, was manche Leute auszeichnet und eine Struktur umkreist, die in sich selbst versperrt ist". Denn eine derartige Formulierung benutzt nicht von vornherein schon Worte, die die endgültige Deskription bereits ganz enthalten, die schon vorverurteilend, definitiv festlegend, evtl. letztlich negativierend sind. Man liebt sich, und in diese Selbstliebe packt man nun auch noch fast alle Dinge, die man tut und sagt. Eine solche Feststellung bleibt neutral. Dagegen erkennt man noch lange nicht, wie O. Kernberg behauptet, die ‚*Übertragung*s-Psychose' daran, indem der Patient feststellt: „Ja, Sie haben schon recht, wenn Sie meinen, dass ich Sie genauso erlebe wie meine Mutter, aber das liegt daran, dass Sie für mich wirklich meine Mutter sind"![88 (S.105)]

Nur weil der Patient eine Aussage wählt, die so klingt, als verwechsle er das Symbolische und das Reale, ist er noch lange nicht verrückt. Schließlich ist die betont zuhörende Position des Analytikers auch nicht das üblich Normale und tatsächlich nicht ganz von der mütterlichen Position zu trennen. Mutter ist so etwas universal sich Ähnelndes, dass, wer sich wie eine Mutter verhält eben auch schon fast eine ist. Und wenn dann auch noch ein paar sehr individuelle Züge übereinstimmen, kann gerade „Mutter", dieser so universale *Signifikant Mutter*, perfekt vom Analytiker ausgedrückt sein. Zu *Mutter* fallen uns allen weltweit viel mehr die gleichen Assoziationen ein, als etwa zu „Frau". Der Analytiker ist immer in der Gefahr, irgendwo *Mutter* zu sein, speziell bei den Kleinianern, die die dem mütterlichen Körper sehr verwandte Container-Funktion oft in den Vordergrund stellen. Auch Abraham war ein Analytiker, der häufig nur die gute Mutter repräsentierte. Wenn der Patient sagt, „ich erlebe Sie nicht nur wie meine Mutter, Sie sind es für mich auch", kann das durchaus auch am Analytiker liegen, der beim bestimmten Patienten sich nicht traut oder es nicht schafft, aus der Mutterposition ganz herauszukommen.

Der Analytiker hätte z. B. sagen können: „Gut möglich, dass ich Ihre Mutter bin, denn dann kann ich Ihnen am besten zeigen, was die gute von der bösen, die richtige von der falschen, die liebe eben von der verwirrenden, chaotisch-erotischen Mutter trennt. Was die bemutternde und was die behexende Seite an der Mutter ist, an jeder Mutter. Denn Sie sehen diesen verbindenden / trennenden Schnitt in der Mutter nicht ausreichend genau, Sie erinnern ihn vielleicht nicht klar genug, usw." Der Analytiker ist durch sein übertriebenes Zuhören immer noch ein ganz kleines Stückchen Mutter, und wenn der Patient dies nur zeitweise so empfindet, hat er noch keine ,*Übertragungs*-Psychose'. Erst wenn er wirklich bei dieser Auffassung bleibt, wird es schwierig.

Ähnlich problematisch wie Kernberg schreibt J. Steiner: „Der Patient kann den psychotischen Teil seiner Persönlichkeit in den Analytiker projizieren und sich dann so fühlen, dass er seine Gesundheit vor den sadistischen Angriffen eines Analytikers bewahren muss, den er in der Wahrnehmung seiner analytischen Aufgabe als verrückt erlebt."[84] Wie kann der ,Psychotiker' gleichzeitig soviel Gesundheit haben, dass er die Verrücktheit, d. h. also gleichermaßen die ,Psychose' bei seinem Analytiker erkennen kann, indem dieser tatsächlich die – wie Freud es klar ausdrückte – unmögliche Aufgabe des Analysierens auszuüben versucht? Sind einmal massive gegenseitige Projektionen im Spiel, hilft die beste Analyse nichts. Was Steiner nicht weiß, ist, dass es neben dem projektiven auch ein abspaltendes, abtrennendes Verhalten gibt. „Wenn das, was am meisten ich selbst bin, sich im Außen befindet, nicht so sehr, weil ich es dorthin projiziert habe, sondern weil es von mir abgetrennt wurde, bieten die Wege, die ich für seine Rückgewinnung nehmen muss, eine gänzlich andere Vielfalt an."[85] Dieser Aspekt wird von den meisten Autoren nicht gesehen.

*Mutter, Mutter* als Signifikant, als in sich verknotete Bedeutung kann meine Identität so verändert haben und noch verändern, dass ich in jemanden die Mutter sehe, die er natürlich in Wirklichkeit nicht ist. Stefan R. eine Projektion vorzuwerfen, hätte ihm nicht genutzt. Wie Benedetti es sagte, ist es besser in der *Gegenidentifi-*

[84] Steiner, J., Orte seelischen Rückzugs, Klett-Cotta (1998)
[85] Lacan, J., genaue Stelle dieser Aussage in seinem Seminar unbekannt.

*zierung* die *Mutter* zu s e i n, bis der Patient selbst sehen gelernt hat, dass man nur der ist, der weiß, dass er nichts weiß, der nur von den erotischen Mathemen weiß, ein Psychoanalytiker, ein sprechender Niemand. Einer, der mit dem Patienten – wie Lacan sagte – notfalls bis an die Grenzen der Weisheit geht und gehen muss.

*„In Griechenland liebte ich die kleinen Schritte im Leben, den Kotoneaster an der Hauswand, das schräge Dachfenster, die vielen Menschen, die über die Straßen schlenderten, das Surren der Autobusreifen auf dem noch warmen Asphalt in der Plaka, – doch für was, warum? Erst recht hier zu Hause glaube ich mit einem Blick das alltagskläglische Leben zu sehen, den einen da, die andere dort, die und die und den – und dann? Dieser alte Mann mit Brille und Humpelbein, dieses ahnungslos trollende Kind, diese anscheinend so taffe Frau, für was leben wir? Für was sind sie alle da? Ich möchte für etwas Wichtiges leben . . . für etwas Wertvolles . . für etwas Großes."*

Das Wichtige wäre die Alterität, der/ das total *Andere(r)* in einem selbst wie es G. Seidler in seiner von mir schon zitierten „Alteritätstheorie" beschreibt. Seidler bezieht sich hier auf den Blick des *Anderen*, der Scham auslösen, aber in dem ich mich auch selbst „psychotisch" auflösen kann. Auch das finden wir schon bei Sokrates. Der Schwerpunkt des Sokratischen liegt zwar unbestritten in seinem Daimonion, seiner „inneren Stimme", seinem *Spricht* , und zwar indem Es ihm häufig von gewissen Dingen abredet, „zugeredet hat Es mir nie", sagt er. Dass diese innere Stimme Beziehung hat zu dem, was Freud das Über-Ich nennt, das er selbst auch wörtlich als innere Stimme bezeichnete, ist auffallend. Noch wichtiger erscheint uns, dass Lacan das Daimonion des Sokrates mit Alkibiades gleichsetzt, wobei er weniger die Stimme meint, als das Bild, das nämlich den Liebesblick des *Anderen* verkörpert. Sokrates liebt Alkibiades, aber er gönnt ihn sich nicht. Alkibiades ist sein *Strahlt*, aber die innere Stimme, sein *Spricht* rät ihm davon ab, sich auch sinnlich, körperlich, mit dem Objekt seiner Liebe einzulassen. Dies ist ein Angelpunkt um auch Stefan R.s Dilemma zu sehen. Sein *Strahlt* ist der mütterlich / weibliche Körper und eben nicht das *Strahlt* des *Anderen* als solches:   nnnn …………

*„War es Traum oder war es Meditation, was ich hörte: ‚Männer sind in der Wahl ihrer Worte recht unbedacht – bevor Promiskuität auftaucht.' Ja, das ist es, an dem ich leide. Ich hatte nicht die Worte, die ich für Xenia gebraucht hätte. So sah ich ein andermal im Traum dieses Wort-Bild* [siehe oben]. *Es war geschrieben wie das Schamdreieck einer Frau! Ein Geniestreich der unbewussten Seele? Ist es das Unterbewusste in mir, das mich auf den Wort-Ohne-Körper-Arm nimmt, wenn er zu der Schau im Traumtheater auch noch dazu so etwas Spricht? Wer ist dies Fremde, dies angstmachende Andere, dies sexistisch genial Malende und doch auch Sprechende, dies Sphinxische? Nixische, Xenixene? Breche ich nicht mit jedem Wort ein in die Promiskuität, die Es, Sie(?) mir bietet?*

Hier zeigt sich ein ideales Beispiel, wie Stefan R.s Unbewusstes etwas zur Theorie des Sexuellen und des Weiblichen aus männlicher Sicht beiträgt. **ALS GENIE** Kein Wunder, dass er mit Xenia nicht zu **I H R E R** Rande gekommen ist, wenn er ihre Schenkel **SCHEN** in geniale Höhen hob, zum Schamdreieck der **KE** genialen Muttergöttin. Ich werde dieses Bei- **L** spiel noch einmal aufgreifen, wenn es konkret um das Verfahren der *Analytischen Psychokatharsis* gehen wird, deren Ergebnisse gestaltet sind wie die jener „typischen Träume", von denen Freud sagte, dass man sie „gleichsam vom Blatt weg übersetzen" kann.[86] Und auch der Satz von den Männern und der Promiskuität klingt ja durchaus bedeutsam und drückt wohl auch Stefan R.s eigene Angst bezüglich des Sexuellen und des Umgangs mit den Frauen aus. Ich musste ihm allerdings hinsichtlich dieser Deutung etwas behilflich sein, und vielleicht ist dies sogar typisch für den ‚Psychotiker' – oder, wie ich ja annehme, für die Persönlichkeitsstörung Stefan R.s. Es

---

[86] Freud, S., Vorlesungen, GW XI, S. 152

ist doch sein eigener, recht transparenter Traumsatz und doch bezieht er ihn nicht gleich auf sich.

## Weiblichkeitstheorien

In einer neuesten Arbeit über „Das Dilemma mit der `Theorie der Weiblichkeit'" schreibt Klemann, nachdem er zuerst drei Grundpositionen (primäre Männlichkeit, primäre Weiblichkeit, primäre Androgynie) dargestellt und anhand der Literatur aufgerollt hat, dass Begriffe wie Trieb und Aktivität von vornherein zur Konstruktion eines Weiblichkeitstheorems problematisch gewesen seien. Er fragt sich, ob nicht der Vorschlag des Psychoanalytikers K. Abraham eines narzisstisch motivierten `Genital-Komplexes' oder die Annahme eines `eigenständiger "weiblichen Sexualtriebes" besser gewesen wären. Schließlich aber sieht er die Diskussion über dieses Thema als Scheindiskussion an oder aber als Ausdruck eines „professionell tradierten unbearbeiteten Aspekts des Ödipuskomplexes".[87] Er gibt zu, dass eine ..eigenständige Ausdrucksform" des Weiblichen notwendig wäre, kann aber selbst nichts Konkretes dazu beitragen.

Dagegen bietet Flaake klar formulierte Vorstellungen an, wie weibliche Sexualität erreicht werden kann. Sie meint, dies sei vorwiegend eine Aufgabe der Mütter, „ihre Töchter in ihrer Sexualität zu bestätigen, eine Wertschätzung weiblicher Körperlichkeit zu vermitteln, indem sie der Tochter die lustvolle Aneignung ihres Körpers als Quelle eigener Befriedigung zugestehen".[88] Sie zitiert Torok, die diesen Schritt aus der Abhängigkeitsbeziehung zur Mutter so begründet: „Da ich es mir selbst machen kann, habe ich diejenigen überwunden, die mir die Lust bisher nach ihrem Gutdünken gewährt oder verboten haben".[89] Das ist richtig, wenn man es sieht als Schritt weg von einer bestimmten Abhängigkeit. Aber damit ist noch lange nicht gesagt, worin dann der nächste Schritt,

[87] Klemann, M., Forum der Psychoanalyse Nr.2 (1992) S.105-120
[88] Flaake, K., Psyche Nr. 7 (1992) S. 642 -652
[89] Torok, M., in Psychoanalyse der weiblichen Sexualität, suhrkamp (1974) S. 192-232

der Schritt hin zur eigenständigen Weiblichkeit besteht? Ist weg von der Mutter, weg von der ..männlichen Wertskala" und eigenständige Masturbation schon das Ganze des Weiblichen? Was wird dann da „entdeckt", „erfahren"? Ausgerechnet vom weiblichen Körper wird geredet, von weiblicher Körperlichkeit, als ob diese sich vom mütterlichen Körper oder mütterlicher Körperlichkeit gravierend unterschiede? Nur weil sie sich es selber machen kann, ist sie Frau?

*„Ich wollte die Liebe als das Abenteuer, das sie ist, während die Frau nur ihr Ideal bestätigen wollte: Familie, Beruf, Reisen, Romantik, Kinder, Prominenz und Liebes-Liebe – alles was benennbar ist, während ich die Liebe als Unbenennbares erhalten wollte, als Rotunde, die sich selbst verzirkelt, als Rausch. Es gibt gar keine Mann- F r a u -Beziehung, der Mann müsste erst Mehr-Mann, dann Noch-Mehr-Mann und schließlich Über-Mann werden, ein bisschen drüber über Mann, bevor er eine Frau hat, die sonst nur Mannfrau bliebe, Mädchen, Blondine, Köchin, Angestellte, Single, Waschfrau, Touristin . . . ."*

Lacans Konzeption des Weiblichen ist zwar präziser, aber ob sie den Frauen sehr viel sagt, ist eine andere Frage. „Es gibt nicht D i e Frau" – sagt er – „denn, ich habe den Ausdruck bereits riskiert, und weshalb sollte ich da zweimal hinschauen – ihrem Wesen nach ist sie nicht alle".[90] Hoffentlich hat sie noch alle, wenn sie bei Lacan weiterliest: „Die Frauen halten sich . . . an das Genießen. . auf eine allgemeine Weise, man hätte wohl Unrecht, nicht zu sehen, dass im Gegensatz zu dem, was gesagt wird, doch sie es sind, die die Männer besitzen". Würde man Lacans Weiblichkeitsalgebra auf eine Kurzformel bringen könnte man schreiben: Die Frau ist Sagen, aber eben anders, Anders-Sagen. Denn es gilt ebenso, dass, „indem man etwas anders sagt, man den meisten Effekt herstellen kann zu dem, was man sagt".[91] D. h., den Weg über das Weibliche nehmen ist die effektvollste Art, überhaupt etwas zu sagen. Es tut

---

[90] Lacan,J., Seminar XX, Quadriga (1986) S. 80
[91] Lacan, J.,Seminaire III,ed. seuil (1981) S. 255

nur niemand – am wenigsten die Frauen selbst? Sie tun es deswegen nicht, weil – wenn es überhaupt je eine Chance gibt das Weibliche zu sagen, weiblich zu sprechen, weiblich Sexuelles zu sagen – dies nur in einer Sprache ohne Worte gesagt werden könnte! Weiblich integral! Weiblich genießend, das die Frauen unglücklicherweise selbst so gering schätzen![92] Nicht ES sondern SIE *Spricht*. Sie, die Dreiheit des *Formel-Wortes*, wäre meine Antwort darauf.

Und so ist es Stefan R.s Dilemma: Die Frau sieht er als das Ganze, als die Totalität, als – wie Freud sagte – „phallische Mutter", als genialen Körper für das männliche Genießen, als ideales und doch auch paradoxes Sexualobjekt. Und wie sollte er es anders sehen, wenn niemand es besser sagen kann, was es mit dem originär Weiblichen auf sich hat? Dennoch war es gut ihn davon sprechen, träumen und meditieren zu lassen, denn sein „logisches Schamdreieck", wie ich es nennen würde, beinhaltete doch die perfekte Kombinatorik des *Strahlt / Spricht*. Und über diese Topologie, logische Geometrie konnte er weitergehen. Natürlich war es auch gut ihm die Hintergründe durch Erinnerungen an die Mutter und Schwestern und das Sprechen davor bewusst zu machen, wie es klassisch analytisch gemacht wird. Aber das allein hätte keinen endgültigen Ausweg gezeigt.

*„Der Sommer klang wie Äolsharfen in den Mandelhainen, Spinnen huschten über die Hauswände und vom Parnass herunter wehte der ozonblaue Wind, doch kein Wort, keine Vokabel. Im Schlaf spreche ich zu ihr den Satz: Ich habe das Problem mit deiner Schnecke nicht zu lösen vermocht. Ist der Rückzug ins Schnecken-*

---

[92] Dazu muss man nochmals ergänzend klarstellen, dass eben auch die Frauen das phallisch männliche Genießen lernen können. Ja, meist lernen sie eben nur das und glauben, weil sie es als Frauen genießen, verdient dieses auch den Namen: weiblich! Von daher, vom männlich Gezählten kommt auch das „nicht alle", das Weibliche betrifft jedoch das andere Genießen, das Genießen des Körpers als solchem, wo man sich nicht „etwas machen muss", sondern das von selbst kommt, wenn das *Strahlt / Spricht* sich richtig kombiniert.

*haus gemeint? Oder die Vagina? Unser Schneckenversuch, unser Zur-Schnecke-Gemacht, unser übersensibel Vaginös-Mucöses? Ich weiß überhaupt nichts mehr, ich will auch nichts wissen. Ich habe solange an das Wissen geglaubt, mein Gott war das Wissen, mein Wissen war das Sein, das nichts mehr wert ist. Für was sollte man wissen? Und für wen?"*

*„Ist nicht jedes Wissen nur Halbwissen, denn der, dem man das Wissen aufdrängen will, möchte doch gar nichts wissen, weiß es doch auch ohne Wissen!"*

Stefan R. fehlte die psychoanalytische Symbolisierung, der Eros als Symbolisches, den der Analytiker in der Sitzung repräsentiert. Man muss in der Analyse bis zur Schmerzgrenze dieses „Schlages" gehen (bis zur negativen *Übertragung*, sagt Freud), aber gerade ein derartiges Vorgehen wäre fast keine analytische Deutung mehr. Das haben mehr als ein Analytiker gesehen und den Versuch gemacht, `durch gemeinsame Regression mit dem Patienten' hinter diese Struktur zurückzugehen, scheiternd, z. B. Becker [93]. Wenn in der Analyse an manche Strukturen nicht heranzukommen ist oder durch die Analyse eine ‚Psychose' sogar ausgelöst werden kann, so wohl deshalb, weil irgendetwas an der Analyse selbst, ihr `Setting', ihr zu Traumatisch-Werden, die Handhabung der Grundregel auf der Ebene der Objektbeziehung schon so störend, so unmöglich sind, dass sie für das Subjekt untragbar werden. [94] Diese Probleme beschreibt auch Cremerius ausführlich in seinem Buch, in dem er sich mit der Problematik des „Patienten, der zu viel spricht" beschäftigt. [95] Zweifellos sprach Stefan R. aus seinen Aufzeichnungen plus seinem spontanen Reden zu viel.

Er empfiehlt Triebwünsche direkt zu deuten und warnt gleichzeitig vor der überstarken Abwehr, die ein derartiger Deutungsver-

---

[93] Becker, S., Objektbeziehungspsychologie und katastrophische Veränderung, edition discord (1990)

[94] Lacan J., Les Psychoses, ed. seuil (1981) S. 24

[95] Cremerius, J., Vom Handwerk des Psychoanalytikers, Fromman – Holzboog (1990)

such durch Angst vor Liebesverlust (der Trieb würde verurteilt) hervorrufen würde. Den Trieb vor der Abwehr zu analysieren ginge nur, wenn man aus dem starren Trieb-Objektbeziehungs-Konzept herauskäme. Da ihm dies nicht gelingt, muss Cremerius alle möglichen zusätzlichen Interventionen einführen und eventuell sogar mit „Hilfe der Realitätsprüfung" oder des „Holding". der mütterlichen Haltefunktion die Behandlung durchführen.

Obwohl er gekonnt die verschiedenen Gefahren extremer Über-Ich- und Es-Widerstände darlegt, besteht sein Resümee in der Feststellung, wir sollten nicht vorschnell sein und „geduldige klinische Arbeit am Zentralmassiv der Neurosen" fortführen. Also Rückzug, nichts für einen problematischen Fall wie Stefan R.?

**Bild von Stefan R.**
Der Adler des Prometheus

*„Ich hatte gehofft in Griechenland Prometheus zu treffen, der meinen Zorn-Schmerz kennt, der auch eine Festigkeit ist, denn es ist eine Kraft in ihm, das spürbar Dichte, Kompakte, Felsige. Dieses Fels-Schmerzes wegen schätze ich Prometheus. Denn Prometheus liebte seinen Schmerz. Wir sind alle an unsere nichtigen Gedanken gekettet, und so liebte Prometheus seinen Fels und seinen Adler, der jeden Tag kam, um von seiner Leber zu fressen, denn nachts wuchs sie ihm wieder nach. Nachts, wenn die hässlichen Gedanken kommen, die Albträume, wächst all das wieder nach, was mein Zorn-Schmerz mir am Tag genommen hat. Andere mögen mit ihrem Gehirn denken, ich denke mit dem Zorn und dem Felsen in mir".*

*„Ich sehe, wie Prometheus seinen Adler erwartet, liebevoll, ungeduldig, der ihm die Erleichterung bringen wird, die Regeneration. 'Wann wirst du wiederkommen`, ruft er ihm nach, denn die Leber ist ein Organ, das am effektivsten regeneriert und nicht schmerzt.*

*`Wann kommst du wieder'? 'Morgen`. Immer wieder wird es ein Morgen geben. Die Blicke werden sich treffen, ohne ein Bild zu ergeben. Denn, wie A. Gide sagte, ist „Prometheus schlecht gefesselt", sein Adler ist nichts anderes als seine Liebe zu seinem eigenen Schatten. Prometheus ist der unerlöste Mensch, dessen Seele, dessen Ich, von seinem Unbewussten genährt, immer wieder ausfliegt, um die Lösung, die Befreiung zu finden".*

Ganz so lieblich wie seine Worte sieht das obige Bild jedoch nicht aus. Unter dem Vogel befinden sich drei gruselige Menschenköpfe, von denen Stefan R. behauptete, er habe so vage Umrisse von ihnen gesehen und diese Sicht mehr und mehr ausgestaltet. Viele Bilder hat er in dieser Wiese gestaltet, und die meisten von ihnen zeigen diesen Doppelaspekt: zahme, wenn auch manchmal deutliche Worte, im Bildbereich jedoch Horrorvisionen. Ich habe ihm die Bilder als mehr vom mütterlichen Wesen her stammend gedeutet (auch im obigen Bild könnte man ja von einem Ausbrüten des Muttervogels von düsteren Gestalten sprechen). Beim Tagebuschschreiben stand jedoch mehr das Vaterprinzip im Hintergrund, das Stefan R besänftigen wollte.

*„Doch am nächsten Tag kommt Ka zurück – so nannten die Ägypter diesen Seelenvogel – um wieder von den verdrängten Gefühlen zu fressen, den zärtlich geliebten Ängsten. „Komm wieder und bring endlich das Bild der Freiheit mit"! Eines Tages schüttelte Prometheus seine Ketten, seine Schmerzen, ab (angeblich hätte ihn Herakles befreit), nahm seinen Adler mit und lebte, wo er wollte, pur."*

Stefan R. war auch Schmerzpatient, manchmal litt er unter einer Gesichtsneuralgie, die vielleicht auch von den Behandlungen mit Neuroleptika stammte. Meistens hielt er die Schmerzen aus, und ich dachte mir oft. Warum muss ein einzelner ;Mensch so viele Symptome und Krankheiten haben. Seine Schmerzschilderungen waren plausibel und nachvollziehbar. Er litt auch unter ‚restless legs' und gelegentlichen ‚Flimmer-Skotomen'. So viele Menschen leben einfach ihr Leben ab, beobachten von ihrem Fenster aus das

Treiben auf der Straße und sitzen mehr als nur den Abend vor dem Fernseher. Sie nehmen ihre Blutdrucktabletten, treffen mal einen Nachbarn und erinnern sich an dies oder das. Warum ist Stefan R. ständig im Trouble, nicht nur psychisch, sondern auch organisch? Doch der schmerzliebende, masochistische Prometheus kann nicht seine Rettung sein. Wenn Prometheus etwas liebt, so ist es seine Angst-Lust, diese Mischung aus Furcht und Gnade.[96] Die Sage des Prometheus ähnelt der der christlich-jüdischen Religion von Luzifer, dem Feuerbringer. Denn auch Prometheus war eigentlich ein Gott, ein Götterbote, ein Titan, der sich abspaltet, total trennt von seinem Ursprung (Ursprungs- oder Vatergott), wie dies auch bei Satan der Fall war, und dies erinnert uns viel mehr an die Spaltung des Menschen selbst, die er eben manchmal in die Welt hinausprojiziert.

„Das Unbewusste ist zwischen dem Subjekt und dem *Anderen* Spaltung in Aktion."[97] Spaltung durch die *Urverdrängung*, das ist eine ganz grundsätzliche Geteiltheit des Menschen, die ich als eine Frühform *Strahlt / Spricht* bezeichnen würde und die bei Prometheus zuerst unglücklich stehen geblieben ist. Dass es sich bei Prometheus auch um den Konflikt Vater / Sohn, ja man könnte sagen: Urvater / Sohn, handelt, bestätigt auch J. Rasche.[98] Der Adler ist nicht der Penis, wie Freud meinte, sondern der „Laut", eine Kunde (Der Vogel wurde in der Antike immer schon mit der Seele, die sich vom Körper trennen kann, verbunden, und dies ist viel eher *die Stimme*, die noch heute den Primärvölkern wie eine Abtrennung von ihnen selbst erscheint, wenn sie z. B. ihre eigene Stimme auf einem Tonträger hören können). Prometheus ist einer der frühesten Therapeuten, der das Vaterproblem zu lösen versucht, und die den Menschen diese Lehre bringen. „Der Mensch denkt mit dem, was eine *Struktur* [das Strukturelle der Signifikantenkette] von seinem Körper spaltet," wie Lacan sagt.

[96] Balint, M., Angstlust und Regression, Rowohlt (1972)
[97] Lacan, J., Ecrits, ed. Seuil (1966) S. 239
[98] Rasche, J., Prometheus, Kreuz Verlag (1988)

*„Wenn man die schrecklichen Dinge sieht, die die Menschen sich heutzutage antun, Kriege, Kinderarbeit, Ausbeutung, psychische Vernichtung, kann man da noch ohne Wut-Schmerz sein? Prometheus sagt doch nur zu seinem Adler: diese Prinzipien, Vorschriften, Gesetze, Privilegien – all das, was man früher die Götter nannte – ich missachte das alles. Nicht Karriere machen, nicht Spitzen-Manager werden, nicht einer von diesen Top-Leuten sein, die da Olymp spielen. Diesen VIP´s, die nur Luxus und Macht im Sinn haben, stellt Prometheus eine Falle und prompt fallen sie darauf herein. Nein, unter dieser Schickeria, unter diesen mediengeilen „Promis" will Prometheus nicht bleiben, und so liebt er seinen Felsen, das heißt: dessen pyritene Haut, dessen türkis schimmernden Malachit-Augen, dessen Adern aus wärmendem Kupferoxid, Glimmer, Ästung feiner Granitspuren, Kristall-Fels, rhombische Runen, die ihm zuhören und zu ihm sprechen: Tröstung, Huldigung, solange du mir, diesem Fels treu bleibst, wirst du den Menschen das Feuer bewahren, wird deine Tat eine wichtige Tat bleiben, ein Vorbild für andere, eine Rettung."*

„Die heutige Menschheit", schreibt A. Camus, „erstrebt einzig das Technische. Sie gelangt zum Ausbruch in ihren Maschinen und hält die Kunst und ihre Ansprüche für ein Hemmnis . . Hingegen ist es für Prometheus kennzeichnend, dass er die Maschine nicht von der Kunst trennen kann. Er glaubt an die gleichzeitige Befreiung des Körpers und der Seele . . . Der Mythos des Prometheus erinnert daran, . . dass man dem Menschen nur dient, wenn man ihm ganz dient."[99] Camus´ Deutung des Prometheus Mythos liegt tatsächlich auf der Ebene der Psychoanalyse, denn auch hier geht es darum, die Maschinen und die Kunst, Körper und Geist, zusammen zu retten. „Der gefesselte Held bewahrt inmitten von Blitzen und göttlichem Donner seinen ruhigen Glauben an den Menschen. Und so ist er härter als der Fels und geduldiger als der Adler," schreibt Camus. Den Geist versuchen wir dadurch zu retten, dass wir ihn reden lassen, und den Körper, dass wir dem Sub-

---

[99] Camus, A., in Mythos Prometheus, Reclam Verlag (1995) S. 144-47

jekt seinen Glauben an den Menschen, an seine unbewussten Wünsche, wie verfremdet sie auch seien, wiedergeben.

Gewiss, man liebt sein Symptom so, wie man sich selbst liebt, sagt Freud – und Stefan R. benutzt hier nur das Wort lieben, das er Prometheus zuschreibt, in einem etwas anderen Sinn. Für Freud erzeugt Trennung nicht Angst, sondern Schmerz, den Schmerzaffekt.[100] Es sind diese Ur-Trennungserfahrungen, nicht von der Mutter, sondern von Beziehungsschichten, Objektbeziehungen,[101] Identifizierungen, innigen Verbindungen „infantil sexueller" Natur mit ihr, also eher eine Art von frühem Verrat und geglaubter Untreue, die diesen Schmerz erzeugen. Insofern diskutiert auch Freud eine Ähnlichkeit zwischen Trieb und Schmerz,[102] findet aber keine endgültige Lösung. Wie wir noch sehen werden, wäre diese gar nicht so außerhalb der Reichweite seiner Theorie vom Todestrieb, und so werden wir auch eine Lösung für das Schmerzproblem Stefan R.s finden, indem ich mit ihm zusammen ein neues Verfahren der Therapie begründe. Der Schmerz ist ein Zyklus länger als die Lust, weil er vorher anfängt, und diese frühen Schichten sind bis heute noch viel zu unklar theoretisiert.

*„Im Traum vernahm ich: „Die schaut schnell weg – wegen dem Wort schwell". Schwill schnell, die Schwellung bleibt nicht, und deswegen muss man schnell machen. Es ist nicht wegen der Erektion, sondern wegen dem WORT: schwell! Schwell schnell! Weil sie an das Wort glaubt, schaut sie weg! Würde sie doch hinschauen, wäre da gar keine Schwellung, sondern nur ein Schwall wieder weiterer Worte vom Schwellen! Gäbe es das Wort schwell nicht, gäbe es die ganzen Probleme zwischen Mann und Frau nicht. Immer sind es die Schwellworte des Mannes, die den Blick der Frauen schnell machen. Wohin gehören wir . . - .?"*

---

[100] Freud, S., GW XIV, S. 161 und 202-205
[101] Freud, S., GW XIII, S. 19. J. Lacan setzt an diese Stelle einer ersten schmerzhaften Trennung ebenfalls nicht die von der Mutter, sondern von einem ersten „Eigenen", der Plazenta.
[102] Freud, S., GW X, S. 249

‚Hingehöre', entgegnete ich mich auf diese Stelle seines Tagebuchs beziehend, ‚merken Sie, dass hier das Wörtchen >hören< drin steckt? Ich tue nicht mehr, als dass ich hinhöre, dazu muss ich nichts wissen. Dennoch kommt das Wissen heraus, aus einem Traum, einem Wortklangbild, aus irgendwas.' Solche Deutungen konnte Stefan R. zulassen, weil sie auf der Ebene seiner eigenen Wortassoziationen und Wortspielereien lagen. Obwohl es in der Analyse nur sehr langsam vorwärts ging, kam Stefan R. regelmäßig und erbrachten derartige Deutungen in der 270. Stunde wieder eine Wendung. Fünfundvierzig Bücher hat Stefan R. mit seinen Tagebuchnotizen vollgeschrieben, er lebte geradezu in der Welt der Wort-Zeichen und Symbole.

Nirgendwo bisher hatte Stefan R. die ernsthafte Liebe gefunden. Jetzt glaubte er sie in dem Yogi Darshan Singh gefunden zu haben, indem er die Meditationstechnik des Surat-Shabd-Yogas, eine Art des Laya-Yogas erlernte. Diese bestand – wie ich gleich weiter ausführen will – in etwas Ähnlichem wie dem *Daimonion* des Sokrates, nämlich in einer Konzentration auf jenen inneren beschwörenden „Laut", jene Stimme, in die sich Sokrates vertiefen konnte wie in eine Art innerem Zwiegespräch. Dieses *Daimonion* erinnert ans Freudsche Über-Ich, das Freud ebenfalls als „innere Stimme" bezeichnete und was nichts anderes ist als ein Imperativ, als Bannsprüche, als ein rüdes Gewissen. `Daimon' ist im Griechischen ein Mittler zwischen Gott und Mensch, als dessen höchster der Eros galt, der in Platons Phaidros noch als `Heilsamer Wahnsinn' bezeichnet wurde. Lacan meint, das *Daimonion* des Sokrates sei eigentlich Alkibiades gewesen,[103] der jugendliche Star, der intellektuell fitte und körperlich wohlgeformte Liebling der Athener.

Der homoerotische gefärbte griechische Eros hatte eine körperliche und eine geistige Seite. Wie Platon im Gastmahl schreibt, wies Sokrates die körperliche zurück, obwohl Alkibiades, der als der begehrteste Jüngling galt, sie ihm aufdrängen wollte. Sokrates hielt sich also an die psychoanalytische Abstinenzregel und mach-

---

[103] Lacan, J., Le transfert, Seminaire nr. VIII, edition seuil (1991)

te eine Art von Psychoanalyse aus der Beziehung zu seinen Schülern. Sein *Daimonion* enthielt das, was beim Analytiker seine Theorie, nach der er arbeitet und seine Gegenübertragung darstellt: den Eros als Philosophie, seine Deutung. So sagte er zu Alkibiades im „Gastmahl": ‚Deine Lobrede an mich ist doch gar nicht ernst gemeint. Du willst nur, dass ich dir den Platz neben dem schönen Dichter Agathon räume . . .' Eine klassische analytische Deutung. Und eher war – wenn ich das Ganze jetzt auf die Therapie Stefan R.s beziehe – die hexenhafte Xenia das Daimonion Stefan R.s und wohl auch der Yogi Darshan Singh.

**Zweite Deutung[104]**

Mit dieser Deutung, dass es nämlich ein *Daimonion* war, eine Art von unbewusstem erotisch-aggressivem Denken, ein Lust-Fluch, ein Bann-Wunsch (ein Terminus, den ich vorerst so stehen lassen will), die ihn in seiner Beziehung zu Xenia leiteten, aber vielleicht auch zum Yoga geführt, ja vielleicht sogar in die Analyse gebracht hatten und ihn hier ausagieren ließen, konnte bei Stefan R. in der 326. Stunde wieder etwas in Bewegung gebracht werden  Denn vor allem bewies sich die Richtigkeit der Deutung wieder durch das, was am sichersten ihre Wirkung belegt, nämlich das Hervorbringen neuen wichtigen, bestätigenden Materials in den Assoziationen des Analysanden..

Denn kaum war diese Deutung ausgesprochen, berichtete Stefan R., dass ihm ein derartiges *Daimonion* ohnehin immer wieder durch den Kopf gehe, das er bei eben jenem Darshan Singh aufgenommen habe und das ihm bei der Initiation  eingeprägt wurde. Es handle sich z. B. um die Laut-Buchstabenfolge ONKAR und noch ein paar weitere, die beim Sant Mat in Indien als Teil des sogenannten Simrans (einer Art Mantra-Technik) geübt werden, indem man derartige Formulierungen beständig in einer Meditation wiederholt. Dieses ONKAR gehe ihm immer wieder, sogar auch während der Sitzungen durch den Kopf und erscheine sogar manchmal

---

[104] Selbstverständlich gab es bereits mehrere Interpretationen bisher, ich erwähne nur die wesentlichsten Deutungen.

in den Träumen, wenn er es vorher längere Zeit „geübt" habe. Üben hieße, sich darauf zu konzentrieren, was einem vor dem geistigen Auge erscheine währenddessen laufend dieses „Mantra" in Gedanken wiederholt wird.

Zudem hätte es ein Problem gegeben. Nachdem sich Stefan R. zur Initiation bei diesem Yogalehrer entschlossen hatte, bekam er nach einiger Zeit Zweifel, ob dieser ein wirklich „wahrer Meister" sei. Er schrieb ihm einen Brief. Nach ein paar Wochen erhielt er eine Antwort, er solle sich initiieren lassen, dann würde er schon sehen, dass der Meister wirklich ein solcher der höchsten Ordnung sei. Ja, wusste denn der „Meister" nicht, dass er ihn schon initiiert hatte? Stefan R. befielen erneut starke Zweifel und so ging er in die bereits erwähnte analytische Gruppentherapie, in der es dann zum eigentlichen Zusammenbruch kam. Er lernte dort die Frau kennen, mit der er später ein Kind hatte, schied jedoch aus der Therapie unter den etwas dramatischen Umständen aus, als der Analytiker als Freudentränen deutete, was jedoch auch schmerzhafte Affektinkontinenz gewesen war.

In der Folge lief er dann lange in der Stadt herum und läutete spät nachts an der Wohnungstüre des Analytikers, der nunmehr meinte, es handle sich bei Stefan R. doch um eine psychotische Reaktion und ihn mit Zwangsmaßnahmen in die Klinik einwies. Der Analytiker hätte vielleicht verständnisvoller reagieren und zuerst einmal einen Nervenarzt ambulant hinzuziehen können. So war die Vertrauensbasis zum Therapeuten schwer gestört. Eine physische Verletzung ist weit weniger schlimm als der „Liebesverrat", der durch eine derartige Zurückweisung erfolgt. Die positive Übertragung auf den Analytiker, die den Charakter einer erotisch gefärbten intensiven Beziehung hat, erlitt so eine traumatische Umkehrung.

Hatte ihn schon der Vater als Bücherwurm, als ‚G´schutierten', als Spinner abgelehnt, der Doktorvater betrogen, der Guru getäuscht, so kam es nun noch zum absoluten Vertrauensbruch. Zudem gibt es natürlich eine gewisse Klinikkarriere, die durch zu schnelle und für den Patienten zu wenig einsichtbare Einweisung entsteht. Als er das zweite Mal nach ca. einem halben Jahr erneut eingewiesen wurde, war er ebenfalls lange durch die Stadt gelaufen, hatte einige seiner Bilder irgendwo am Wegrand liegen lassen, was Passanten bemerkten und als ungewöhnlich und anormal einstuften. Als er erschöpft von seinen Wanderungen und Eskapaden in der Klinik ankam, wurde er dort mit der Feststellung (ich konnte es später selbst nachlesen), dass er mutistisch und beginnend kataton sei, sofort überwältigt und bekam eine Spritze Haloperidol.

Er hatte anfangs auf keine Frage geantwortet. Hätte die Aufnahmeärztin gesagt: „Ich sehe, Sie sind erschöpft und müde und antworten daher nicht auf meine Fragen. Wir können das noch später machen, ruhen Sie sich doch erst mal hier in dem Nebenzimmer aus, ich gebe Ihnen notfalls ein Beruhigungsmittel, und wenn es Ihnen besser geht, reden wir wieder," wäre doch einiges anders verlaufen. F. Matakas berichtet über einen Fall, bei dem die Aufnahmeärztin den Patienten nach einiger Zeit der üblichen Exploration etwas unverblümt nach seiner Ehescheidung fragte. Er antwortete darauf, dass wohl starker Strom in den Wänden sei. Anstatt sein Ausweichmanöver zu erkennen, dass diese Frage für ihn eben belastend und die er wie unter Starkstrom stehend einstufte, der selbst in den Wänden spürbar wird, und er so lieber nicht „normal" darauf antworten konnte, wertete die Ärztin dies als „psychotisch" und ließ ihn von den Pflegern festhalten und durch eine Injektion behandeln.

Sicher ist es so, dass er krank war, aber sie hätte auch sagen können: „Dieses Thema steht für Sie offensichtlich stark unter Strom, ja dann lassen wir das vorerst". Gewiss, auch ich habe lange Zeit Dienst gemacht in der Psychiatrie und weiß, wie das ist, wenn ein Patient mit Wahnvorstellungen kommt, gleichzeitig bringt die Polizei noch jemanden, der seinen Fernseher aus der Wohnung geworfen hat, und ein dritter kommt mit Freunden, weil er alkoholisch intoxikiert ist. Wem zuerst was geben und sagen? Wie allen gerecht werden? Und nicht jedem kann man ein Nebenzimmer anbieten. Ich bin überzeugt, dass man viele ‚Psychosen' psychotherapeutisch erfolgreich behandeln könnte, indem man von Anfang an überhastete Reaktionen bei diesen Patienten vermeidet, wenn man auch bei der großen Anzahl von Patienten und bei besonders komplizierten Fällen die modernen Medikamente braucht.

Doch kehren wir zurück zu Stefan R.s Meditationsversuchen. Schließlich ist die Flucht in östliche Spiritualität, d. h. in ein asiatisches *Daimonion* ein häufiges Phänomen, das in der Bhagwan-Bewegung der 70-ger Jahre einen gewissen Höhepunkt gefunden hatte, und meistens in Sektenbildungen, ‚Psychose' oder isoliertem Außenseitertum endet (und letztlich in allen Versuchen zu finden ist, die Religion, Meditation und Wissenschaft außerhalb eines wirklich analytischen Diskurses zu verbinden suchen). Ich werde auf derartige Phänomene immer wieder zurückkommen. Vorerst möchte ich Stefan R. und seinem ONKAR weiter folgen. Denn wie in den vorherigen Deutungen, deren Effekt wie gesagt durch das von Stefan R. gelieferte bestätigende Material bewiesen ist, war im ersten Moment trotzdem nicht klar, wie diese „Trancesätze" und sein Mantra ONKAR jetzt einzuordnen sind, und ob dies nicht sogar die Fortsetzung der analytischen Behandlung erheblich stören würde.

Denn wenn er wirklich das tut, was er behauptet, nämlich die Buchstabenfolge, das `Wort' ONKAR in sich zu wiederholen, dann erinnert das genau an jene „Wortmaschinen" (machines à la parolè), von denen Lacan sagt, dass sie typisch für die ‚Psychose' sind[105]. Das „Subjekt in der ‚Psychose' wird gesprochen". sagt er, es spricht nicht selbst.[106] Das Sprechen kreist in ihm wie eine Maschine. Mehr oder weniger trifft das zwar ein bisschen auf uns alle zu, dass wir von dem Bedeutungsknoten, der das Unbewusste ist,

---

[105] Lacan, J., Les psychoses, Seminaire Nr. III edition seuil (1981) S. 52. Ich gebrauche den Begriff 'Psychose' zwar immer wieder, möchte aber darauf hinweisen, dass er im Falle von Stefan R, fragwürdig und eine erfolgreiche Behandlung trotzdem möglich war.

[106] Stefan R. berichtete mir sehr viel später, nämlich als er dieses Buch las, dass er damals beim Zusammenbruch in der analytischen Gruppentherapie ständig wiederholt hätte: „Das sind nicht meine Worte, sind nicht meine . . ."

irgendwie zumindest mit-gesprochen werden. Aber eben mitgesprochen heißt, dass wir Es in unser Sprechen mitintegriert haben, und das ist etwas anderes, als nur von der Wortmaschine beherrscht zu werden.

ONKAR ständig zu wiederholen kann nur heißen, seinen unbewussten Knoten, sein KNORA, sein hypnotisierendes NARKOR (wenn diese anagrammatischen Buchstabenspiele einmal gestattet sind) oder was immer es sein mag (ONKAR hatte im Brahmanismus einmal eine wirkliche und wesentliche Bedeutung) für immer weiter zu verknoten. Eine solche Formel mag im Unbewussten etwas anregen, so wie das Zen-buddhistische KOAN, vielleicht hat es auch etwas mit dem KORAN zu tun,[107] doch kann auch das KOAN sich nur im asiatisch-buddhistischen Kulturkreis entfalten oder in der Mystik, wie Suzuki in seinem Buch „Der westliche und der östliche Weg" gezeigt hat.[108] Das KOAN lebt von seiner Paradoxie und ist nur erklärbar in der intersubjektiven Beziehung zwischen dem Meister und seinem Schüler insofern beide eingebettet sind in die buddhistische, taoistische Philosophie. So betrifft es natürlich genau das, was in der Psychoanalyse die *Übertragung* ist mit dem Unterschied, dass wir in der Psychoanalyse eine wissenschaftliche Theorie darüber haben, die veröffentlichbar, jederzeit nachvollziehbar, rekonstruierbar ist, weil das Wissen selbst im Moment der Entdeckung und Veröffentlichung nicht verschleiert bleibt sondern wirklich ver„öffen"tlicht wird.

Stefan R hatte sich auch mit anderen Entspannungs- und Meditationsmethoden beschäftigt, so z. B. mit dem ‚Katathymen Bilderleben' von Leuner oder die Schriften des Psychologen C. Albrecht, der eine Art von rationaler Mystik entwickelte. Alle diese Verfah-

---

[107] Der Sant Mat entstand in einer Zeit, als der Brahmanismus sich mit dem Islam auseinandersetzen musste. Ich erwähne dies alles jedoch hier mehr wegen des anagrammatischen Wortspiels, weil derartige semiotische Umformulierungen für die letztendliche Lösung unseres Problems eine große Rolle spielen werden.

[108] Suzuki, D., Der westliche und der östliche Weg, Ullstein(1957)

ren sind Versuche, die Mystik doch noch in die Wissenschaft hereinzuholen. Die Mystiker empfinden, erfahren ihr Wissen, sie wissen es aber nicht wirklich im Sinne einer „Wissenschaft vom Subjekt", einer modernen Wissenschaft. Sie haben Kenntnis, wie man das macht, sich versenken z. B. „Die heilige Theresa – Sie brauchen sich nur in Rom die Statue von Bernini ansehen zu gehen, um sofort zu begreifen, dass sie genießt, da gibt es keinen Zweifel. Es ist klar, dass das wesentliche Zeugnis der Mystiker, das ist justament zu sagen, dass sie es empfinden, aber dass sie davon nichts wissen."[109]

Die Mystik unterstellt genauso wie die Magie, „dass der *Signifikant* als solcher dem *Signifikanten* antwortet".[110] D. h. sie unterstellt ein letztlich erotisch-dialogisches Verhältnis als grundlegend, weil sie zwischen den zwei *Signifikanten* (Lust und Wort) schon ein gewisses als gesichert eingerichtetes Kommunikationsverhältnis annimmt. Dass die Blicke begehrte Bilder sind und umgekehrt, und dass dies nach einem Gesetz sich ordnet, das automatisch Sprache ist, als klares Kommunikationsmittel, ist ein voreiliger Schluss. Ist Sokrates hier nicht schon weiter? Er weiß nur vom Eros, und deswegen hört er auf sein *Daimonion* solange, bis er sicher sein kann, dass das Kommunikations-Verhältnis darüber hinaus gelangt ist. Doch wie er in seiner Apologie feststellt, wird er erst im Tode das letztliche Wissen, das darüber hinaus geht, haben. Bei den christlichen Mystikern ist es nicht anders. Sie glauben, dass es Liebe ist, auch wenn sie alle möglichen Qualen erleiden, doch die Liebe – denken sie – muss eines Tages antworten, und den Qualen ein Ende bereiten.

---

[109] Lacan, J., Encore, seminar XX, Quadriga (1986) S. 83
[110] Lacan, J., Schriften II, Walter (1975) S. 250

## I. 3 Psychoanalyse oder Mystik?

Stefan R. erzählte mir Weiteres über *ONKAR*. „*Man muss das erst selber erforschen,*" berichtete er. „*Man muss es lieben!* Erst die Liebe zu so einem Geheimnis öffnet das Unterbewusste*", sagte er. „Ich nenne es eine kalligraphierte Metapher, ein Wort-Nicht-Wort.*"

„Aber wenn das Geheimnis ein schreckliches ist," entgegnete ich, „was dann?"

„*Um damit umgehen zu können, bin ich ja bei Ihnen,*" fuhr er fort. „*Ich kann kein Problem dabei sehen, denn die Träume, die Visionen, die ich dabei habe, erzähle ich ja Ihnen.*"

„Lassen wir das vorerst einmal wieder so stehen," sagte ich. Es ist ganz klar, dass das Unbewusste mehr ist, als das, was Stefan R. hier erzählt. Das Unbewusste ist nicht das Unterbewusste, wie Stefan R. sagt.[111] Es ist Wechselspiel von Metapher und Metonymie, Verdichtung und Verschiebung.[112] Es „ist eine Kette von *Signifikanten*, die sich wiederholt und insistiert".[113] D. h., dass sich letztlich ein versteckter *Sinn* darin befindet, der zu entschlüsseln ist. Was aber würde es helfen, selbst und gerade wenn ich nun die Bedeutung, den Sinn von ONKAR weiß, ihn also entschlüsseln kann, diesen einfach in einer Meditation zu reverberieren? Würde man da nicht ins sinnlos Rhetorische geraten, wie bei der ständigen Wiederholung des gleichen Gebets, einer Gebetsmühlen-Formel? „Die Charakteristik des Unbewussten enthüllt sich als ein Ort wimmelnden (foisonnante) Denkens",[114] da gibt es manchmal

---

[111] Der Begriff des 'Unterbewussten', den viele Menschen mehr populärwissen-schaftlich verwenden, klingt sehr nach dem ‚Unten-Bewussten', also genau nach dem in Freud'schen Sinne Verdrängt - Sexuellen.

[112] Lacan, J., In A. Lemaire, J.,Reedition, P.Mardaga (1977) S. 15

[113] Lacan, J., Ecrits, ed. Seuil (1966) S. 799

[114] Lacan, J., Ornicar ? 28 (1984) S. 17 (Witzigerweise klingt der Name Ornicar für die Zeitschrift Lacans dem ONKAR Stefan R.s sehr ähnlich

Verwirrung von gegensätzlichen Strebungen, Gedankenfetzen, ein ziemliches Vokabel-Durcheinander, das durch den analytischen Diskurs geordnet werden kann. Vielleicht gibt uns ONKAR eine indische Ordnung, vielleicht hat es tiefere Bedeutungen im Brahmanismus. Doch was sollen wir damit hier, inmitten der westlichen Wissenschaft?

Zu diesem Zeitpunkt der Analyse berichtete Stefan R. immer wieder einmal von jenen Traum-Wachphasen, `Meditationen' mit ONKAR. Wir vereinbarten jedoch, dass er diese Übungen in der Zeit der analytischen Therapie nicht ständig durchführen sollte, weil wir sonst durcheinander kämen und wir nicht mehr wüssten, ob etwas durch die Analyse bewirkt ist oder durch seine ‚Meditation'. Wir haben dann mehrmals über Schlaf, Traum und entsprechende Zwischenzustände gesprochen. Für Freud nämlich charakterisiert sich der Schlaf-Traum initiiert von einem „Schlafwunsch" (der vielleicht wieder etwas mit dem Todestrieb zu tun hat, weil eine Regression auf Vor-Ich-Stufen erfolgt) vereinfacht so: „Mehr als verdichten, verschieben, plastisch darstellen und das Ganze dann sekundär bearbeiten kann sie [die Traumarbeit] nicht".[115] Der Schlaftraum mit seiner darin enthaltenen Regiearbeit ist also so etwas wie der Arbeitswunsch des Gehirns, des frühesten Ichs. Auf der einen Seite muss diese Ich-Gehirn-Schlaf-Einheit aus Erholungsgründen gehütet werden, auf der anderen muss das Ich durch rege geistige Aktivitäten, Bildproduktionen dieselbe Einheit zu torpedieren suchen, weil wir es sonst ganz an unser Gehirn, an unseren Schlaf, an die Umnachtung verlieren würden. Schließlich muss es ja einen Grund geben, dass wir am nächsten Tag noch wissen, wer wir sind. Doch tatsächlich befinden wir uns auf diese Weise in einem sehr fragilen Zustand.

---

und ist auch aus drei französischen Verbindungsworten aufgebaut: or, ni, car. Ich werde noch zeigen können, dass die *Formel-Worte* ebenfalls drei oder mehr Bedeutungen in sich enthalten)

[115] Freud, S., Die Traumdeutung, GW II/III, Fischer (1999)

D. Wyss meint dementsprechend, dass der „Solipsismus des Traums" beim Aufwachen „in die gegennichtende Wirklichkeit des Wachens eingebracht" wird, „die aber nicht als gegennichtend erlebt wird, sondern als Welt `nach eigenem Bild'".[116] Der Narzissmus der Traumwelt steht sozusagen gegen den der Wachwelt, und der Mensch ist dann eigentlich nur noch ein unsicheres, von einer zur anderen Seite taumelndes Wesen, das sich dann an `Bilder' klammert. Tatsächlich erging es so auch dem chinesischen Philosophen Tschuang-Tse, der träumte ein Schmetterling zu sein und aufwachend sich fragte, ob es sich nicht um einen Schmetterling handelte, der träumte ein Mensch zu sein. Lacan meint dazu: „Er hat recht, und zwar in doppelter Hinsicht, denn erstens beweist das, dass er nicht verrückt ist, er hält sich nicht für absolut mit Tschuang-Tse identisch und zweitens, weil er sich nicht bewusst ist, dass er mit seiner Aussage so genau ins Schwarze trifft. In der Tat, als er eben Schmetterling war, erfasste er sich an einer Wurzel seiner Identität, war und ist er in seinem Wesen dieser Schmetterling, der sich in seinen eigenen Farben malt . . . das heißt aber nicht, dass er vom Schmetterling gefangen ist, er ist erbeuteter Schmetterling, aber Beute von nichts, denn im Traum ist er niemandes Schmetterling. Aufgewacht ist er Tschuang-Tse für die anderen und ist in deren Schmetterlingsnetz gefangen".[117]

Tschuang-Tse träumte das reinste, farbigste *Strahlt*, das man sich vorstellen kann. Denn könnte es ein besseres Bild geben als die hin und her tanzenden Farben, als das Licht-, Gaukelspiel eines Schmetterlings, um das, was ich das *Strahlt* nenne, zu illustrieren? Doch schon meldet sich im Traum bereits jene andere Seite des Ganzen, jenes *Spricht*, das ihm andauernd ins Ohr flüstert: „Bist du denn nicht Tschuang Tse!? Wer bist du eigentlich?! B- Ist Du´s?!" Tanz, Farbe und Nichts, und doch, irgendwo bin ich noch ICH, aber wer ICH – und in diesem Moment wacht er auf, weiß er

---

[116] Wyss, D., Traumbewusstsein, Vandenhoeck und Ruprecht (1988) S. 165 und 179
[117] Lacan, J. Die vier Grundbegriffe der Psychoanalyse, Seminar XI, Walter, (1980) S. 82

plötzlich, dass man ihn Tschuang-Tse nennt. Er sagt nicht: ach endlich bin ich wieder Ich, das Tschuang-Tse-Ich, ich bin ICH (großgeschrieben). Er ist zwar im Schmetterlingsnetz der anderen gefangen, die ihn mit diesem wenig sinnreichen Namen rufen. Und so ist er in diesem weiteren Moment im Netz des allgemeinen *Strahlt / Spricht* eingewickelt, dessen Schrägstrich ihn schwanken lässt, irritiert sein lässt. Aber er belässt es nicht dabei: Wie Sokrates fängt er an zu philosophieren und damit aus dem simplen Ich-bin-Ich, aus seinem reinen Hülsen-Namen herauszutreten. Er frägt sich: Ja, was heißt denn dies alles, handelt es sich vielleicht sogar nur um einen Schmetterling, der träumt ein Mensch zu sein? Denn ich fühle mich doch so wohl in diesem farbigen Tanz-*Strahlt*, und warum sollten dieses nicht so leuchten, dass sie das Bild eines Menschen erzeugen, das sich dem Schmetterling vorgaukelt? Denn von dem Moment an, wo alle mir ins Ohr schreien: Tschuang Tse, Tschuang Tse! bin ich wieder nur jene Chiffre, die sich alle Menschen mit- und gegeneinander machen. Ich muss eine Philosophie oder Psychoanalyse schaffen, die darüber hinausgeht, aber mir meinen Schmetterling erhält! Genau das muss auch Stefan R. tun, dachte ich mir.

Zwischen Schlaf und Wirklichkeit gibt es also keine klar abgrenzbare Zwischenstufe, auf der man sich sozusagen wie auf einer dritten sicheren Plattform bewegen könnte. Der Einfachheit halber könnten wir die Freudschen Begriffe `Verdichtung und plastische Darstellung´ zu einem Bildeprozeß zusammenfassen, wie er in der Malerei zu sehen ist, `die Verschiebung und die sekundäre Bearbeitung´ dagegen mehr zu einem Vorgang, wie er beim Schreiben und Sprechen vorliegt. Wie macht der Traum das, dass er malt und schreibt, der Traum, von dem Freud sagt, dass er gar nicht schöpferisch ist?[118] „Der Traum ist ein *Signifikant* in Freiheit, er weiß absolut nicht, was er will".[119] Er ist ein Rebus, sagte Freud, ein Bilderrätsel (Malerei mit Schriftzeichen darin) und genau das ist

---

[118] Laplanche, J.,Pontalis, J.,Vokabular der PA, stw (1998) S.519

[119] Lacan, J., L`envers de la psychoanalyse, Seminaire Nr. XVII, edition seuil (1991) S.149

eigentlich auch ONKAR, ein Bild-Wort, das ich ja bereits weiter oben in seine anagrammatischen Bilder zerlegt habe. Denn es ist ja kein normales Wort, höchstens das Wort einer anderen Sprache, Sanskrit z. B. Aber wenn man diese Sprache nicht kennt, dann offenbart sich umso mehr der bildhafte Charakter der Buchstaben, sein Klangbild, seine Lautschrift. Doch was ist dann sein Wort-Sinn?

Ich erklärte Stefan R., dass er sich mit seinen indischen Mantras nur dann stabilisieren könnte, wenn er sich mit dem indologischen Hintergrund ausführlich beschäftigen würde. Kurz: wenn er in Indien leben und geistig arbeiten würde. Dann könnte es sein, dass er damit auch therapeutisch tätig sein kann, wobei er eben den konservativen und rein mythischen Hintergrund von „Sant Mat", seiner Sekte, mit einbringen müsste. Er würde dann die Triebe (Partialtriebe) und deren diesbezügliche Abwehren verdrängen und umwandeln müssen, so dass sie in das indische Leben mit hineinpassen.

*„Umwandeln ja,"* meinte Stefan R., *„das ist das richtige Wort. Sowohl die Wirklichkeit muss umgewandelt werden, wie auch der Traum. Der Signifikant, von dem Sie manchmal reden, ist doch nichts Unwirkliches, obwohl er sprachlich ist. Da gibt es doch in einem Buch Freuds diesen Traum von dem Vater, dessen Sohn gestorben ist und das Bett fängt an zu brennen, und der Vater träumt genau das. Wo ist Traum, wo ist Wirklichkeit?"*

In dem berühmten Traum eines Vaters, der sich im Nebenzimmer seines verstorbenen Kindes befindet und dabei eingeschlafen ist (am Bett selbst sitzt ein Wächter, der ebenfalls eingenickt ist), zeigt Freud eine eigenartige Überschneidung von Traum und Wirklichkeit, die an einen `meditativen Zustand', einen derartigen Zwischenzustand, einen halbwachen psychischen Ausnahmezustand, erinnern könnte. In dem Moment nämlich, als eine Kerze auf das Totenbett des Kindes gefallen ist und das Bett zu brennen beginnt, wacht der Vater im Nebenzimmer mit der Traumszene auf, in der sein Kind wie noch lebend zu ihm sagt: `Vater, siehst

du denn nicht, dass ich verbrenne?' In dieser Frage klingt nicht nur
der Weckreiz des wirklichen Flammenscheins der Bettdecke auf,
sondern auch die Flamme der Schuldvorwürfe, die sich ein Vater
macht, dessen Kind so früh gestorben ist, egal aus welchen Gründen. Und der zudem nicht richtig und selbst am Bett des Kindes
wacht, so wie er über das Leben des Kindes nicht genug gewacht
hat.

Es ist ein flammender Schrei aus der Not einer tödlichen Verstrickung, der sich mit der wirklichen Flamme deckt, die der Vater
dann gerade noch löschen kann, nachdem er aufgeschreckt ist. Ja,
vielleicht kann man verkürzt sagen, dass es die FLAMME selbst
ist, der Flammen-*Signifikant*, die Flamme als „symbolische Wirklichkeit“, die den Vater mit diesen Kindesworten geweckt hat?
Eben weil die reale Flamme sich mit der grausamster Schuldkom-
plexe trifft, *flammt* sie im Hirn des Vaters doppelt auf: als – wie
Stefan R. sagen würde *Flammen-Flamme, Flammenfeuerflamme*.
So kann auch ein Wort, das durch ständiges Wiederholen in uns
eingedrungen ist, unseren Traum verändern, indem es sich in ihn
`tödlich' verstrickt (das ist ja das, wovon der Traum sowieso lebt,
von seinem Bezug zum Todestrieb). In Richtung auf eine Transpa-
renz, auf einen progressiven, positiven „meditativen“ Zustand
kann man das aber nur dann sehen, wenn es etwas von der Flamme der Wirklichkeit an sich hat. Doch wie sollte ONKAR oder irgendeine andere willkürliche Buchstabenkombination dazu kommen die lingua franca der Meditation oder irgendeiner mythischen
Psychologie zu sein?

„Der Traum gleicht sehr einer Lektüre im Spiegel“, und es könnte
sein, dass gerade ein unsinniges Wort, ein Spiegelwort im Traum
eine Bearbeitungsform fördert, wie sie auch in der Realität zu finden ist? [120] Sowie beispielsweise im dem Fall von NEBEL zu
LEBEN, wo es also um etwas geht, das den Palindromen ganz

---

[120] Lacan, J., Das Ich in der Theorie Freuds, Seminar II, Walter (1980) S.
77

ähnlich ist?[121] Auch in der Dichtung, speziell der Lyrik, der Versdichtung finden sich solche Beispiele. Unser Beispiel mit den Spiegelwörtern Nebel und Leben ist ja eine ganz witzige Allegorie, denn es kann gut den sarkastischen Sinn verkraften, der in ihm steckt (Das Leben als Nebel und umgekehrt). Könnten wir im Schlaftraum aus dem Gedächtnis verdrängte Inhalte durch derartige Spiegelworte wecken und in eine Art von Versform bringen, die wir beim Aufwachen dann sofort deuten könnten? Könnten wir durch einen Palindrom Mechanismus sozusagen Kurzreime, Allegorien im Unbewussten fördern? Ich frage dies alles, um Stefan R.s Geschichte besser zu verstehen.

Auch der Neurologe A. Jacobs spricht bezüglich dieses unbewussten wie angeboren erscheinenden Gedächtnis-Vorgangs in einer neueren Veröffentlichung von „prototypischen Konzepten" oder Strukturschemata, die neuropsychologisch vorgegeben erscheinen und ein tiefes unbewusstes Gedächtnis erster Prägungen enthalten.[122]

Es geht also um das Gleiche, nämlich das relativ bewusste Gedächtnis und Erinnern einerseits (das mehr explizit als implizit ist) und das unbewusste, kaum erinnerbare Gedächtnis andererseits (das mehr implizit als explizit ist), und das die Dinge eben in einer Art Versform gespeichert hat. Diesen Sachverhalt bestätigt auch die Untersuchung von Ermann über sogenannte „niederstrukturierte Träume".[123] Es handelt sich um Träume, die – wie der Autor schreibt – als Form „digitale Zeichen für Ich-Zustände" annehmen können. Die also als Kürzel, Kurzreime, Bilder, die sofort ihre Bedeutung enthüllen, geträumt werden. Der Autor erwähnt z. B. den Traum einer Frau, die ihr eigenes Herz in der Hand hält und es

[121] Echte Palindrome haben auch rückwärts gelesen den gleichen Sinn, aber die palindromatische Struktur ist auf jeden Fall mathematisch, informatisch, kristallographisch etc. interessant. Siehe K. G. Kröger, Mathematik der Palindrome, Rowohlt (2003)
[122] Jacobs, A., Schrott, R., Gehirn und Gedicht, Hanser (2011
[123] Ermann, M., Träume und Träumen, Kohlhammer (2005) S. 72 - 85

nicht mehr in den Brustkorb hineinbekommt. Er deutet dies als Gefühlsüberflutung und als „implizite Übertragung. D. h., die Gefühle für den Therapeuten sind zu stark, zu erotisch, überbordend.

Der Ich-Zustand dieser Frau wird durch das Herz zwischen Hand und Brustkorb wie von einem surrealistischen Künstler dargestellt und könnte so auch digitalisiert abgebildet werden.

Wenn der Traum also eine derartige kompakte Lektüre im Spiegel ist – wie Lacan dieses Phänomen wegen seiner digitalen Direktheit auch nennt, dann nutzt Lacan nicht nur in seiner Traumdeutung, sondern auch generell für seine Psychoanalyse den Spiegel der Linguistik. Für ihn war das Unbewusste ein „linguistischer Kristall", was genau mit meinem *Spricht / Strahlt* korreliert und was auch für die Arbeit mit Stefan R. das geeignetste Konzept ist. Trotzdem konnte ich mit Stefan R.s Beharren auf dem Wesen seines Spiegelwortes, seines Buchstabenkristalls, nichts anfangen. Er insistierte jedoch darauf, dass dies ein Schlüssel zum Unbewussten sei. Doch ich hielt ihm entgegen, dass z. B. M. Krüll, bekannt geworden durch ihre Studie über Freuds Vater, bemerkt, dass „sobald wir einmal die Sprache erworben haben, wir nicht mehr in die vorsprachliche Erfahrungswelt zurückkehren können", andererseits aber Sprache die einzige Möglichkeit ist, uns da wieder herauszusprechen.[124] Wir brauchen also tatsächlich Formulierungen an der Grenze der Sprachlichkeit, Sprechbarkeit, aber ein Sanskrit-Wort allein kann hier nicht helfen.

Allerdings kann man sich fragen, warum Krüll dann genau so wie Stefan R. als weitere Argumente Biofeedback, Fantasie-Reisen, Meditation und Trance einsetzt und von einer „Tiefenkommunikation" durch „Schwingungen" spricht? Warum genügen nicht treffende psychoanalytische Deutungen? Spiegeldeutungen? Spiegelworte, Bild-Worte als Deutungs-Worte der Traum-Bilder? Ich will hier eine wissenschaftliche Arbeit vorlegen und will mich daher von all den fraglichen Methoden abgren-

---

[124] Krüll, M., Die Geburt ist nicht der Anfang, Klett-Cotta (1989) S. 265-271

zen, die selbst im psychoanalytischen Bereich zirkulieren. Stefan R. plötzlich zur Körpertherapie, zu Bioenergetik oder zur Tiefen-kommunikation durch einen OM-Laut oder etwas Ähnliches auf-zurufen wäre abenteuerlich. Der Intellekt mag hinderlich sein, aber bei Stefan R. wäre es sicher auch falsch, auf ihn zu verzich-ten. Denn er benutzt den Intellekt in seinen Argumentationen. Andererseits muss man sich fragen, was die Repetition von ON-KAR nun wirklich präzise bedeutet und ob es also richtig war, es ihm nahezulegen, damit nicht zu arbeiten. Muss man ihn nicht vor die Alternative stellen: Psychoanalyse oder Yoga! Solange er in die Analyse geht, kann er die Meditation nicht ausüben.

Andererseits will ich das Phänomen klären, um das es hier geht. Schließlich ist hier (in diesen Meditationssätzen, die ich gerade auch Bild-Worte genannt habe) genau jenes Wiederholungsele-ment vorhanden, das schon Freud auf der einen Seite ans „Lustprinzip", auf der anderen an den Todestrieb koppelt,[125] also das, „was als „Dämonisches" zu jedem Trieb gehört, „die Ten-denz zur absoluten Abfuhr".[126] Diese Tendenz ist gleichzusetzen mit jenem Vorgang, den Freud später zur Erklärung der ‚Psycho-se' und dem ihr typischen Realitätsverlust, der Grundverleugnung, heranzog, was Lacan dann auch die „Verwerfung" nannte. Lacan spricht hier von der „Verwerfung des Vater-Signifikanten", also davon, dass in der ‚Psychose' der Vater als solcher, als Wortgeber, der eigentliche Eigenname, eigentliche ‚Symbolisierer', der Vater als Grundmetapher, verleugnet und verworfen wird. Nur, was heißt das ganz genau? Ist es nicht eben gerade ein *Name*, der kei-ner mehr ist, der aber doch noch „omen-nomen" ist? Digitale Zei-chen für einen wichtigen Zustand des Subjekts?

Die Psychoanalytiker Laplanche und Pontalis fragen sich zurecht, ob eine derartige Grundverleugnung nicht überhaupt zur mensch-lichen Realität gehört, was dann alle Gegensätze der wissenschaft-

---

[125] Freud, S., Gesamm. Werke XII (1920) S. 69
[126] Laplanche, J. B., Pontalis, J., Vokabular der Psychoanalyse, Suhrkamp STW (1989) S. 630

lichen Diskussion wieder aufhebt.[127] Denn das ist es ja, was man im Leben dauernd spürt, dass der Normale genauso genormt, d. h. in eine so starre Form gebracht ist, wie der ‚Psychotiker' psychisch starr und rigoros ist, sie also irgendwo beide eine sehr ähnliche Struktur der Verleugnung haben.[128] Dass also Stefan R. sich in eine Analyse begibt, wo man mit seinen spontansten Assoziationen nichts anfangen kann, muss nicht unbedingt an seiner psychotischen Struktur liegen. Es kann auch – wie schon diskutiert – an dem Mangel einer analytischen Konzeption der ‚Psychose' liegen. Wenn das Sprechen des Subjekts für uns in der Analyse *signifikant* ist, könnte dann nicht so etwas wie ONKAR zumindest von seiner Struktur her, also rein formal strukturell, rein ‚zeichendigital' des Rätsels Lösung wenigstens wiederspiegeln? Was bedeutet Lacans *Vatername*, also die Tatsache, dass die Dinge in nomine patris, in Form der Vatermetapher, zu verstehen sind? Warum sind sie schon in nomine patris da, wo doch der Vater erst Vater heißt, seit die Sprache da ist? Ist der Vater die Sprache? In seinem berühmten Seminar „Les noms du pere" (die Namen des Vaters) demonstriert Lacan den *Vaternamen* gerade in seiner Mehrdeutigkeit, der durch die Homophonie von „Les non du pere" (die Nein des Vaters) und „Les non dupes errent" (die Nicht-Blöden irren) zustande kommt.

Ganz egal wie man es schreibt, ein Franzose kann von der gleichklingenden Aussprache her nicht unterscheiden, was gemeint ist. Lacan hat dieses Beispiel dazu verwendet, den psycho-analytischen Grundkomplex noch dichter, kognitionswissenschaft-licher, „linguisterischer" darzustellen. Die Nein des Vaters symbolisieren das ödipale Nein gegenüber dem Sohn:

---

[127] Laplanche, J. B., Pontalis, J., Vokabular der Psychoanalyse, Suhrkamp STW (1989) S. 598

[128] Man muss hier dazufügen, dass schon seit langem auch der Begriff der „Spaltung" gebraucht wird, also eine grundlegende conditio humana, indem der Mensch durch seine Sprach- und Symbolausübung von seinem natürlichen Ursprung her abgespalten ist und diese Spaltung in rein psychische oder auch psychosomatische Bereiche mit hinein trägt.

fass die Mutter nicht an! Die Nicht-Blöden, die Weltklugen aber irren. Das Wesen der Analyse liegt in der Erfassung dieser Dreier-Formel. So eine Formulierung könnte auch im Traum erklingen, der uns damit seine Überdeterminierung zeigt, nämlich dass in einem Traumsymbol noch reichlich andere Symbole mit hineingepackt sind, dass der Traum also die Arbeit der Verdichtung und Verschiebung geleistet hat.

Auch Freud selbst ging eigentlich generell so vor. Er begann nicht mit einem schon fertigen Begriffsapparat, sondern mit dem, was er überall, in Biologie, Geschichte, Literatur etc. vorfand und vor allem mit dem, was z. B. eine seiner Patientinnen assoziierte: nämlich das Wort KANAL. Dies war das einzige Wort, das einer Patientin von einem Traum einfiel, den sie geträumt hatte, und wozu der betreffenden Patientin dann noch der Spruch einfiel: Vom Erhabenen zum Lächerlichen ist nur ein Schritt (franz.= pas), der KANAL von Calais (franz.= pas de Calais). Doch der pas war ein faux-pas, weil die Dame, die ihn sich leistete in der besagten Assoziation bei Freud damit meinte, Freuds Methode der Analyse sei eigentlich lächerlich und gar nichts Erhabenes. Denn warum erzählt sie ihm sonst diese Geschichte? Nur aus dem Wort KANAL, konnte Freud diese Deutung ziehen. Je kürzer ein Traum oder eine Assoziation ist, desto bedeutender ist sie auch, weil desto mehr darum herum verdrängt wird. Nur mit dem Wort KANAL verriet die Dame, dass sie Freud eigentlich für eine KANAiLle hielt, wie sie es vielleicht bei ihren Eltern erlebt hatte, was man ihr selbst nachsagte oder sie über das Verhältnis von Frankreich zu England verinnerlicht hatte und was sie auf Freud übertrug. KANAL leuchtet auf wie eine Schicksalsrune, wie ein Mantra, ein Bild-*Formel-Wort*, in dem sich die unbewussten Assoziationen verdichten. Eine *Signifikanten*-Kombination in seiner Ur-Form.

Wie wir später sehen werden, ist dieser bild-worthafte Charakter, diese klang-sprachliche Struktur sehr nützlich, weil sie `schlagartig' klar macht, wie sehr durch Assoziationen unsere Bildverklammerung herauskommt. Natürlich kann man das Problem auch etymologisch angehen. ON-KAR, das Wort ON hat sicher auch etwas mit unserem UR zu tun, im Altisländischen OR, auch verwandt mit unserem AUS, indisch UD. Und KAR ist Klage, Laut, auch Schale. Om-laut, Ur-klage, eine Anrufung. Ein Gott könnte so gerufen werden, ein Ur-gefäß, das sich ausschütten soll. Aber ist es nicht gerade dadurch, dass es sich letztlich in all diese Formen nicht hineinbringen lässt, weil es scheinbar nichts anderes bedeutet als sich selbst, ein Ur-phonem, Beginn unserer Sprache? Beginn der Analyse? Denn unsere Sprache beruht doch auf einem doppeltem Phänomen, d. h. dass sie 1. zurückführbar ist auf „letzte differentielle Elemente", nämlich Phoneme,[129] und 2. auf das System einer geschlossenen Ordnung, in der diese Phoneme untereinander keinerlei Priorität genießen und doch Sinn hervorbringen. Unsere Sprache ist nichts anderes als so etwas wie ON-KAR, nur dass uns ONKAR erst mal nichts sagt. Das heißt aber nicht, dass es nicht spricht, dass sich nicht etwas in ihm mitteilt. Etwas, das mit der gleichen Abstinenz wie ein Analytiker spricht, weil es zwar irgendeinen Sinn, aber keinen präjudizierten Sinn hat. Was das heißt lässt sich gut an dem ablesen, was Lacan in seinem XIII. Seminar sagte.

Er zitierte dort nämlich das berühmte Beispiel der Linguisten für einen zwar grammatikalisch richtigen aber vom Inhalt her unsinnigen Satz: „Colorless green ideas sleep furiously". Doch zu Recht bemerkt Lacan, was auch viele Laien sagen, dass dieser Satz sofort Zusammenhänge wachruft, die keineswegs sinnlos sind. Gerade in der heutigen Zeit, wo „grüne Ideen" en vogue sind, ist es überhaupt kein Problem mehr, darin eine zugespitzte politische Aussage zu hören. Die „grünen Ideen" sind demnach zwar „farblos" (im übertragenen Sinne), aber sie „schlafen fürchterlich", d. h. zugedeckt unter der Oberfläche schlafend gären sie ganz entsetzlich. Lacan erklärt demnach, dass jeder grammatikalisch richtige Satz auch einen Sinn wachruft. Die Sprache ist uns so immanent, dass die Grammatik genügt. Und was für die Grammatik gilt, gilt natürlich auch für die Phonetik, Phonematik, Phonologie, indem

---

[129] Lacan, J., Schriften II, Walter (1980) S. 26

ONKAR vom pragmatischen Sprechakt her kein Problem darstellt. Es hat Silben und ist ein Wort.[130]

Lassen wir Stefan R. daher weiter sprechen, von seiner Kindheit, seinen Lyrismen: *,,Gespalten sein im ersten Gestammel schon, in den ersten Silben von Mann und Frau. Das Sächliche aber, das Kind, das Ding, das Gras, ist nichts. Erst wenn es zum Halm wird, zur Grasblüte, hinaufrichtend, frühlingsgrün, getändelt, geschaukelt, als Schilfgras, obeliskene Rispe, Spelze, in den Himmel gezirpt, - da wurde es langsam wirklich, die Wort-Sache selbst: G r a s h a l m ! Schützender Helm, Alm, Büschel aus Gräser-Gras. Aus dem Nichts entsteht die Wirklichkeit, erst durch ein Sachsagen werden die Dicht-sachen, alles dicht beieinander, wie kleines Getier den Stengel entlangkriechen und mit jeder Berührung ihrer Insektenfüße das Gras zum Erklingen bringen, Lautmalen, wie Gräser aus Glas, Glasharfen, Glas-Gras, klirrendes Wintergras, Eis-Halm, . . . Das Unterschwellige, Unter-schwelende, das Fühl- und Frühlingsgrüne, Spelze, gezirpt – haben wir nie mitgekriegt."*

Selbstverständlich hat Stefan R. in den Sitzungen bei mir kaum je in dieser Weise zu mir gesprochen. An der Tagesordnung waren vielmehr Gespräche über Probleme mit Behörden, kurzfristigen Beziehungen zu anderen Frauen und zum Alltag. Manchmal lief Stefan R. kurze Strecken und abends im Fast-Dunklen nackt durch die Stadt, um sich einen Kick zu holen. Oder er hatte Probleme mit den Nachbarn, was zu weiteren Wohnungswechseln führte.

---

[130] Freilich könnte man ein solches auch erfinden oder durch einen Zufallsgenerator herstellen lassen. Man könnte z. B. auch BRIMNES sagen oder PLANGRO oder sonst etwas. Freud würde mich dann allerdings diese Worte zerlegen lassen, um herauszufinden, aus welchem versteckten Sinn sie assoziiert worden sind, denn sie sind nicht zufällig so. Da es sich aber bei ONKAR um ein festes Sanskritwort handelt, kann ich es nicht für die Analyse von Stefan R. verwenden. Aber rein formal, rein strukturell, von seinem „prototypischen Konzept" her, kann es von Wert sein, nachdem es zudem noch etwas ist, mit dem Stefan R. – als für ihn wesentlich – hantiert.

Schließlich gab man ihm eine Rente, so dass zumindest die Konflikte mit dem Arbeits- und Sozialamt bewältigt waren. Andererseits nahm er für drei Jahre seinen Sohn zu sich, da dessen Mutter, zu der Stefan R. immer wieder Kontakt hielt, in ihrem Beruf überfordert war. Diese Zeit, in der der Sohn bereits über 16 Jahre alt war, verlief relativ gut. Stefan R. kochte Essen, kümmerte sich um die Wäsche, beide schrien sich manchmal an, aber insgesamt überstanden beide diese Phase nicht schlecht. Immer wieder musste Stefan R. damals für ein paar Wochen noch Tabletten einnehmen. Aber wenn er auch meist nicht z u  m i r so gesprochen hat wie gerade eben aus seinem Tagebuch zitiert, so sprach er doch  v o n  s i c h in genau dieser Art. Er brachte mir Bilder mit und kommentierte sie in exakt dieser Form.

Freud hat ja die „freie Assoziation" erfunden, die eben so etwas hervorbringen konnte wie das Wort KANAL, oder den Versprecher „famillionär".[131] Aus einem derartigen Versprecher wie der Formulierung „famillionär" kann man einen Großteil der Psychologie der sich so versprechenden Personen ziehen. Die äußere Realität ist nur ein Schein, sie spricht nicht wirklich von sich. Die freien Einfälle des Patienten nähern sich somit dem Ganzen eben oft besser an als die rationalen Gedanken. Das Problem liegt darin, dass es in der klassischen Psychoanalyse eine Grenze sowohl für die „freie Assoziation" gibt wie auch für Versprecher oder andere in der Psychoanalyse benutzte Fehlleistungen. Und es könnte ja sein, dass uns gerade hier die Meditation und Malereien von Stefan R. interessante Hinweise geben. Natürlich wird dies nicht der letzte Clou meines Buches sein. In der Zusammenarbeit mit Stefan R. war schließlich eine bildhafte und auch verbale Form zu finden (Kapitel II. und IV.), die wissenschaftlich exakt ist, weil sie sich

---

[131] Heinrich Heine erzählte einmal die Geschichte eines Mannes, der mit seiner Bekanntschaft des reichen Baron Rothschilds prahlen wollte. Er wollte sagen, dass er mit ihm wie „familiär" verbunden sei, sagte aber' „ich bin mit ihm so „famillionär". Die Wahrheit, dass es doch die Millionen sind, die ihn faszinierten, rutschte so aus dem Unbewussten heraus.

an die Mathematik anlehnt und doch voll künstlerischer Freiheit erscheint.

## Das Fremde, der/das Andere

„..... *muss ich immer alles hören, all den Lärm, all das ewig gleiche Gerede dieser Alltagsmenschen, all die Ratschläge, die zurecht so heißen. Tag für Tag die ewig gleichen Floskeln gesellschaftlicher „Unterhaltung" anhören, und die Fratzen sehen zu müssen, wenn sie dich „anlächeln"! Entsetzlich. Ein Danke klingt wie Schranke, ein Freundliche Grüße wie säuselnde Füße, gut wie Blut und sacht wie Nacht. Die Gleichgültigkeit, die mordlüsterne Nihilität, Nullung, Nichtung, Zerfetzung,-setzung, -stäubung, Stirbe. Die Totstirbe. Die Aaasung. Aaaaaas."*

In Dritte-Welt-Ländern findet man auf der einen Seite jene emotionale Oberflächlichkeit, von der manche sagen, es sei Fatalismus (was nur zur Hälfte stimmt), zugleich auch die Art von Kindlichkeit, wie sie in indischen Filmen zum Ausdruck kommt: dem Bösen sieht man seine Verderbtheit schon an der Visage an, während der Gute ein kitschiger jugendlicher Schönlingsheld ist. Andererseits aber zeigt sich gerade bei den einfachsten Menschen so oft jenes echte, sanfte und aus tiefster Tiefe kommende Dritte-Welt-Lächeln, dieses wortlose Du-zu-Du, das eine Übereinkunft gegenseitiger Freude, ja einfach einer universalen Gegenseitigkeit ausdrückt. Es handelt sich um ein Lächeln, das aus allen libidinösen Quellen des Körpers zusammenströmt, fast ohne selbst libidinös zu sein, indem es sich auf den Lippen ausbreitet, klanglos, klaglos, im Vorübergehen: Ich bin wie Du, auf der niedrigsten Stufe von etwas sehr, sehr Hohem, dem Höchsten.

Denn diese niedrige Stufe von etwas Höchstem nannte Freud das Lustprinzip. Mit der Lust hat es fast nichts zu tun, sondern vielmehr mit Ausgleich, Gleichmut, Homöostase: mit der Erotik des unendlichen spekulären Raumes. Die Seele, das Psychische, das Unbewusste, haben beim Menschen eine nie dagewesene Höhe erreicht, aber nichts ist unangenehmer, als wenn diese Höhe zu stark, zu spannungsgeladen, zu lustvoll (oder unlustvoll) ist, weil voll von Spiegelbildern, von Träumen und von dem Überich-Befehl eines „Genieße", genieße um jeden Preis! Dazu passt auch, was man bei Stefan R.s Guru Spiritualität nennt. Denn darunter ist oft nur eine orthodoxe, nur operationalisierende, religiöse Verfasstheit zu nennen, aber auch etwas, das eine „ozeanische" Tiefe im Gefühlsleben zu erreichen vermag, eine Beseeltheit, der Freud zu recht große Skepsis entgegenbrachte. Aber er verleugnete sie auch, wie viele Autoren bemerkt haben.[132] Und so glaube ich sagen zu können, dass Stefan R. hier zu leicht Opfer geworden ist, Opfer einer depressiven Leichtgläubigkeit, einer Mutterfixierung, eines primären Dilemmas seiner Sant-Mat-Meditation.

Bei der Dritten-Welt-Farbigkeit, bei seiner häufigen Präödipalität, liegen nämlich die Schwerpunkte nicht so sehr auf den zonalen Trieben und Randzonenobjekte, von denen Freud gesprochen hat, sondern mehr auf jenen, die mit ihrem Objekt direkt ursächlich verbunden sind: So der *Schautrieb,* die Schaulust mit dem Blick und der *Sprechtrieb*, die Invokationslust mit der Stimme. Freud ist davon ausgegangen, dass der „psychische Apparat" zwar durch eine halluzinatorische Besetzung (Wunscherfüllung) in Gang kommt, also z-B. durch einen äußerst engen Zusammenhang von Schautrieb und Blick. Auch wird von Freud im Begriff des Über-Ichs der gleiche enge Zusammenhang konzipiert, indem er von der „inneren Stimme" der Über-Ichs spricht. Doch führt Freud diese Konzeption nicht umfassend aus. Er behauptet zwar ein dem Lustprinzip gegenüberstehendes Realitätsprinzip, demzufolge das Subjekt lernen muss, seine Blicke der äußeren Realität anzupassen, und wenn man dem die „innere Stimme" des Über-Ichs als etwas hinzugesellt, das uns für immer der sprachlichen Ordnung verpflichtet, sind wir bei der Grundstruktur der heutigen menschlichen Seele angelangt. Gegen eine solche wehrt sich Stefan R. erst einmal ohne Erfolg.

Während der Psychoanalytiker nur in seiner *Übertragung*sstruktur im Patienten wieder auftaucht (er „erscheint" damit nicht wirklich

---

[132] Grunberger, B., Narziss und Anubis, Bd. 2, Verl. Int. PA (1988) S, 75

und auch nicht „astral",[133] sondern ist nur präsent als ein *Signifikant in Bewegung,* ein Katalysator für Bedeutungen, ein „sprechender Niemand" etc.), erreicht der Yogaübende in Indien hier eine vorgezogene, antizipierte Einsheit, indem die Stern-Zeichnungs-Form des Lehrers oder Gottes nun auch zu „sprechen" beginnt. Ich setze „sprechen" in Anführungszeichen, denn ganz vertieft in die Stern-Zeichnungs-Form – so wie man sich in die Sterne eines phantastischen Nachthimmels über der Wüste vertiefen kann – fängt diese Form an sich zu artikulieren, jedoch freilich nur in der Weise, in der wir ihr als Lehrer, Guru, Gott einen Kausal-Zusammenhang unterstellen! Denn diese Einsheit ist auch nur eine von ganz primär-primitivem Subjekt / *Anderem*, es handelt sich nicht um ein absolut fertiges von sich aus sich ausdrückendes Kausales. Man ist deswegen noch nicht psychoanalysiert.

Zuerst haben die Menschen gesprochen, und sie haben nicht in Zahlen, sondern in *Signifikanten* gezählt. Eben dies bedeutet „*Signifikant* in Bewegung". Das Lächeln des Inders ist ein *Strahlt*, das auch *Spricht*, auch wenn dies nur eine sehr rudimentäre Form dieses Grund-Diskurses darstellt. Denn zweifellos knüpft es an das Lächeln zwischen Kind und Mutter an, das ein erstes und tiefstes Befriedigungserlebnis hervorruft. „Im Säugen, Umarmen und Anschauen des Kindes empfängt u n d befriedigt die Mutter [und auch das Kind] zugleich das ursprünglichste aller Begehren".[134] Es liegt eine Ursprünglichkeit in diesem Lächeln, eine Universalität, Echtheit und Ganzheit, aber sie ist nicht für alle Lebenslagen geeignet. Es stellt jedoch eine Basis her, ein „a" + „A" hin zu einem „a" / „A", dem *Strahlt / Spricht*, und von dem bin ich ausgegangen und zu dem hat Stefan R. letztendlich hingefunden. Denn es ist ein – zumindest beginnender – Diskurs ohne Worte.[135]

---

[133] Der Begriff „astral" stammt aus Yoga und Mystik und meint eine Übertragungsebene in Form von Visionen.

[134] Lacan, J., Schriften III, Walter (1980) S. 51

[135] Lacan, J., Seminaire Nr. XVI, „Die Essenz der psychoanalytischen Theorie ist ein Diskurs ohne Worte, „a" sind für ihn die Objekte des Begehrens, „A" ist Symbol des *Anderen.*

*Ich will kein Mitleid und schon gar nicht Hilfe.* Dem sie helfen, *machen sie zum Dünkelhaber, zum Krüppelgeher, zum Lebend-scheiner oder zum endlosen Kindbleiber, zum Klein- zum Krab-beltober.* Und Mitleid haben die Mitleut, die vielen, die miteinan-der Leute sind zum Leid derer, die wenige Ohnleut sind, mit Leid aber ohne Leute. Ich will mir selbst helfen, ich weine jede dritte Nacht . . . .*"[136]*

An Hand des Bildes „Las Meninas" von Velasques zeigte Lacan, dass der Maler damals sein Bild „im leeren Auge des Königs er-stellen" musste, denn der Blick des Königs war damals der wich-tigste im ganzen Land. Was der König sah, war quasi Gesetz. Zwar haben damals wie heute die Menschen die wirkliche König-lichkeit (Größe, Fähigkeit) des Königs in Frage gestellt, aber sei-nem Blick musste man standhalten. Das heißt nicht, dass der Ma-ler nicht die künstlerische Freiheit genießen konnte, zu malen was er selbst sah und fühlte. Aber er musste den „Lichtpunkt", den *Strahlt* – Punkt in das Auge des Königs verlegen. Er musste nicht – oder nicht nur – das malen, was der König wollte. Er musste nicht sein Bild dem absoluten Blick, dem *Signifikanten* „Auge", der Visibilität als solcher, einer profanen Königlichkeit opfern. Er musste es nur in dessen „leerem Auge", im königlichen Faden-kreuz, „errichten". Er konnte also vom Blick des Königs evtl. auch sehr weitgehend abweichen, aber der Rahmen musste stimmen, der „Lichtpunkt", *Strahlt* -Punkt musste dort sein, wo königliche (oder auch geistliche, päpstliche z. B.) Würde herrschte: im Herr-scherauge, das insofern leer war, als es kein wirkliches Bild von Höhe und Größe enthielt, aber doch die Linien vorgab, innerhalb derer gemalt werden sollte und müsste. Und genau dies kenn-zeichnet auch Stefan R.s Meditationserfahrung.

Er errichtete im leeren Auge des Lehrers sein ONKAR und sein SAT NAAM (ein weiteres Wort aus Darshan Singhs Meditation, das in meinen Ausführungen noch Bedeutung erlangen wird). Von

---

[136] Ich schreibe die Texte Stefan R.s stets in Anführungszeichen und kursiv.

der Hoheit des Lehrers getragen konnte es wirken, aber es enthielt gar kein wirkliches Bild von Höhe und Größe. Es förderte nur die narzisstische Grundeinstellung, es entfremdete ihn von der Wirklichkeit der abendländischen Welt, auch wenn es den „Lichtpunkt" und die bildwissenschaftliche Konzeption des Unbewussten enthielt. Doch zum „Lichtpunkt" fehlte die Psycho-Linguistik, die Wissenschaft vom *Signifikanten*, die sich über eine Topologie in die Bildwissenschaft einschreiben muss. Sei es, dass dieser psycholinguistische Rahmen in der Neurose wie beim „Wolfsmann"[137] oder von dem Rahmen, den wir laut Lacan den *Anderen* genannt haben, erstellt wird: es ist stets der, den ich auch in dieser Untersuchung als wesentlich für einen Fortschritt in der Psychoanalyse, insbesondere in der Fallgeschichte Stefan R.s herausgehoben und deshalb auch mit Bildern untermalt habe.

Dieser *Strahlt / Spricht* -Rahmen, den der „Lichtpunkt" zusammen mit dem *Anderen* (die Inder, die Antike, die Frauen) uns geben, ist rätselhaft, fast magisch. Denn er ist schön, malerisch selbst in seinen Unreinheiten, pittoresk selbst in seinem Elend, faszinierend selbst in seiner Verwirrung. Die Inder scheinen alles zu ertragen, weil sie nur die „kleinen Dinge" im Blick haben.[138] All diese kleinen „a", diese kleinsten Ober-Größen, diese minimierten Königlichkeiten, diese „Lusttodheiten"[139] scheinen ihre Lust zu steigern.

---

[137] Dieser durch die Analyse seines Traumes bekannt gewordene Patient Freuds hatte einen starken Angsttraum, in dem ihn durchs geöffnete Fenster mehrere Wölfe anstarrten. Wie Lacan deutet, war es der sexuell besetzte „Wolfsblick" (sadomasochistische) des Patienten selber, mit dem dieser konfrontiert war. Der *Strahlt* -Punkt war nichts anderes als die als sexuell erregte, als mit einem phallischen Erregungsorgan ausgestattet unterstellte Mutter.

[138] Ich spiele hier auf den Roman ‚Der Gott der kleinen Dinge' der Inderin A. Roy an, der ideal das Wesen der indischen Gesellschaft schilderte.

[139] Einer meiner Patienten wollte einmal von seiner Krankheit reden, er sagte jedoch: „Todheit". Das hat damit zu tun, dass er seine Krankheit übertriebener Weise für tödlich hielt, sie aber auch − wie er selbst assoziierte − eine Torheit war. Der Grund war − wie immer in der

Mögen auch nicht ständig ihre Blicke auf uns ruhen, vom Rahmen, vom *Strahlt* -Punkt alleine könnten wir schon profitieren. Denn er verhilft uns zur Psychoanalyse, wenn auch zu einer Psychoanalyse „andersherum". Der Inder braucht nur die „kleinen Dinge" und wenn er diese auch noch in eine Ordnung bringt, ist Gott da, d. h. fangen diese Dinge auch an zu sprechen. Und sie sprechen wirklich, wenn auch nicht so präzise, wie ein Wissenschaftler spricht. Es ist eine *Konjekturalwissenschaft,* um die es geht. Die Religion ist endgültig Historie geworden. Statt Gott gibt es heute die *Formel-Worte.*

Analyse – eine in ihm steckende und ihm unbekannte Lust, eine „Lusttodheit".

## II. DER ANDERE UNSERER SELBST

### II. 1 Der Schlag der Fremdheit

Ich fasse kurz zusammen. Stefan R. hatte sich an die Grundregel der „freien Assoziation" gehalten, auch wenn nur mit Mühen eine *Übertragung*ssituation dadurch auszumachen war. Doch weil der Analytiker sich von den langatmigen Schilderungen des Analysanden durchaus „erschlagen" fühlen konnte, etwas Todestriebhaftes in der *Übertragung* herauskam und vom „erotischen Schlag" des Sokrates die Rede war, konnte eine erste Deutung (*Übertragungs*-Deutung) gelingen, die einer vom Sadomasochismus gezeichneten Beziehung. Eine zweite, die erneut wichtiges, bestätigendes Material zutage förderte, war die mit der „inneren Stimme", dem Daimonion, dem Über-Ich, dem Mantra, alles Begriffe, die ja auf der Ebene der Deutung selbst liegen. Es war ja kein Wunder, dass Stefan R. in dieser Welt nicht zurechtkam, wenn er ständig ein indisches Mantra wiederholte. Dieses Mantra funktioniert nicht anders als eine Ideal- oder Über-Ich-Funktion, eine Kombination aus Bildhaftem (von mir *Es Strahlt* genannt) und Worthaftem (*Es Spricht*). Was wir aber brauchen sind nicht die Idealisierungen, Überhöhungen des Ichs, sondern ein konkretes Ich, das Verantwortung übernimmt, einen Eigen-*Namen* hat, in dem man seinen Standpunkt vertritt. Das *Es Strahlt / Es Spricht* bezeichnet zwar eine Grundstruktur, aber es ist keine Lösung genau so wenig wie ein Mantra, das strukturell interessant sein mag, aber den Anspruch nicht auf den eigentlich im Inneren wirkenden Trieb zurückführt.

Das Unbewusste, Ort des *Anderen* in uns, warum es nicht durch Fremdes, Träume, „Literarisches" symbolisieren? Und sicher sind auch Mantren wie ONKAR, das zugespitzteste Fremde, *Andere*, das „digitalisierteste Zeichen", das es gibt. Es ist die Essenz, der Extrakt der indischen Askese, des Yoga, seiner krüppeligen heiligen Männer, seiner murmeligen Gebete, seiner mantrischen Sprach-Mühlen. Kann man nicht tatsächlich auf diese Weise den Bezug des menschlichen Subjekts zum *Anderen* als solchen, zum

*Anderen* per se, beschreiben? Beschreiben wir „zunächst das Verhältnis des Subjekts zum *Anderen*. So wie es zu Beginn der Analyse eingerichtet wird, ist es das Verhältnis *virtuellen Sprechens*, durch das das Subjekt seine eigene Botschaft in Form eines unbewussten Sprechens vom *Anderen* empfängt. Diese Botschaft ist ihm untersagt, sie wird von ihm zutiefst verkannt, sie wird deformiert, stillgestellt, abgefangen durch die Zwischenstellung der imaginären Beziehung zwischen dem Ich und dem [kleingeschriebenen] anderen, der ihr typisches Objekt ist. Die imaginäre Beziehung, die eine ihrem Wesen nach entfremdete Beziehung ist, unterbricht, verlangsamt, hemmt, verkennt zutiefst das Sprech-Verhältnis zwischen dem Subjekt und dem *Anderen*, dem *großen Anderen* [*Anderen*], insofern dieser ein anderes Subjekt ist, ein Subjekt, das par excellence zur Täuschung fähig ist".[140]

„*Nicht das Vater-Unser ist wichtig, auch nicht das Selbstunser, sondern das Ander-Unser. Das Unser, das sich selbst so Anders ist, als sei es jenseits, wo es doch diesseits der Anderen-Selbst ist. Wie sollte ich meinen Sohn erziehen, wo ich doch selbst nicht von meinem Vater erzogen wurde? Er hat mich zeugt-gezogen, hin und her, war selbst nicht zeuggeglückt. Er war kein Unser. Er war ein Vatta. Ich war für ihn der „G'studierte", der Bücherwurm, dem die Krafthand fehlte, und weder Hand noch Buch waren Unser. Aber wir glaubten an das Unser-Vater, das es nicht gibt, ja, gar nicht geben kann, denn wie sollte ein Vatta so viele Kinder haben? Aber ein Ander-Unser kann es in jedem Menschen geben.,* "

M. Balint war davon ausgegangen, dass das Subjekt im Zustand einer derartigen gestaltlosen, inbrünstigen Verzückung, wie wir sie gerade von Indien und als vorwiegend im Imaginären auftretende Beziehung beschrieben gefunden haben, Antworten auf viele Fragen seines Lebens von selbst findet, wonach sich eine weitere Analyse erübrigt. Aber das ist wohl auch eine Täuschung, weil zu viel Narzissmus bestehen bleibt (von einem sogenannten gesunden Narzissmus zu sprechen, klingt nach Ausrede, nur das *Strahlt* darf

[140] Lacan, J., Die Objektbeziehung, Seminare Nr. IV, ed. seuil (1996) S. 12

bestehen bleiben als ein letzter, nur noch fast narzisstischer Rest. Sonst könnten wir ja auch das Lallen des Ego zur höchsten Dichtung erklären?

Es genügt nicht, dass man einfach nur „zu sehen" hat, wie Alberto Moravia sagt, „wo die Europäer Europäer sind und die Inder Inder," um alle gleichermaßen zu behandeln. Moravia meint: „Indien ist eine Lebens-Auffassung. Jene, nach der alles, was wirklich ist, nicht wirklich ist, und alles, was nicht wirklich scheint, wirklich ist. Aus dieser Lebensauffassung ergibt sich die völlige Abwertung des Lebens als etwas Ungereimtes und Schmerzliches sowie die Überzeugung, dass der Mensch nicht handeln soll, um die Welt zu verbessern, sondern um ihr zu entfliehen und sich mit der übernatürlichen oder auch geistigen Wirklichkeit zu vereinen."

Doch die Standpunkte haben sich in letzter Zeit etwas verändert, denkt Moravia: „Die Inder möchten jetzt an die Wirklichkeit der Sinne glauben, während die Europäer immer weniger davon halten." Ich will noch zeigen, dass wir durch die Analyse des Stefan R., der kein eingeengter Europäer mehr ist, aber auch kein Inder, eine Antwort bekommen können. Nach der 475. Stunde nämlich – ich greife jetzt einer großen Zeitspanne voraus – erwähnte Stefan R., dass zu den Mantren, die er kenne und übe, auch SAT NAAM gehörte. Der Wortstamm Naam ist der gleiche wie im Deutschen Name, lateinisch nomen, altindisch nama, ist auch fast in allen Sprachen, auch im Finnisch-Ugrischen vorhanden, „so dass hier wohl ein sehr altes Wort vorliegt".[141] Zudem hat dieses „Wort" in den verschiedenen Sprachen, aber auch innerhalb des Indischen zahlreiche Bedeutungen: Name, Wort, Bezeichnung, Geist, Gott etc. Das gleiche gilt für die Vokabel SAT, das Sein, Wesen, Sünde, altindisch „sitzt" etc. bedeuten kann und auch mit dem lateinischen satis, deutsch satt, zusammenhängt. Sehr alte und gleichzeitig auch heute noch gültige Wörter sowie Worte, die zahlreiche Bedeutungen tragen, haben immer schon die Forscher beschäftigt.

---

[141] Kluge, F., Etymologisches Wörterbuch, W. de Gruyter (1989) S. 498

Wie konnte man sich im Altindischen verständigen, wenn manche Worte so viele Bedeutungen in einem vereinigten?

Freud hat auf das Wesen dieser Urworte hingewiesen, wonach sogar Gegensätze wie hoch / tief in lateinisch altus oder profan / heilig in lat. sacer aus einer ursprünglichen, im Unbewussten gelegenen Bedeutung herstammen. Altus bedeutete irgendein Maß in der Senkrechten, das Raumerleben der früheren Menschen war offensichtlich anders als unseres. Lacan betont, dass die ersten Worte der Frühmenschen Losungsworte waren. Sie waren mehr- und vieldeutig, aber indem sie wie ein Losungswort funktionierten, bekamen sie auch wieder eine Eindeutigkeit. Es gab grundlegende Identitäten in ihnen. Und so war es nunmehr keine Schwierigkeit zu verstehen, warum und wie SAT NAAM funktionieren konnte. Diese Mantren waren durch eine Mehrfachbedeutung, durch eine – wie Freud es ausdrückte „Überdeterminierung", oder auch nur aus anderer Quelle her stammenden stärkeren Bewertung, fähig, das (triadische oder mehrfach strukturierte) Unbewusste rein formal, ursprachlich, rein vom linguistischen Stamm her zu repräsentieren![142] Das war es, was Stefan R.s Dilemma auf der Ebene rein „digitaler Zeichen" präzise darstellte. Und so war es auch das, was uns der Lösung näher brachte.

Wenn man nämlich ein derartiges Ur- oder Unwort, *Formel-Wort* in Gedanken ständig wiederholt, könnte es tatsächlich einen Effekt im Unbewussten haben, und man müsste dies nicht als Yoga oder Gebetsformel, sondern als wissenschaftliche Methode verstehen

---

[142] Unter stärkerer Bewertung kann man besondere mündliche Überlieferungen, Traditionsgebundenheit, Mnemotechniken in schriftlosen Kulturen etc. verstehen. Es muss also nicht immer eine rein linguistische Überdeterminierung vorliegen. Aber der Identität verkörpernde Losungswortcharakter war gegeben. Natürlich gilt nach wie vor, dass die positive Übertragung auf den Lehrmeister eine große Rolle dabei spielt. Jedoch werde ich noch zeigen, dass ich gerade diesen Faktor eben wegen des mehrdeutigen, linguistisch verknoteten Charakters einer derartigen Formulierung in eine wissenschaftlich begründete Verwendung ummünzen kann.

können. Denn man muss den Vorgang nunmehr umdrehen: hier findet keine Suggestion statt, denn SAT NAAM hat ja mehrere Bedeutungen, also welche sollte suggeriert werden? Wenn mehrere Bedeutungen in einer Formulierung stecken, ein SAT NAAM, ein Name der Wahrheit, das Sein des Wortes, das Genug des Geistes, die Bezeichnung des Wesens, das Reine des Begriffs, dann repräsentiert und suggeriert dies lediglich exakt die triadische (oder mehrschichtige) Struktur des Unbewussten und nicht eine schon bewusste Bedeutung! Ja, es versprachlicht (verbildlicht) geradezu ideal das Wesen des Wiederholungszwangs. Denn das *Formel-Wort* wird ja wiederholt und gleichzeitig lässt es einen schmalen Ausweg offen, eine – wie Lacan es nannte: Engführung des *Signifikanten*. Da hindurch müssen sich die Buchstaben, besser die Phoneme, die durch die Wiederholung aufgewirbelt sind, zwängen und so eine Losung – Lösung irgendwie erzwingen, irgendwie zu sagen versuchen. Ich komme darauf noch ausführlich zurück. Auf jeden Fall ergab sich hierdurch eine wesentliche Wende in der Analyse, deren letzte Schritte ich hier noch kurz nachholen, und dem ich dann auch eine wissenschaftliche Begründung durch andere als indische, mantrische *Formel-Worte* geben will.

## Mantrischer Traum und letzte Deutung

Auch Kakar beschreibt einen Besuch bei der – interessanterweise – gleichen Yoga-Gruppe in Beas und möglicherweise sogar zu einem ähnlichen Zeitpunkt, als Stefan R. hier zu Hause auf Darshan Singh traf, in seinem Buch: „Schamanen, Heilige und Ärzte". Er schickt erst einige einleitende Bemerkungen zum Sant Mat und der Psychoanalyse voraus: „Der mystischen Tradition [des Sant Mat] ist es um den unvergänglichen, unwandelbaren Teil des Menschen zu tun, den sie als den zentralen Ausdruck seines Seins betrachtet, und so ist sie dem traditionellen psychoanalytischen Standpunkt nahe, der einen unwandelbaren Kern der menschlichen Natur annimmt; gleichwohl unterscheiden sich beide Standpunkte unversöhnlich in der Frage, ob dieser Wesenskern spiritueller oder triebartiger Natur ist. Die Mystik ist jedoch radikaler als die Psychoanalyse in der Kompromisslosigkeit, mit der sie den andern

Pol des Menschen ausschließt, zu dem seine Zeitlichkeit und seine historisch-kulturellen Umstände gehören – die „äußere Kruste" seines Seins; gerade sie aber ist Gegenstand der Wissenschaft vom Menschen".[143]

Und so schreibt Kakar weiter über das Satsangtreffen in Beas wie ihn im Gedränge der bunten rhythmischen Menge „ein milder Zustand von `verändertem Bewusstsein', durchdrungen von dem Gefühl des Einsseins und der Zuneigung zu jedem einzelnen Menschen in der Menge" erfasst hat: „Es besteht kaum ein Zweifel: ich befand mich (zusammen mit der übrigen Menge) in einem Zustand erhöhter Empfänglichkeit für alles, was uns erwartete". Offensichtlich haben Stefan R. und Kakar sehr ähnliche Erfahrungen gemacht, obwohl Kakar – selber Inder und bereits ausgebildeter Psychoanalytiker – ganz andere Voraussetzungen mitbrachte. Trotzdem ist das nicht der Grund, warum zum Schluss für beide ganz andere Konsequenzen resultierten. Kakar schreibt weiter über den Satsang: „Der Grund für die freudige Erregung war damals schwer auszumachen; heute würde ich sie (gewiss etwas schwärmerisch) als eine Reaktion des Blutes auf den Anruf der indischen Passion beschreiben, als überströmendes Gefühl des Einsseins mit der (idealisierten) eigenen Gemeinschaft und ihren Traditionen. Maharajji [damals war Charan Singh Leiter des Beas-Satsang] hatte eine atavistische Saite in mir angeschlagen, von der ich vielleicht lieber gewollt hätte, sie wäre mir unbewusst geblieben".

Auch Stefan R. gerät mit seiner Meditation voll – und ich würde sagen; unkontrolliert – in seine Kindheit zurück. Aber wie gesagt, irgendwie schien es, als müsse man diese „indische Krankheit" etwas akzeptieren. Kakar hat in einer Studie darauf hingewiesen, dass das indische Ich passiver und weniger differenziert ist,[144] was eine Analyse vielleicht in manchen Aspekten erschwert, aber

---

[143] Kakar, S., Schamanen, Heilige und Ärzte, Psychotherapie und indische Heilkunst, Biederstein (1984) S. 139-151
[144] Kakar, S., Kindheit und Gesellschaft in Indien, Nexus (1988)

durchaus genauso möglich sein lässt wie bei einem Europäer. Man hat es dann eigentlich mit einem etwas anderen Narzissmus zu tun, aber nicht mit einer grundsätzlichen analytischen Unvereinbarkeit. Mit anderen Worten: die Analyse eines Inders wird vielleicht die Schwerpunkte etwas anders verteilen, aber nicht grundsätzlich anders sein, wenn man sie vom Aspekt des Narzissmus her sieht.

Goel hat mit seinem Buch „Psychoanalyse und Meditation" eine Studie vorgelegt, die das gleiche Problem betrifft.[145] Er unterzog sich einer Analyse und wohl auch analytischen Ausbildung in Indien, die sicher nicht westlichen Standards und Ansprüchen genügt, aber dennoch ausreicht, um unser Problem zu erhellen. Goel versucht nämlich eine meditative Yogamethode mit einer Art Selbstanalyse zu verbinden. Dabei macht er Erfahrungen, die einerseits ‚psychotisch' sind und die er auch als solche erkennt, andererseits sicher dem indischen Ich irgendwie entgegen kommen. Was aber für das indische Ich vielleicht noch gut ist, kann für einen westlichen Narzissmus problematisch sein, und bei Stefan R. handelt es sich zweifellos auch um eine Narzissmus Problematik.

Zuerst aber füllte Stefan R. die Sitzungen weiterhin mit langatmigen Schilderungen. Seine jetzige Tätigkeit in einer Schule als Deutschlehrer hatte ihn nämlich wieder zu langweilen begonnen, so dass er kündigte und schon seit ein paar Monaten arbeitslos war. Er suchte planlos nach anderen Möglichkeiten, erzählte sogar, dass er Psychologie studieren und eine Lehranalyse machen wolle. Ich riet ihm nicht davon ab, aber empfahl, dies erst nach Abschluss unserer Therapie zu erwägen. Ich bin zudem der Ansicht, dass die Lehranalyse ein generelles Problem der Ausbildung geworden ist, indem – wie Thomä bemerkt – die Lehranalyse in den letzten Jahrzehnten immer mehr zur Superanalyse (Supertherapie) hochstilisiert wurde.[146] Thomä schreibt: „Lehranalysen liegen im wissenschaftlichen Niemandsland". Sie dauern heute oft unendlich lange, bis zu 2000 Stunden. „Gibt man der Lehranalyse

---

[145] Goel, B. S., Psychoanalyse und Meditation, Ariston (1989)
[146] Thomä, H., Psyche Nr 2 (1992) S. 115 -144

die Zielsetzung der Strukturveränderung, ist die Wahrscheinlich-
keit, dass ein unendlicher Prozess eingeleitet wird, umso größer,
wenn auf den Nachweis von Veränderungen verzichtet wird".

Auch andere Untersucher kommen zur gleichen Feststellung: „Das
Zulassungsfilter zur Ausbildung passieren, wie Cremerius an-
merkt, heutzutage in erster Linie `Normopathen' (Bird,1986), kon-
servative, angepasste Zeitgenossen, `dull normals' (Kernberg,
1984), die im Wesentlichen die Annehmlichkeiten der ökonomi-
schen und sozialen Privilegien des gehobenen Mittelstandes im
Auge haben".[147] Hauptgrund: Zu starke Institutionalisierung der
Psychoanalyse. Ein weiterer Autor, Ortega, meint: „Wer überlie-
fert wem das psychoanalytische Wissen? Die Auswahl der Kandi-
daten war und ist das schwierigste Problem. Die grundlegende Gefahr für die Psychoanalyse scheint jetzt von innen zu kommen und
nicht – wie während des Nationalsozialismus – von außen".[148]

Aus vielen dieser Gründe, aber speziell auch aufgrund der Arbeit
mit Stefan R. selbst plädiere ich heute für eine Psychoanalyse „anders herum".[149] Was ich damit meine, will ich daher am weiteren
Verlauf der Behandlung von Stefan R. und an anderen psychoanalytischen Auffassungen schildern. Denn dem klassischen psychoanalytischen Kausalitätsprinzip (das unbewusste Begehren ist Ursache für die Symptome) kann man auch ein Finalprinzip gegenüberstellen. Es handelt sich um das, was an antike Traumdeutun-
gen erinnert, indem prägnante, kurz gefasste Ausdrücke – Lacan:
„ultrareduzierte Phrasen" – im Traum einen Hinweis auf eine im
Unbewussten bereits vorgefasste Richtung in die Zukunft hin gibt.
Psychoanalytiker wie S. Leikert und R. Zwiebel haben diesen Aspekt besonders herausgearbeitet.[150] Beide sprechen vom Unbe-

[147] Cremerius, J., Vom Handwerk des Psychoanalytikers, frommann-
holzboog (1990)
[148] Ortega, R. P., Psyche Nr. 1 (1991) S. 61- 83
[149] So lautet auch der Titel des XVIIten Seminars von J. Lacan.
[150] Leikert, S., Schönheit und Konflikt, Umrisse einer allgemeinen psychoanalytischen Ästhetik, Psychosozial Verlag (2012).

wussten, das etwas Rhythmisches, das ‚Tonigkeit', das Imaginäres
(Blick- und Bildhaftes) und Kreatives enthält. Sie betonen die
mehr meditative, weibliche und kathartische Seite, die in der Psychoanalyse von heute umfangreicher berücksichtigt werden sollte.[151]

Auf jeden Fall existiert hier etwas, das in der Freudschen Psychoanalyse zu kurz gekommen ist, und so will ich das Imaginäre und
kreativ in die Zukunft Weisende, um das es hier vorwiegend geht,
gegenüber dem Lexikalischen, Verbalsprachlichem, als eine eigene, mehr dem Bildhaften zugewandte Ordnung und als für das
Psycho.net Betontes auch für die Behandlung von Stefan R. her-
ausstellen. In dem Moment nämlich, als wir den indischen Yoga
als ein umgekehrtes Vorgehen, aber auch vielleicht als eine Weiterführung der Psychoanalyse „anders herum" betrachten könnten,
weil das Mantra genau jenen Takten entspricht, mit denen das
psychoanalytische Wiederholungs-Geschehen auftritt, ja selbst in
den Institutionen der Analyse sich darstellt, da trat wieder jener
materialbestätigende Deutungseffekt ein, indem Stefan R. spontan
sagte, dass ihm jetzt etwas einfalle, was ein Schlüssel sein könnte.

Vor einiger Zeit hätte er Folgendes geträumt: *Ich befinde mich in
der psychoanalytischen Sitzung, hatte aber das Gefühl, wie in einem Verhör zu sein. Die Tür zum Sprechzimmer war etwas offen
gewesen, und so habe ich an Flucht nach draußen gedacht. In diesem Moment aber hat jemand folgenden Satz gesagt, den ich beim
Aufwachen noch ganz deutlich gehört habe: in duval segit futur –
ist es nicht das,"* fragte er schließlich, *„was die Psychoanalyse
ausmacht, dieses Mantische?"*

‚In duval segit futur'? Assoziationen und zusammenfassende Interpretation brachten Folgendes zu Tage: Der Traum spiegelt Stefan R.s psychische Situation wieder. Er ist selbst in der Sitzung
immer halb draußen, in seiner Kindheit und auch bei seinen Medi-
tationen, Gedanken und Tagebüchern. Die konflikthafte Einstel-

---

[151] Zwiebel, R., Weischede, G., Neurose und Erleuchtung, Klett-Cotta
(2009)

lung zum Analytiker, zur Imago des Vaters oder der Mutter spitzt sich zu, er ist involviert in die konflikthafte Urszene aus der er fliehen will. In dieser starken Regression presst sich ihm förmlich etwas ab, das fast oder scheinbar progressiven Charakter hat und daher wie der niederstrukturierte Traum „digitale Zeichen für Ich-Zustände" aufzeigt. Es handelt sich nicht um das übliche Ausagieren oder weiteres Regredieren. Beide assoziierten wir zu dem ‚in duval' das ‚in dubio' des bekannten Satzes: ‚In dubio pro reo' (im Zweifel für den Angeklagten). Ich glaubte nun, dass ich berechtigt war, es als progressiv, also als Fortschritt zu bezeichnen, nämlich dass er, Angeklagter für ein „in dubio" (pro reo) plädiert, und dass „Zukunft folgt" (ital. seguire = folgen), [152] bzw. dass das in dubio vielleicht erst in Zukunft folgt, etc.

Es ist eigentlich egal, denn diesen Satz genau zu übersetzen, ist nicht die Deutung. Die Deutung besteht darin, was er, Stefan R. davon als sein Eigenes anerkennen kann, was er dazu assoziiert und was es in der *Übertragung* bedeutet. Es leuchtet ihm ein, dass er sich in den Sitzungen immer in großer innerer Spannung befindet, und auch da sich oft etwas abpresst, wenn er seine Ideen vorträgt, ohne eigentlich wirklich frei zu assoziieren. Insofern schon zeigt ihm dieser Traum seinen Haupt-Abwehrmechanismus, die Spaltung. Auch darin, dass er Angeklagter ist und nicht Zeuge oder Beisitzer, Beobachter, erkennt er zum ersten Mal, dass er sein Leben, Beruf, Liebesleben, und vor allem analytisches Leben selbst in die Hand nehmen muss, wenn er nicht ewig auf der Anklagebank sitzen will. Doch was ihm fast noch mehr gab, als die reine analytische Deutung, war die Tatsache, dass das, was sich ihm im Traum abringt, was ES sich ihm im Traum aufdrängt, wieder so ein formelartiger Satz ist, wie er es von seinen Mantren erzählt hat.

Denn es fällt ihm auch sofort jener aus der Literatur bekannte Traum ein, in denen eine ähnliche formelartige Aussage eine große Rolle spielt. Nämlich jenes „Mene, Tekel, Phares", das als

---

[152] Stefan R.s und meine Assoziation gingen sofort in diese Richtung.

Mahnung an der Wand seines Partykellers dem König Belsazar erscheint, und das jedes Schulkind kennt. Es handelt sich hier zwar um eine Vision, aber in der Antike waren die Träume wie die Visionen nicht Ausdruck der Seele oder gar des Unbewussten, sondern einer göttlichen Weisung. Und gerade dies ist es ja, was ausgerechnet auch Freuds berühmten Traum von „Irmas Injektion" auszeichnete: Jener formelartige Charakter des zum Schluss ganz klar vor ihm erscheinenden „Trimethylamin", in dem Freud schließlich den sexuellen Wunschcharakter des Traumes erkannte. Freud selbst nannte Träume, die einen derartigen formelartigen Charakter haben „typische Träume", die man „gleichsam vom Blatt weg übersetzen" kann.[153]

Dabei kommt es wie gesagt gar nicht darauf an, diese Formel wirklich zu übersetzen, denn wir müssen sie ja trotzdem in den psychoanalytischen Zusammenhang der Traum-Szene, weiteren Materials, der Beziehung zum Analytiker etc. setzen. Was wir erkannten, war jedoch, dass es um das Wesen des Wort-Klang-Bildes selber ging, auch wenn dieses gerade noch etwas rätselhaft blieb. Wie ich schon eingangs erwähnte, geht es um das gleiche wie im ägyptischen „Initialtraum" Freuds, von dem ich behauptete, dass es dieser war, der den Ursprung der Psychoanalyse markiert. Hier finden wir zwar keine Formel, aber diese ist nicht schwer zu erraten. Es konnte aber auch exakt ein Schlüssel sein, wenn man das Rätsel insofern löste, als man seinen rein strukturellen Sinn, seine ebenso sehr linguistisch, mantische, semiotische, sprachartig signifikante Form erklärt. Denn exakt das war es ja, was z. B. Feeman einer kritischen Betrachtung zur Traumdeutung unterzog: Nicht Auffinden schon vorhandener Bedeutung, aber auch nicht Dechiffrierung von Zeichenbeziehungen, sondern etwas, das den Deutungsprozess bereits positiv fördert, so dass die Deutung nicht willkürlich ist.[154]

---

[153] Freud, S., Vorlesungen, GW XI, S. 152
[154] Feeman, M., Freuds Methode der Traumdeutung, Psyche Nr. 8 (2000), S. 740

Denn was unterscheidet einen Traum, der einen ganzen Satz an die Wand schreibt, den Kontext einer scheinbar fertigen Botschaft enthält, derart bereits sprachlich ausgeformt sich vernehmen lässt, von solchen, die mehr bildhaft und verworren sind? Oder die selbst in ihren Worten extrem verworren sind? Freud hat in seiner *Traumdeutung* zahlreiche Beispiele für *Wortneubildungen* und *Wortverdichtungen* gegeben, wobei sein bereits erwähnter Trimethylamin-Traum sowie der Autodidasker-Traum[155] sich herausheben. Trotzdem erscheinen uns diese Träume nicht so herausragend, wie gerade der von Stefan R. oder ähnliche, die einem immer wieder einmal begegnen, und diesen eigenartig fertigen, „linguistisch kristallinen" Charakter haben.

Im Autodidasker-Traum erwähnt Freud ausgerechnet das Wort, das fast jeder spontan dazu assoziiert, nämlich das Wort Autodidakt, nur am Anfang, verwendet es aber überhaupt nicht mehr für die eigentliche Deutung. Dabei böte sich so sehr an, hier seine eigene problematische Existenz als Autodidakt der Psychoanalyse ins Spiel zu bringen, und er selbst hätte wahrscheinlich auch gar nichts dagegen gehabt, dies zu tun. Jedoch schlägt er einen anderen Weg ein, der ihm triftiger erscheint, nämlich dass die Namen Lasker und Lasalle, die beide „am Weibe zugrunde gegangen sind", auch den Kern seiner Traumgedanken vertreten. Nun, man muss das so gelten lassen, insbesondere in Anbetracht dessen, was ihm seine eigene Frau gewesen ist, und sein Autodidakt-Problem fügen wir eben nachträglich hinzu, ohne daraus jetzt eine Besonderheit zu machen.

Denn Freud ist zwar nicht gerade „am Weibe zugrundegegangen", aber es hätte fast so sein können, hätte ihn nicht seine Wissenschaft noch mehr fasziniert. Etliche Analytiker haben die Parallele zu Sokrates und seiner Xanthippe gesehen und artikuliert, dass

---

[155] Freud, S., Die Traumdeutung, GW II/III S. 304. Darin zeigt Freud, wie im Traum das Wort Autodidasker als „lebhaft erinnertes Wort" vor ihm steht, und es sich in Autodidakt, Lasker, Lasalle und Alexander zerlegen lässt, alles Assoziationen, die auf eine bestimmte Deutung hinsteuern.

diese Männer ihre Entdeckung vorangetrieben haben, weil ihnen der „Rückweg abgeschnitten" war, d. h. sie sich nicht in traute Zweisamkeit flüchten konnten. Und selbst wenn man weder „am Weibe zugrunde geht" noch in trauter Zweisamkeit altert, muss man einfach weiter vorwärts gehen. Um was es mir jedoch hier geht, ist, dass es Träume gibt, deren Deutung wie eben dieser von Stefan R. schon so in eine Richtung zwingen, schon so weit vorgeschrieben sind, dass man fast keinen Analytiker mehr braucht, um ihn zu deuten. So ist es eben auch Stefan R. ergangen, ja er meinte damit sogar ein Stück Psychoanalyse mehr verstanden zu haben.

Zu derartigen Träumen gehört noch eine weitere Besonderheit, die Freud in seinen Vorlesungen wie auch in der Traumdeutung herausstellt. Es handelt sich darum, dass manche Träume schlecht erinnert werden, nicht so recht ihren Inhalt preisgeben und oft „auf ein *einzelnes Element* des Trauminhalts einschrumpfen".[156] Gerade darin aber sieht Freud zurecht eine Besonderheit, weil in diesen Fällen nämlich ein besonders hartnäckiger Widerstand gegen die analytische Aufdeckungsarbeit besteht, und in dieser oft formelartigen Formulierung sich die Aussage des Traumes verdichtet (das KANAL-Beispiel gehört ja auch hierher). Gewiss kann man auch aus diesem Grunde jetzt nicht einfach behaupten, dass das „in duval segit futur" eine klare Deutung bereits enthält, dennoch sich aber der entscheidende analytische Widerstand, der entscheidende Knackpunkt, darin ausdrückt. Zwar assoziiert Stefan R. auch dazu, dass hinter dem „duval" ihm ein „Du Wahl" herausklingt: „Du hast die Wahl, entscheide dich." Auch das passt zu seiner derzeitigen existenziellen Situation, in der er sich entscheiden muss, welcher Beruf ihm liegt, welche wissenschaftliche Richtung er weiter bevorzugen soll und vor allem, wie er sein grundsätzliches Interesse an Menschheits- und Wissenschaftsfragen befriedigen kann.

Auch wenn der Traum Stefan R.s jetzt nicht bedeutet, dass ihm als Angeklagten eine Zukunft pro reo folgt, so lässt sich doch rein struktural etwas daraus entnehmen. Der alttestamentarische Daniel

---

[156] Freud, S., Die Traumdeutung, GW II/III, Fischer (1999) S. 522

macht es bei Belsazar nicht anders. Er übersetzt ihm keinesfalls direkt wörtlich die Vision an der Wand. Mene, Tekel, Phares sind Namen für Geldsorten, und Daniel benützt sie, als wären es Verben, Worte für Handlungen. Mene, Mine und Tekel ist etwas zum Zahlen, und Phares ist eine Halbmine, also *gezählt, gewogen* und *geteilt*. Zudem hat Daniel wahrscheinlich wie Freud bei seinen *Wortverdichtungen* im Wort P(h)ares auch die Bedeutung *Parsi, Perser* erkannt und somit gefolgert, dass die Perser das Land teilen werden, nachdem sie ohnehin schon vor der Tür standen. Was also auffällt ist, dass Daniel sich ziemlich an den Wortlaut, an das Wortklangspiel hält, kleinere Schwankungen kann man dem Unbewussten überlassen.

Denn steckt nicht im Hintergrund all dieser Phänomene etwas, das im Unbewussten ständig wie ein ONKAR, ein „Trimethylamin" wirkt, eben weil man es unbewusst dauernd wiederholt?! Geht es nicht um eine Bedeutungsmaschinerie, die zwar über ihr Maschinentum nicht hinauskommt, aber im Wesen der Bedeutung einen hohen Grad an Aussagekraft erreicht? Wir wiederholen (Wiederholungszwang, Todestrieb) diese unbewussten Bedeutungen eben solange, bis sie jene zugespitzte formelartige Form erhalten, in der etwas sich endlich so mitteilt, dass man sich damit beschäftigen muss. Was geschähe, wenn man nun eine derartige Formel, gerade indem sie noch rätselhaft ist, wie der Satz Stefan R.s, ständig wiederholt? Es könnte sein, dass dann das Rätsel eine Zuspitzung erfährt, die zu einer direkten Aussage-Lösung drängt, wenn man sich damit beschäftigt.

So kühn und vorschnell zu deuten wie Daniel, traut man sich als Analytiker allerdings wohl nur selten. Man würde um die Wissenschaftlichkeit der Traumdeutung fürchten. Was wir benötigten, wäre aber ein formelartiges Aussagen, das die Traumarbeit in dieser Richtung weiterer formelartiger Aussagen stärkt und bewegt, so dass eine Intensivierung und Beschleunigung des Durcharbeitens zustande käme, und das könnte man natürlich gerade dadurch tun, dass man den Analysanden seine derartig, jedoch auf wissenschaftliche Weise begründeten Formeln meditieren lässt – so er das kann. Und er kann dies, wenn man ihm eine Formulierung anbietet, die wissenschaftlich abgeleitet ist bis hin zu der kompaktest möglichen Formulierungsweise, wie ich sie in dem fertigen *Formel-Wort* vorstellen werde.

## Gehirn, Gedicht und *Formel-Wort*

In ihrem Buch „Gehirn und Gedicht", das ich bereits erwähnt habe, versuchen ein Dichter und ein Neuropsychologe das Problem des Zusammenhangs von Denken, Sprechen, Psyche und Gehirn in vielschichtigster Weise zu lösen.[157] Sie stellen fest, dass es letztlich neurophysiologisch und -psychologisch angelegte Strukturschemata und -Konzepte gibt, die mit „Klangpartikeln" und „Lautfiguren" so sehr in eins gehen, so übereinstimmend sind, dass sich die Wirkung von Grammatik, Syntax und sogar Reimen und Dichtung damit erklären lässt. Stabreime und Schüttelverse, vokalische Assonanzen und ein „artikulatorischer Regelkreis" wirken sich in der Plastizität des Gehirns förderlich aus. Das sehr umfassend und profund geschriebene Werk kann ich hier nur andeutungsweise wiedergeben. Dennoch ist klar, dass es den Autoren genau um diese Problematik geht, wie wir uns den fast mathematisch zu bestimmenden Zusammenhang von Wortklangfiguren mit dem Inneren des Menschlichen Wesens vorzustellen haben. Freilich zeigen die Autoren keinen therapeutischen Weg, wie man diese Erkenntnisse in der psychotherapeutischen Praxis umsetzen könnte.

**Bild von Stefan R.**
Die Psych -O-(a)se
.

Kultur-Literarisch sind die Gedichte Ernst Jandls, die Cantos Ezra Pounds und James Joyce Finnagans Wake treffliche Beispiele, die am

---

[157] Schrott, R., Jacobs, A., Gehirn und Gedicht, Hanser (2011)

Rande der ‚Psychose' stehen. Und es ist eben dieses – jetzt zwar
nicht kulturell verankerte – mehr individuell-psychologisch ‚Literarische', mit dem ich mich als Analytiker identifizieren, die ‚Psychose' ansatzweise „dualisieren" konnte, was entsprechendes wei-
terführendes Material zum Vorschein brachte. Man kann die ‚Psychose' theoretisieren wie dies Freud getan hat, als Libidoabzug
vom beispielsweise homosexuellen Objekt, damit Rückzug von
der Realität, Entstehung einer projektiven Besetzung etc. Man
kann es tun wie Lacan, der sagt, die ‚Psychose' ist die „Verwerfung des Vatersignifikanten", also des Nichts-Wissen-Wollens
vom Wesentlichen dessen, was es heißt Vater zu sein, universaler
Herr, Name aller Namen. Wir könnten es jetzt jedoch anhand der
Geschichte von Stefan R. psycho-linguistisch, psycho-semiotisch
ausdrücken und sagen: die ‚Psychose' ist eine ständige Wort-
Spiel-Metapher, etwas, das versucht dem Problem unmittelbar aus
den Worten selbst heraus einen Namen zu geben, der das Problem
lösen könnte, und es gelingt dann aber doch nicht.

*Als ich das erste Mal in die Klinik kam, kaputt, erschöpft, am Ende
wegen der vielen Gedanken und physischen Anstrengungen, hielt
ich die Augen geschlossen und wollte absolut nichts mehr reden.
Da verlor die Ärztin die Geduld, zwei Wärter kamen und spritzten
mich ab. Das war das Ende von PSI, die letzte P-ose, die P-Syc-
osmose.* "[158]

Es müsste etwas Kompaktes, Formelartiges, Kreatives geben, das
man selbst wiederholt im Sinne von Freuds „wiederholtem Durcharbeiten", jedoch indem es gleichzeitig das Durcharbeiten der
Wiederholung ist, um das Letzte aus dem Unbewussten herauszu-
fordern, das Letzte, was man mit ihm ausdrücken könnte, um eine

---

[158] Ich habe die Geschichte bereits erwähnt. Die Ärztin hätte andererseits hier auch die Augen schließen können bis sich die zeitweilig wieder
geöffneten Blicke getroffen hätten. Oder sie hätte sagen können: „Ich
bin auch so müde wie Sie und mache meine Augen zu", um zu warten,
bis sich die Möglichkeit eines weiteren Wortes ergibt. Sie hätte sich so
mit dem „Am-Ende-Sein" des Patienten identifiziert und von da aus ein
Gespräch beginnen können.

Wissenschaft zu haben, eine neue alte Wissenschaft. Es handelt sich eben um dies, was von den Theoretikern als „objektivierendes *Übertragung*ssubjekt" bezeichnet wurde, d. h. eine Brücke zwischen den Realitäten von Arzt und Patient. Aber was heißt hier „Brücke"? Es kann sich nur um etwas „praktisch Logisches" handeln. So war es nunmehr wie bereits erwähnt in der 475. Stunde – fast möchte ich sagen – unser gemeinsamer Einfall, das Wesen der Psychoanalyse „andersherum" zu sehen, aus ihrem psycholinguistischen Aspekt heraus, aus ihrer Andersheit heraus. Denn in dem Moment, wo Stefan R. damit herausrückte, dass zu seinen Mantren auch SAT NAAM gehörte, dessen mehrfache Bedeutung einfach zu übersetzen war, war auch klar, was das Ziel dieser Analyse sein könnte und eben auch war, indem ich eine wissenschaftliche Begründung durch *Formel-Worte* aus der lateinischen Sprache und der Lacanschen Psycho-Linguistik vorlegen konnte.

Mit SAT NAAM waren wie beschrieben die Mehrdeutigkeiten in der schlüsselförmigen Fassung schon von vornherein sichtbar! Hier war ja klar, dass in seiner Mehrdeutigkeit an der Mauer der Bedeutungsmöglichkeiten überhaupt zerschellt und somit eine neue, noch unbewusste freigeben muss, wenn man es selbst bis zur Blödheit, bis zur Suggestion einer Überdeterminiertheit, die eben nichts mehr determiniert, also in genau diesem mehrdeutigen Sinne bewusst wiederholt. Allerdings muss man es dann auch noch von seinem zu stark auf das Sanskrit und die indische Kultur bezogenen Anteilen herauslösen. Dies gelang im weiteren Verlauf der Analyse durch *Formel-Worte*, die aus der lateinischen Sprache entnommenen sind und deren Mehrdeutigkeit auch in einer engen linguistischen Verzahnung besteht und nicht nur in einer bedeutungsmäßigen Überlagerung.

Das „wiederholte Durcharbeiten" als durcharbeitendes Wiederholen ist dann nicht mehr das endloser Assoziationen, sondern das eines Schlüssels selbst, der reinen Struktur, der fast mathematischen Formulierung. Ich habe am Anfang des Buches auf die Einheit in der Physik hingewiesen, die an zwei Punkten zugleich sein müsste, um – sozusagen auf direktem Wege – in eine Metaphysik gelangen zu können. Ein exakter Physiker wird einen solchen Schritt nicht zulassen, lieber steigert es sich in einen Materialismus hinein, dessen Wahrheit er durch solche Riesenmaschinen wie den LHC (Large Hadron Collider) in der Nähe von Genf zur Nüchternheit eines physikalischen Beweises herunter versteinern, verstählern und zerstrahlen muss. Die bekannte Physikerin L. Randall hebt ständig den Wert der Naturwissenschaft gegenüber dem reinen Glauben an einen Gott hervor, aber sie merkt nicht, dass ihr Gott die Materie ist, das summum ultimum, der absolute Schlüssel.

## II. 2 ALITERASUM, Eine Psychoanalyse des *Anderen*

In der 475. Stunde tauchte also der Gedanke auf, dass man aus dem Wiederholen schlüsselartiger Traumsätze genauso wie in den Mantren wie SAT NAAM, so sie in einem besonderen Rahmen eingespannt sind, eine Entdeckung herausziehen könnte: Die Wiederholung als solche muss nicht nur als Zwang oder als Todestrieb verstanden werden. Grundsätzlich „ist Wiederholung symbolische Wiederholung".[159] Sie ist im Unbewussten als Lust „der Wiederholung eines Zeichens" gegeben.[160] An dem von Ermann zitierten Traum war das Herausreißen und wieder Zurückpressen-Wollens des Herzens der Frau die Wiederholung einer digitalisierten Zeichen-Lust gewesen. Für unseren Standpunkt ist es egal, ob dieses *Zeichen* – ist es nur digitalisiert genug – sich in uns unbewusst wiederholt, oder ob wir ein *Zeichen* bewusst wiederholen. Wenn es sich nicht um ein *Zeichen* handelt, das fixiert, festgelegt, etwas bezeichnet, das also nicht Objekt-Zeichen sondern *Zeichen* des Subjekts ist, *Subjekt-Zeichen,* „objektivierendes *Übertragungs-*Subjekt", spielt es keine Rolle, wie es wiederholt wird.

Die Psychoanalytikerin A. Bitsch schreibt, dass „die schlechte Wiederholung (also der gerade zitierte der krankhafte Wiederholungszwang) sich stets auf ein Objekt oder eine Idee bezieht . . einen mit sich identischen Begriff, während die gute Wiederholung das Subjekt selbst als ein Medium, als die Operationalisierung von Ur und Sache bis hin zur wahren Ursache führt".[161] Genau darum geht es, das menschliche Subjekt ist selbst das Medium und nicht der hinter dem pathologischen Wiederholungszwang stehende Trieb. Damit jedoch die gute Wiederholung so wirken kann, darf eben nicht etwas wiederholt werden, was schon definitiven Sinn und Bedeutung hat, der Wiederholungszwang trägt ja unbewussten Sinn in sich, aber die Wiederholung einer Zeichenkombination wie ONKAR transportiert zuerst einmal

---

[159] Lacan, J., Ecrits, ed. seuil (1966) S. 46
[160] Lacan, J., Ornicar ? Nr. 28 (1984) S. 12
[161] Bitsch, A., Diskrete Gespenster, transkript (2011) S. 121

keinen Sinn und keine Bedeutung. Wie ich im Vorkapitel schrieb, galt dies nicht für den von den Linguisten als sinnlos vorgestellten Satz von den ‚grünen Ideen'. Die hatten eben einer versteckten Sinn, man musste ihn nur herauslesen. Dies ist nun bei SAT NAAM ähnlich, wenn auch ganz anders geartet. Wer Sanskrit nicht kennt, kann damit genau so wenig anfangen wie mit dem Wort ONKAR, doch zudem besteht ja auch die eher verwirrende Mehrdeutigkeit, die wie erwähnt keine eindeutigen Sinn, keine definitive Bedeutung präferiert, und dies insbesondere dann nicht, wenn man sie meditiert, wenn man sie sich suggeriert. Was jedoch noch deutlich stört ist eben der altindische Charakter dieser Formulierung, die ja stets im Hintergrund mitwirkt. Stefan R. konnte damit nur solange etwas anfangen, als er auf den Guru eine strake positive Übertragung hatte. In dem Moment, wo diese durch Enttäuschung ins Negative umkippte, war diese Meditationsform für ihn unbrauchbar geworden. Dennoch gab mir die Art der Mehrfachbedeutungen in SAT-NAAM die Möglichkeit nach anderen *Formel-Worten* zu suchen, und zwar nach solchen, die aus der westlichen Wissenschaftskultur stammen würden.

Zuerst fand ich eine aus dem Deutschen stammende Formulierung: SEI-N-AME, Diese Formulierung kann man lesen als Sein Name (3. Pers. Sing), Name sein und Sei: Name, also sei das, als was du dich nennst, Name deines Seins, und anklingend oder anagrammatisch: A(r)mes Ein, Ein Samen. Rein formal und im Sinne dieser Mehrfachbedeutung in einer Formulierung war SEI-N-AME fast ein korrektes *Formel-Wort*, das also über die reinen Wortspiele und auch über die profunden Wort-Bild-Klang-Konzepte der Autoren des Buches „Gehirn und Gedicht" weit hinausgeht. Ich betone nochmals: wiederholt man so ein Wort gedanklich wie ein Gebet, wie einen Rosenkranz, so wird eben nicht wie im Gebet der immer gleiche Sinn, das gleiche Sprechen wiederholt, sondern eben ein „Anders-Sprechen", ein Sinn der in den Mehrfachbedeutungen versteckt ist, und den nur das Unbewusste selbst finden kann, ein Meta-Sinn, der ein neues

Sprechen ermöglicht. Denn selbst kann man diesen Sinn nicht finden, man müsste willkürlich einfach einen der drei geäußerten Sinn-Bedeutungen herausgreifen.

Dennoch kam ich mir nicht ganz ehrlich vor, wenn ich diese therapeutische Lösung, die doch sehr theoretisch und unüblich klingt, als entscheidend für Stefan R.s Entwicklung angesehen hätte. Heute, fast zwanzig Jahre nach Abschluss der Behandlung, der Gespräche und Begegnungen habe ich immer noch Kontakt zu Stefan R. und fragte ihn: was meinen Sie selbst, was die Änderung in Ihrem Leben bewirkt hat? Änderung in eine Richtung, die Sie zumindest nicht mehr ständig mit der Psychiatrie konfrontiert? Und er antwortete mir dann, dass er eine Änderung gar nicht so sehen kann. Er sei nach wie vor manchmal recht wütend und emotional ungesteuert. Er schreibe immer noch in Tagebüchern alle möglichen Texte. Er sei nicht mehr so beweglich, habe vielleicht Parkinson und Rheuma und lebe aber seit dieser Zeit in einer festen Beziehung, die ein bisschen so gestaltet ist, dass er von der Hilfe und Zuwendung profitiert. Er sieht sich gebessert, der Begriff Änderung sei falsch. Und es gäbe nach wie vor kaum einen Begriff, den er so hinnehmen könne wie ihn die meisten anderen Menschen hinnehmen. Er kämpfe immer noch um jedes Wort. Dennoch bestätigte er, dass die Meditation mit den von mir und auch ihm selbst letztlich entwickelten *Formel-Worten* aus der lateinischen Sprache, die ich nun schildern will, ihm viel geholfen habe.

Nur sei er sich sicher, dass niemand in der äußeren Realität einem anderen die Wahrheit geben kann, die richtigen und auch weitertragenden Worte, die Lösung, die Befreiung, die je eigene Wissenschaft. Ich habe schon mehrmals darauf hingewiesen, dass ich im Nachwort einiges Wesentliches klären kann und werde. Ich setze dennoch schon hier an diese Stelle meine Frage: durch was ist irgendetwas in dieser Auseinandersetzung, dieser intersubjektiven Begegnung, diesen Gesprächen bewegt worden? Stefan R., hat immer wieder neues Material zur Bearbeitung hervorgebracht, aber was hat ihm wirklich geholfen? Genügt es bei einer Struktur wie er sie bietet, die Übertragung aufzulösen oder muss man ihm nicht fast im Umkehrschluss einen Übertragungsrest lassen, der ja den Symbolisierungsvorgang als solchen stützt und ihn damit gesprächskompetenter werden lässt als er vorher war?

Ähnliche Entdeckungen wie die mit den Formel-Worten und deren Metasinn hatte ja Stefan R. wie erwähnt schon bei seinen soziolinguistischen und dialektologischen Untersuchungen gemacht. Die nebenstehende Tabelle zeigt eine Lautfolge in bayerischer Mundart, die Stefan R. erstellte, wobei ebenfalls von unterschiedlichen Schnittstellen oder Wortklangbildern an gelesen bzw. gehört werden muss:

> „S`Christ kimmt heit weg.
> S`Grüst kimmt heit weg.
> S`Grüsst kimmt heit weg.
> S`Christkindheit weg.
> S`Christ: Kindheit weg.
> Christ: Kindheit wecks!
> Wecks Christkind heit!
> Wägs: Christ kimmt heit.
> Kindheit weg. S'grüßt.

Einmal erkannt, dass es eine triadische (oder mehrzahlige) Formulierung ist, um die es hierbei geht und die den Schlüssel zum Ganzen darstellt, war es nicht schwierig, ein besseres *Formel-Wort* insbesondere aus dem Lateinischen zu finden, z. B. nämlich:

*A L I T E R A S U M* , das in seiner Kreisschreibung das Wesentliche seiner Funktion entfaltet (siehe Abbildung unten). In dieser kreisgeschriebenen Formulierung aus der lateinischen Sprache lässt sich weitaus präziser diese Kombinatorik darstellen, die ich in all den Versuchen die „linguistisch-kristalline" Form des Unbewussten direkt für die Therapie zu nutzen, angestrebt habe. Denn dieses *Formel-Wort* – wie andere, die ich bereits früher publiziert habe, auch – enthält mehrfache Vorstellungen, Bedeutungen, in dieser einzigen Formulierungs- bzw. Schreibweise, die sich wissenschaftlich optimal begründen lassen. Von verschiedenen Buchstaben nämlich aus gelesen, ergibt sich sehr wohl ein je-

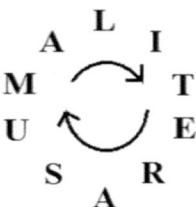

weils verschiedener Sinn, eine stets andere Bedeutung, also eine Mehrfachbedeutung, und exakt so ist das Unbewusste aufgebaut.[162] Das Unbewusste ist eine Schrift, die man selbst geschrieben hat und nun nicht mehr lesen kann. Man hat es zu hastig, zu bildhaft, zu chaotisch geschrieben, und jetzt ist es notwendig, etwas zu finden, mit dem man diese zu subjektiv geschriebenen Zeichen wieder lesbar, sozusagen ‚objektiv' machen kann.

Es geht um das uralte Problem, wie man das Subjekt, das unbewusste Ich, das ‚Selbst' objektivieren kann, was paradox klingt, aber um genau das geht es. Die Geisteswissenschaften versuchen auch nichts anderes, als diesen Zweispalt Subjekt/Objekt zu lösen, doch dabei sind sie scheinbar immer im Nachteil, weil die Naturwissenschaften, die selbst das Objekt noch verobjektivieren (durch ihre martialischen Experimente), angeblich von vornherein näher am Objekt sind. Deswegen sind das Wort-Wirkliche, das *Spricht* (Sprechtrieb, verbaler Signifikant) und das Bild-Wirkliche des *Strahlt* (Schautrieb, imaginärer Signifikant) die präziseren ‚Objekte'. Nur sind es leider zwei, und wie bringt man nun diese wieder zusammen, wie kombiniert man sie am besten? Nun, man bringt sie in eine absolut rein formale und vom Subjekt selbst erübbare Weise, wie sie im *Formel-Wort* gegeben ist.

Ich habe – metaphorisch ausgedrückt – diese selbst geschriebene und nicht mehr lesbare Schrift aus mehr bildhaften Zeichen (hier: fünf Buchstabenpaare) geschrieben, diese Bild-Symbole aber mehr und mehr verdrängt (Freuds Nachträglichkeit[163]), und nun muss mir der Analytiker dabei helfen, sie wieder zu entziffern. So lerne ich meine eigene (erst evtl. mehr bildhaft geschriebene) Schrift zu akzeptieren und sie dann wieder (nunmehr mehr worthaft) neu zu

---

[162] Statt Buchstaben können wir besser auch Schnittstellen sagen, weil man so der Signifikantentheorie Lacans, aber auch der Informatik und den Computerwissenschaften entsprechen kann.
[163] Verdrängung kommt durch nachträgliches (nach-) Drängen zustande, indem uns die wirkliche Symbolbedeutung früher Bildsymbole mehr und mehr bewusst wird, dies unangenehm ist und z. B. durch Rationalisierung verdrängt wird.

verfassen![164] Dass es sich um mich selber handelt und dass ich meine Schrift selber lesen lernen muss, ist meine Aufgabe. Ich muss nur die unterschiedlichsten Schnittstellen, die bildhaften mit den worthaften Überlappungen, finden, und genau die sind in dem Beispiel hier fast hinter jedem Buchstaben zu sehen (Doppelbuchstaben sind auch einfach geschrieben oder einfache doppelt. Die Formulierung wird ja gedanklich wiederholt, dabei spielt die Schreibweise nicht so eine Rolle, wie die Sprechweise, dies gilt auch für die Psychoanalyse):

| | |
|---|---|
| ALITER ASUM: | Anders bin ich nicht zugegen |
| SUMMA LITTERA: | Der höchste Buchstabe |
| LITTERA SUM A: | Ich bin der Buchstabe A |
| ERA SUM ALIT: | Ich bin eine Frau, die ernährt |
| A LITE RASUM: | Vom Streit getilgt |
| TER ASUM ALI: | Dreimal bin ich nicht Ali |
| ITER ASUM AL: | Der Weg AL bin ich nicht |
| ITER A SUMMA L: | der Weg zum höchsten L |
| ERAS SUM MALIT: | Du warst, ich bin, er wäre lieber |
| ALI - TERRA SUM: | Geflügelte Erde bin Ich |
| ITERAS UMAL | Du wiederholst umal |
| LI TERRA SUMMA | Li höchste Erde (Li Abkz. Lithium) |
| MALIT ERASU: | Er wäre lieber getilgt |

Obwohl voll von unterschiedlichstem, wenn auch oft fragwürdigstem Sinn, ist *ALITERASUM* doch ein ideales *Formel-Wort*, also eine Formulierung, die drei oder mehr Vorstellungen in sich selbst enthält ohne als solches einen Sinn zu haben, bzw. das gerade dadurch keinen (eindeutigen) Sinn hat. D. h. es ist – z. B. als *ER AS UM AL IT ER* . . . geschrieben, also so, wie man es üben soll, nämlich monoton fortlaufend oder gar in Verbindung mit anderen *Formel-Worten*, ohne eigentliche, zusammenfassende Bedeutung. Oder umgekehrt: erkennt man, dass sich darin verschiedene Bedeutungen verstecken, kann man keine einzele bevorzugen und

---

[164] Lacan, J., Seminar II, Walter (1980) S. 176 „Seine Geschichte neu schreiben, noch einmal schreiben"

muss also das reine *Formel-Wort*, ohne direkten Sinn, nehmen und üben. Die einzelnen Bedeutungen sind im Grunde nicht so wichtig, da sie eben in ihrer Vielschichtigkeit keinen einheitlichen, eineindeutigen, zusammenfassenden Sinn zulassen, und genau darauf kommt es beim Unbewussten an. Etwas, das schon artikuliert ist (das Unbewusste ist strukturiert wie eine Sprache), das schon semiotisch geformt ist (evtl. wie ich sagte: mehr bildhaft, wie Hieroglyphen, aber doch auch worthaft), kann von mir nicht bewusst ausgesprochen werden, und ich muss erst lernen, all die Schnittstellen dieser Artikulation zu übersetzen.

Hier allerdings kann man nur den fast umgekehrten Schritt tun: Man bietet dem Unbewussten dieses *Formel-Wort* an, damit es davon strukturell getroffen die bild-worthaften Inhalte seiner selbst mit herausgeben muss. Ich bearbeite mein Unbewusstes durch mentale Wiederholung dieses *Formel-Wortes* solange, bis es sich mir eröffnet, bewusst macht, seine eben genauso strukturierte bild-worthafte Wahrheit ausspuckt. Ich bearbeite die Sprech-Linien des Unbewussten durch das Linien-Sprechen des *Formel-Wortes* oder umgekehrt. Ein Lateiner wüsste nicht, was mit diesem *Formel-Wort* gemeint ist, würde immer eine andere Bedeutung herauslesen können, wäre verwirrt. Umgekehrt aber, wenn wir wissen, dass diese Verwirrung absichtlich ist, wenn wir einfach ein *AL IT ER AS UM*. . . gedanklich wiederholen, wohl wissend, was darin steckt, aber ohne es im Einzelnen zu berücksichtigen, bewegen wir das Unbewusste genau in die Richtung, wie es in der Psychoanalyse durch die freie Assoziation und Deutung bewegt wird, nämlich dass es sich zu einer Bewusstheit hin öffnet.[165]

---

[165] In die Deutung gehen natürlich die verschiedenen Vorstellungen, Bedeutungen des *Formel-Wortes* mit ein. Da diese aber so zahlreich und widersprüchlich sind, bleibt dem Unbewussten kein anderer Ausweg, als seinen eigenen Inhalt, Wahrheit mir herauszugeben, aufzudrücken, zu enthüllen. Orale, anale Inhalte werden genau so wie skopische oder vokative darin enthalten sein.

Es ist also wie beim Traum „In duval segit futur", der aus dem Unbewussten kommt, bei dessen Deutung wir aber trotz seiner formelhaften Struktur, seiner „Einziges-Element"-Struktur, vorsichtig sein mussten. Denn das Unbewusste ist hier zwar von selbst fast bis zum klaren bewussten Verstehen hin aufgebrochen, aber beendet es wirklich damit sein Wiederholungsgeschehen? Ist seine Bedeutung wirklich schon aus dem Satz selbst erschöpfend? Nein. Würden beispielsweise mehrere Träume kommen, in denen dieser Satz stets nur noch Abwandlungen fände, wären wir überzeugt, dass die unbewusste Wahrheit sich selbst hier ausspräche, so wie es früher in Mystik und Religion oft der Fall war. Dem Mystiker enthüllt sich meist immer wieder der gleiche Gott, der gleiche religiöse Inhalt. Aber bei Stefan R. kam dieser Traum nur einmal, und auch wenn noch ein weiterer ähnlicher folgte, brächte dies nicht gleich eine Lösung. Er sagte dem Analysanden Stefan R. zwar viel, aber noch lange nicht so viel, dass er damit im realen so wie auch im geistigen Leben Klarheit gefunden hätte.

Diese Möglichkeit ist jedoch erst mit dem Schritt zum wirklichen *Formel-Wort* gegeben, in dem die Besonderheit des Traums, der schlüssigen Traumworte, zu einer formalisierten Theorie ausgearbeitet wurde. Genau das hat noch gefehlt. Noch so viel Traumdeutung kann nichts nützen, wenn der Analytiker nicht genug ergänzende Einfälle und weitere Daten zur Verfügung hat. Der Fortschritt in der Analyse Stefan R.s. aber lag in seiner wissenschaftlichen und gerade dadurch auch therapeutischen Bedeutung. Das *Formel-Wort* kann nicht geträumt werden. Aber man kann es wiederholen, damit selbst die schlüsselfertigen Träume eine letzte Stabilität der ihnen immanenten Wahrheit bekommen. Stefan R.s. Beschäftigung mit dem Sant Mat (Surat Shabd Yoga) bekam dadurch erst seine wirkliche Grundlage, d. h. er brauchte von nun an gar nicht mehr einen ihm selbst unklaren, nicht ganz logischen Yoga auszuüben, sondern eine wissenschaftlich begründete, psychoanalytische Methode (*Analytische Psychokatharsis*, die man besser als Konjekturalwissenschaft bezeichnen würde).

Genau dies – eine Meditation mit der gedanklichen Wiederholung
von noch zwei weiteren, nach gleichen Grundsätzen entwickelten
*Formel-Worten* – praktizierte Stefan R. nun in der Folgezeit.
Dadurch kam es auch zu dem Phänomen, das ich die *Pass-Worte*
genannt habe, und die ein genau so wichtiges Phänomen des Verfahrens sind, wie die Wiederholung der *Formel-Worte*. Denn diese
*Pass-Worte* stellen den mehr analytischen Teil der Methode dar.
Bei längerem Üben und in tiefer Entspannung kommt es zuerst
zum Auftreten einer Katharsis, einer befreienden Erfahrung, die
aus der Mystik schon lange bekannt ist. Freud hatte sie auch bei
seinen Behandlungen mit der Hypnose gesehen, sie wegen der
auftretenden, verdrängten Erinnerungen beim Patienten geschätzt,
aber wegen der Anhängigkeit von seiner hypnotisierenden Stimme
beendet und dafür die ‚freie Assoziation‘ und die Deutung einge-
setzt. Doch hier, in diesem neuen Verfahren mit den lateinischen
*Formel-Worten*, konnte die Katharsis positiv und konstruktiv genutzt werden. Denn bei genügend ausgeprägter Katharsis dringen
– gerade eben angeregt durch die *Formel-Wort*-Wiederholungen –
wieder Formulierungen ins Bewusstsein, die ja der hauptsächliche
Sinn des Verfahrens sind: etwas von der unbewussten eigenen
Identität ausdrücken zu lassen, die unlesbare Schrift hörbar zu machen. Ich komme auf dieses Phänomen, das also eine weitere
(zweite) Übung notwendig machen wird, im nächsten Kapitel zurück (die erste Übung bestand im gedanklichen Wiederholen der
*Formel-Worte*).

Nochmals: Die Schlüssel-Träume oder die Mantren selbst einfach
zu wiederholen, konnte ich nicht gut heißen. Was hätte Stefan R.
da wirklich wiederholt? Mit den *Formel-Worten* aber wird im Unbewussten jene Struktur angesprochen, die manchmal im Traum
zu scheinbar treffenden Äußerungen führen kann, nunmehr aber
total formalisiert und systematisiert ist, und daher immer wieder
angesprochen, aufgerufen, provoziert und reverberiert werden
kann. Damit ergibt sich die Möglichkeit, dass nach einiger Zeit
des Übens sich eine wirkliche authentische Äußerung einstellt, die
dem Unbewussten absolut kongruent ist (also das Gleiche, wie

wenn ich immer wieder den formelhaften Satz mit Abwandlungen träumen würde, so dass mir sein Sinn auch ohne Analyse aufgeht (was aber sehr unwahrscheinlich ist). Oder aber ich brauche doch noch stets einen Analytiker, der diesen Satz – mit gesicherter Theorie im Hintergrund – endgültig deutet.

Die absolute Kongruenz ermöglicht mir die Konstruktion des *Formel-Wortes* als Mehrfach-Sinn-Wort selbst, ohne Analytiker. Denn die Assoziationen, die er deutend beisteuert, könnten nichts anderes sein als exakt jene Schnittstellen-Assoziationen des Unbewussten. „Die Interpretation", sagt Lacan, „ist das (unbewusste) Begehren selbst". Die Übung mit den *Formel-Worten* wird dem Unbewussten nur noch die schmale Lücke lassen, wo sich das Begehren selbst artikulieren muss, wo es, wie ebenfalls wieder Lacan sagt, „durch die Engführungen des *Signifikanten* hindurch muss". Weil Stefan R. jetzt sein SAT –T- NAM als *AL IT ER AS UM* als TE RA SU MA LI etc. üben kann, kann seine Analyse nunmehr schneller fortschreiten als durch jedes Schulmeisterverfahren der klassischen Psychoanalyse alleine. Er wird diese Formulierungen, Wortfetzen, ‚ultrareduzierte Phrasen' hören, die *Pass-* oder Identitäts-*Worte*

Für was, wird der Leser fragen, benötige ich diese vielen und noch dazu gerade diese genannten Bedeutungen im *Formel-Wort*? Sie haben ja eigentlich viel weniger Bedeutung, Beziehung zu meinem Unbewussten als schlüssige Traumworte, die aus mir selbst gekommen sind! Nun, wie gesagt, man benötigt die verschiedenen Vorstellungen im *Formel-Wort* eigentlich nicht. Sie sind nur da, um wissenschaftlich und intellektuell, semiotisch-strukturell, und vor allem *praktisch-logisch*[166] den ganzen Vorgang der Chiffrierung und wieder Dechiffrierung sichtbar und nutzbar zu machen. Wichtig ist allerdings, dass die Vorstellungen, Bedeutungen im *Formel-Wort* disparat genug sind, weit genug auseinander liegen, so dass sie in sich selbst keinen schon vorgefassten Sinn ergeben. Dann natürlich wäre es wieder so wie im Schlüsseltraum, der eine

---

[166] Praktische Logik nannte Lacan die Psychoanalyse.

Bedeutung aufdrängt, dessen Gültigkeit jedoch nur der Analytiker wirklich deuten kann, bzw. dessen letzte Gültigkeit für den Patienten nur dann vorliegt, wenn er sich mit dem Analytiker darin einig ist. Es ist jedoch praktisch unmöglich, alle diese Bedeutungen des *Formel-Wortes* auf einen Nenner zu bringen. Das Unbewusste ist somit gezwungen, eine neue, evtl. strukturell ganz andersartige Bedeutung herauszurücken, also selbst Nenner zu sein, wenn es ständig mit einem derartigen *Formel-Wort* bombardiert wird.

Wenn man dies einmal verstanden und gebilligt hat, mag man also gerne die einzelnen Vorstellungen wieder vergessen. Auch in diesem Verfahren mit den *Formel-Worten* (denn es werden meist mehrere gebraucht), das ich später *Analytische Psychokatharsis* genannt habe, benötigt man Vertrauen, d. h. eine positive *Übertragung*. Aber das Verfahren muss eine Form der Wissenschaftlichkeit durchlaufen, damit man sich beim Üben dieser Methode jederzeit am wissenschaftlichen Aufbau orientieren kann und nicht nur in der *Übertragungsheilung* verweilt (bzw. der Abhängigkeit vom Lehrmeister). Diese *Formel-Worte* würden nichts taugen, wenn sie nicht vollständig transparent aus Linguistik, Psychoanalyse, Semiotik etc. heraus entwickelt wären, auch wenn wir diesen Teil der wissenschaftlichen Entwicklung dann wieder fast ad acta legen können. Denn wenn man alles weit genug verstanden hat und weiß, wenn man Wissen hat im Sinne einer Wissenschaft, dann muss man üben und d. h. auch mit Vertrauen in die Wissenschaft üben. So kann man gedanklich und kritisch an jeder Stelle wieder nachhaken, wenn Probleme oder Unsicherheit auftreten.

Manche fühlen sich bei diesem „*gekrümmten Denken*" der *Analytischen Psychokatharsis* an den sogenannten „luziden Traum" erinnert. Dieser ist aber kein wissenschaftlich klar erfasstes Phänomen, ist von psychotischen Träumen manchmal nicht zu unterscheiden und meist mehr vom rein Visuellen beherrscht. Ist schon der normale Traum der Geisteskrankheit verwandt oder zumindest nichts anderes als „ein Stück überwundenen Kinderseelenle-

148

bens",[167] so ist der „luzide Traum" oft geradezu ein kindliches Spiel mit einer reinen Visualität. Es handelt sich um so etwas wie die Astralebene der Mystiker, wie das Trikuti der Yogis, bei denen Stefan R. in die Schule ging, also eine visionäre Ebene, deren Visionen aber nicht klar von Halluzinationen zu unterscheiden sind. Und selbst wenn sie es wären, die in der Literatur angeführten Beispiele sind tatsächlich von extremer Kindlichkeit geprägt, so dass sie eher eine gefährliche Selbsttäuschung darstellen, als einen psychischen Fortschritt.

P. Lavie berichtet über derartige Fälle, bei denen das Ich des Träumers zwar einen wesentlich stärkeren Einfluss auf das Traumgeschehen hat, dieses aber schlechter als die meisten schlechten Filme sich in Aneinanderreihungen von Banalitäten erschöpft.[168] Im luziden Traum hat der Träumer nicht mehr den kulturellen, geistigen Überblick und verharrt daher unbeabsichtigt in meist infantilen Bemühungen. Auch W. Seitter hebt zwar die Besonderheit luzider Träume (Klarträume) heraus, es wird aber gleichzeitig deutlich, dass durch die Klarträume nichts wirklich „klar" wird.[169] In einem Beispiel, welches Lavie erwähnt, zeigt sich sogar plastisch, dass der „luzide Traum" Erscheinungen mit großer Präzision darstellen kann, die aber dann um so plötzlicher in sich zusammenfallen. Der Klartraum „führt in märchenhafte Vorgänge ein",[169] ist also ein reiner *Strahlt*-Traum, der fast nichts wirklich echtes und wichtiges *Spricht*.

Was wird sich einstellen, wenn wir die *Formel-Worte* wie beschrieben üben? Eben nicht eine reine Luzidität (*Strahlt*), aber auch nicht ein ausgeprägtes und isoliertes Lesen oder Hören von völlig fertigen und klaren Sätzen, Sprüchen (*Spricht*), sondern eine auf Grund der disparaten Bedeutungen im *Formel-Wort* erzeugte Kombinatorik der beiden. Manchmal kommen dabei sehr wohl „Dinge" heraus, die ich analog zu den sie evozierenden *Formel-*

---

[167] Freud, S., GW II/III S. 573
[168] Lavie, P., Die wundersame Welt des Schlafes, DTV (1999) S.123-28
[169] Seitter, W., Kunst der Wacht, Philo (2001) S. 23 und 204

*Worten Pass-Worte* genannt habe, weil sie doch sehr stark die unbewusste und nunmehr bewusst werdende Identität erzeugen. Ich werde es im nächsten Kapitel erklären und auch an einem Beispiel, das Stefan R. selbst nach einiger Zeit des Übens der *Analytischen Psychokatharsis* erfuhr, verständlich machen.

Es wird also genau jenes „*gekrümmt*-gerade Denken" entstehen, von dem ich eingangs geschrieben habe, dass es das Subjekt und sein *Anderes* verbinden könnte. Ein *gekrümmtes* Denken, das dennoch die gerade Rationalität nicht verlässt. Früher nämlich, im Mythos, haben die Lehrer der Menschheit nur im *flow*, nur „gekrümmt" gedacht. Schon durch die sonore Tonlage ihrer Stimme, durch die Gewichtigkeit der Art ihres geradezu wellenschlagenden Vortrags und natürlich auch durch die inbrünstige Erfassung vom Mythos selbst, haben sie Wort-Bilder von sich gegeben. Diese waren so bildhaft, so plastisch, dass sie, wie es Lacan von der Psychoanalyse sagt, gar nicht verstanden werden mussten, sondern tatsächlich „Wellen schlugen". Diese hat man auch nicht mehr so schnell vergessen, denn es war notwendig, sie zu behalten, man hatte nichts anderes. Es handelte sich genau um die umgekehrte Struktur, ums umgekehrte Vorgehen, wie wir es heutzutage normalerweise tun. Wir denken meist nur gradlinig, rational, oder *gekrümmt* wie der ‚Psychotiker', aber hier, mit der *Analytischen Psychokatharsis*, können wir *gekrümmt*-gerade denken.

Heute können wir nur vom analytischen Diskurs, durch die rationale Deutung des Traumes z. B., auch wenn er nicht ganz verstanden wird, selbst wenn seine Deutung nicht das Letzte begreifen lässt, erwarten, dass er doch Wellen schlägt (müssen aber evtl. endlose Träume deuten, es sei denn, sie sind schon so äußerst schlüssig, „vom Blatt ablesbar", wie Freud sagte). Oder der Traum ist – wie es Seitter vorschlägt – tychanalytisch, d. h. durch eine Komposition von Selbst- und Fremddeutung, auch als „Mehr-Erkenntnis durch Verschränkung mit dem Leben", als einsichtsfähige Selbstdarstellung, -enthüllung les- und verstehbar.[170] Ja, Seit-

---

[170] Seitter, W., Kunst der Wacht, Philo (2001) S. 194 - 204

ter erwähnt sogar ein Wachträumen in Form eines „ziemlich starken Bilderstroms, der durch deutliches, aber nur „innen" gehörtes eigenes Sprechen vorangetrieben und begleitet wird". Wir sind wieder beim Katathymen Bilderleben, luzidem Traum und Ähnlichem, mit dem wir in unserer Selbstklärung vielleicht ein bisschen weiterkommen können, aber mit all dem werden wir nicht nach außen hin „Wellen schlagen".

Sich gut verstehen, heißt meistens sich zu vorschnell verstehen und damit gar nichts verstehen. Während man im Mythos den Wort-Bild-*flow* sofort verstanden hat und nicht mehr vergaß, seine letztliche, vernünftige Form aber mühevoll erkämpfen musste, sind wir heute so vergesslich, dass wir das Verstehen ständig einüben müssen, das nun aber rational von uns so gewusst wird, mit der Rationalität so verbunden werden kann, dass der Wort-Bild-Flow „mühelos" wird. Aber er hat dann oft keine Seele mehr. Dazu eben helfen die Übungen mit den *Formel-Worten*, die den Flow aus dem Unbewussten herausfordern können ohne unsere Rationalität ganz wegzudrängen, wie es in den üblichen Meditationsmethoden und im Yoga der Fall ist. Es ist ja alles schon da, alles schon schön erzählt, so dass das Unbewusste nur noch den Schluss, die Pointe der Erzählung nachliefern muss evtl. in Form von *Pass-Worten*.

Die *Formel-Worte*, die *Strahlt-* und *Spricht*-Anteil haben, muss man sich in dem Bild unten entlang der Kurven und Bahnen eines Möbius-Bandes vorstellen. Denn dadurch wird die Dynamik des Gerade-*Gekrümmten*, der WORT-BILD-haften Verkettung noch deutlicher sichtbar. So wird bestens das wiedergegeben, was Lacan in den Seminaren tat. Denn er sagte seinen Hörern, dass er eigentlich nur zu den „Mauern" spreche (*Strahlt / Spricht*), nicht zu ihnen selber. Als dann einige protestierten und sagten, „ja, wenn Sie nur zu den Mauern sprechen, können wir ja nach Hause gehen", erklärte ihnen Lacan, dass es den psychoanalytischen Vorgang viel besser darstelle, wenn er zu den Mauern spreche, sie, die anwesenden Zuhörer aber, wichtige Zeugen dieses eigenarti-

gen Sprechens seien! Wie sollte er zu ihnen direkt sprechen, die er
nicht kennt und die ihn nur schwer verstehen!

**Abb. 4** In dieser Abbildung ist ein
(anderes) FORMEL-WORT auf ein
Möbiusband geschrieben. Dieses
Band stellt die Knoten-Topologie
des Unbewussten ideal dar, indem
es nur eine Fläche und nur einen
Rand und doch ständig Vor-und
Rückseite hat. So kann man sich
vorstellen, wie entsprechend den
verschiedenen Schnittstellen die
Buchstaben auf die andere Seite
wechseln können, obwohl es sich im
Sinne einer einheitlichen Formulierung nur um eine Fläche handelt,
auf der die Bedeutungen geschrieben sind.

Aber zu „Mauern" sprechen, hieß, auch zu den Mauern, die seine
Hörer selbst noch in sich haben, zu sprechen, und gleichzeitig
auch ein besonderes, psychoanalytisches Sprechen zu haben
(denn er weiß ja, dass trotzdem wichtige Zeugen da sind). So ein
Vorgehen vermittelt somit weitaus besser, was es mit der Psychoanalyse auf sich hat, als wenn man gesalbt zu einem von lauter
Erwartung zugemauertem Publikum spricht, das dann – geschmei-
chelt – selbstverständlich alles zu verstehen glaubt. Besser etwas
nicht verstehen und wissen, dass die Wahrheit zugegen ist, ja, indem sie nicht nur an den Mauern wiederhallt oder kleben bleibt,
sondern mehrfach zugegen ist. Exakt so ist es auch mit den *Formel-Worten*. Das mit ihnen beschriebene Möbiusband lässt die
Wahrheit herausklingen, wenn man es meditativ, gedanklich übt.

Denn wissen, wie die *Formel-Worte* mehrschichtig aufgebaut sind,
und dass dies wissenschaftlichen Kriterien entspricht, und sie dann
auch praktisch anzuwenden, ist besser, als Formulierungen zu
wiederholen, indem man nur wiederkäut, was andere von sich gegeben haben (oder selbst ein Traumschlüssel von sich gibt). Beim

Gebet ist dies nämlich nicht anders als beim universitären Wissen, während unser Übungsverfahren nur das jedem eigene unbewusste Wissen zugänglich macht. Beim Gebet spricht man zu den Mauern, aber die Wahrheit hallt nicht zurück. Was zurückhallt ist lediglich eine fromme Beschwichtigung. Beim universitären Diskurs dagegen haftet, klebt die Wahrheit fest an den Mauern, aber sie ist nur die Wahrheit der Mauern (sie ist „objektiv") und nicht die der einzelnen Menschen, die wichtige Zeugen sind, Subjekte.

Nur so, mittels der *Formel-Worte*, gelingt es am besten, wie man „Bilder in ihrem symbolischen Wert intervenieren lässt".[171] Z. B. das Bild von Ödipus, indem es heißt, jenseits des Ödipuskomplexes zu gehen. Wie Lacan in dem gleichlautenden Kapitel des 17. Seminars ausdrückt, ist es der imaginäre Vater, der Agent der Kastration ist, dagegen ist es eben unmöglich zu sagen, was der reale Vater, der Vater als solcher eigentlich sein sollte.[172] Denn ob fatum oder vater, es gibt sie alle gar nicht, diese „*Fata-unser*", weil sich in dieser Funktion, dieser „Fata-funktion, imaginäre und reale Beziehungen vereinen, die der symbolischen Beziehung gegenüber, die sie wesentlich konstituiert, stets mehr oder weniger unangemessen sind". Deswegen ist so etwas wie *ALITERASUM*, ein psychoanalytisches *Formel-Wort*, Bild-Drei- (oder mehr) WORT noch am angemessensten, um diesen Kernpunkt der Analyse auszudrücken. Was immer man von der wesentlichsten Vaterfunktion sagen kann, angemessener kann man es nicht sagen, weil dieses Sagen so jedem selbst überlassen ist. Und nur darauf kommt es an. Vergesst alles – so könnte man sagen – was ihr – vor allem politisch – gelernt habt (es sei denn, ihr braucht es zum Lebensunterhalt). Vergesst alle Wissenschaften (es sei denn die, die zum Verständnis des Verfahrens notwendig sind – und das sind leider etliche), aber vergesst nicht *ALITERASUM* oder ein ähnliches *Formel-Wort* (man kann sicher noch viel bessere finden). Werdet selber Wissenschaftler, Psychoanalytiker, Teilnehmer an diesem psycho-linguistischen Verfahren!

[171] Lacan, J., Schriften II, Walter (1980) S. 37
[172] Lacan, J., Le Seminaire Nr. XVII, edition seuil (1991)

In seinem Artikel über Affekt, Traum und die psychoanalytische Situation referiert U. Moser über die reichhaltigen Vernetzungen, Netzwerke affektiver und kognitiver Prozesse, von Interaktions- und Positionierungsfeldern und wie das alles zusammenhängt und generiert ist.[173] Aber was nützt das alles? Nachdem alles erklärt und dargestellt ist, muss er noch sagen, dass ein „theoriegeleitetes Kodiersystem" notwendig ist, um sich in den ganzen Netzen zurechtzufinden. Der Analysand, das *Subjekt* des *Unbewussten*, bleibt dabei draußen. Das tut er in gewisser Weise auch bei der *Analytischen Psychokatharsis*, doch wird ihm dadurch nur das minimalste Kodiersystem in die Hand gegeben, das möglich ist. Wenn Moser sagt, dass der Traum genauso wie das Unbewusste, nach „gleichen affektiven Erlebnissen" strukturiert ist, warum dann nicht sofort mit der Strukturierung strukturieren, anstatt mit so vielen, komplizierten „wechsel- und selbstregulierenden Modellen"?

Dennoch ist es wichtig zu zeigen, dass unser Schritt in den Übungen auch ein Schritt zur „Wahrnehmung" als solcher ist, und zudem auch allen anderen Freudschen Begriffen genügt. Ob man vom Begriff der Versagung ausgeht, jenem traumatischen Nein, das der Analytiker durch seine Abstinenz wiederholt[174] oder von der Überdeterminierung (*ALITERASUM* ist mindestens dreifach determiniert) oder vom Traum (*ALITERASUM* ist selbst ein Rebus, ein Bildwort), alles betrifft die gleiche Funktion: die der Kreuzworträtsel, der Assoziationen im anagrammatischen Netz. In der Sitzung suchen wir im Netz der Semanteme unbewusster Affekte nach Überkreuzungen mit anderen Semantemen. Dazu benutzt man die sogenannte Grundregel, d. h. den Analysanden wie ein Kreuzworträtsel sprechen zu lassen, d. h. ein Wort spontan zu einem evtl. dazu querverlaufenden zu assoziieren um so den Bedeutungs-*Übertragung*sknoten zu lösen, der das Problem des Betreffenden ist.

---

[173] Moser, U., Zeichen der Veränderung, Psyche 10 (1992) S. 923 -957
[174] Lacan, J., Le transfert, Seminaire Nr. VIII, edition seuil (1991) S. 377

Das traumatische-traumatisierende Nein, die `Versagung', stellt die eigentliche Ursache der Neurose dar.[175] D. h., dass das Trauma vom aktuellen, faktischen Beginn bis zur – wie Freud sagt: `nachträglichen' – versprachlichten Bewusstwerdung ein Schlag, eine Zurückweisung, ein R-A-SUM (ausradiertes) ist, das wahrscheinlich in mehrschrittiger, sich anhäufender, nicht einmaliger Form geschieht.[176] R-A-SUM, dem wir, wenn wir es so dreiteilen, seine schrecklichen Widerhalleffekte zuerkennen und die wir nunmehr auffangen wollen nicht einfach in einem JA, was banaler Positivismus wäre, sondern in einem ALITER (anders Sein, psychischer Realität), das nun SUMMA LITTERA sein wird (die Deutung), wenn es den Weg geht (ITER), an dem ich bin (ALITER ASUM) (Unbewusstes), und mich so gefunden haben werde (Lacans 2. Futur, in der die Zukunft als vergangene sich vergegenwärtigt), stets nährend Weibliches, ERA SUM ALIT.

Ich fasse erneut zusammen: *ALITERASUM* war eine Neuorientierung in der Analyse des Stefan R.s geworden, die, gerade indem sie die Grund- und Deutungsregeln so genau befolgt hat, wahrscheinlich lange nicht hätte beendet werden können. Aber sie war, wenn das Sprechen des Analysanden so wesentlich ist, der Gipfel einer Lösung für viele Probleme. Ich konnte den immer wieder an den entscheidenden Schnittstellen auftretenden `verrückten' Assoziationen des Analysanden doch eine Deutung geben, konnte, ohne die Freudschen Begriffe zu verlassen, die *Übertragung* im wortwörtlichsten Sinne auflösen, indem *ALITERASUM* einen wirklich `übertragenen' (sogar drei-mehrfach übertragenen) Sinn hat, der gleichzeitig durch seine (synchron-diachrone) Überlappung aufgelöst ist. Stefan R. konnte jetzt weiter das tun, was er immer schon getan hatte: Strukturell wiederholen. Nunmehr aber in der struktural *signifikantesten* Form, im Zusammenhang mit dem Unbewussten selbst, ohne das Rationale außer Acht lassen zu

---

[175] Laplanche, J., Pontalis, J. B., das Vokabular der Psychoanalyse, stw 7 (1989) S. 517

[176] Mertens, W., Kompendium psychoanalytischer Grundbegriffe, Quintessenz (1994)

müssen, wie er es im reinen Yoga gelernt hatte. Er konnte jetzt also therapeutisch weitgehend alleine weiterarbeiten. Ich sah ihn nur noch alle paar Monate.

# III. Der Diskurs als solcher

## III. 1 Praktische Anwendung

Autogenes Training, Katathymes Bilderleben und Meditationsverfahren oder Ähnliches reichen meist nicht aus, um wirkliche Hilfe in schweren seelischen oder körperlichen Krisen zu geben. Die Psychoanalyse kann jedoch bei derartigen Prozessen und vor allem in ihrer klassischen Form – das haben wir in der vorliegenden Fallgeschichte gesehen – auch nicht das ideale Mittel sein. Sie kann zwar das ideale wissenschaftliche Gerüst liefern. Das habe ich vor allem an Hand des Zusammenhangs von richtiger Deutung durch den Analytiker und der folgenden Lieferung bestätigenden Materials durch den Analysanden gezeigt. Für die konkrete Praxis jedoch benötigt man immer wieder neue zusätzliche, evtl. auch strukturelle, Aspekte. Ich habe ausführlich erörtert, wie diese Aspekte in der modernen psychoanalytischen Psychosenliteratur dargestellt werden (Z. B. Undifferenziertheit von Selbst- und Objektrepräsentanzen, behutsamster Umgang mit der *Übertragung*, Patientenidentifizierung des Therapeuten etc.). Die Entdeckung, das *Strahlt / Spricht* durch formelartige Formulierungen zu kombinieren, zu konkretisieren und so zu einem Übungsverfahren zu gestalten, stellt eine weitere neuartige Strukturierung auf wissenschaftlicher Ebene dar. Dabei bleibt sie dem Freudschen psychoanalytischen Konzept mehr treu als etwa die „Transference Focused Psychotherapy" von O. Kernberg, die sehr viele intervenierende und suggestive Momente enthält, aber den Patienten sehr stark kategorisiert.

Ich habe die praktische Anwendung der *Analytischen Psychokatharsis* vielerorts beschrieben, daher hier nur eine verkürzte Darstellung dieser auf konkrete Übungen bezogenen Seite des Verfahrens. Während man in der klassischen Freudschen Psychoanalyse „dem geschulten Blick des Analytikers" (eine Art des *Strahlt*) ausgesetzt ist und dabei „frei assoziieren" soll (also seinem *Spricht* nachgeben soll), finden sich in meinem Verfahren diese Grund-Prinzipien nur etwas anders formuliert wieder. Hier setzt man sich dem eigenen und möglichst überhaupt nicht geschulten Blick aus, indem man die *Übertragung* in Nichts vor einem, ins Dunkel, Transzendente richtet. Ich habe diese Art der *Übertragung* auch *Urübertragung* genannt, weil sie der Freud'schen Urverdrängung genau gegenübersteht. Freud erklärte bekanntlich den Vorgang der Verdrängung durch das Zugrunde liegen einer Urverdrängung. Diese sah Freud in Form einer elementaren psycho-physischen Gegenbesetzung, in einer allererster., unbewussten Fixierung gegeben. In der herkömmlichen Psychoanalyse kann man mit ihr nicht viel anfangen, in der *Analytischen Psychokatharsis* jedoch sehr wohl. Die *Urübertragung* greift sofort in jeden primären Gegenbesetzungsvorgang ein, indem dieses letztere ja nichts anderes ist als das von mir gerade erwähnte Dunkel und Nichts, eben das grundlegend Gegenüberstehende Leere oder Transzendente.

Man kann zwei Übungen daraus machen. Bei der ersten wird, wie schon angedeutet, ähnlich wie etwa beim autogenen Training in einer bequemen Sitzhaltung (und anfangs vielleicht besser bei geschlossenen Augen) darauf geachtet, ob man so etwas wie ein *Strahlt* wahrnehmen kann. Der Begriff des *Strahlt* als einer Form des unbewussten Schauens, ist sehr vorteilhaft, weil neutraler und in allen Bereichen, Wissenschaften darstellbar, und er wird von den meisten Menschen auch schnell erfasst. Die franz. Psychoanalytikerin F. Dolto sprach in diesem Zusammenhang vom „Körperbild", also von etwas, das sich vom Körper wie dessen eigenes „Bild", d. h. eigenen Strahlen abheben würde, man kann dies dann mehr empfinden als ‚sehen'. Es ist eine Art von visuellem *Flow*, von Geradem/*Gekrümmten,* ein Es S*cheint, Strahlt.* Egal, auf jeden Fall wird, während man auf dieses irgendwie geartete *Strahlt* (es genügt, dass ihm der Charakter von einem *Es Strahlt* irgendwie zukommt, selbst wenn es schwarz hinter den geschlossenen Augen bleibt, denn auch schwarz ist eine Farbe) achtet, wiederholt man gleichzeitig langsam in Gedanken die sogenannten *Formel-Worte.* Schon bei dieser ersten Übung kommt es zu einer *kathartischen,* befreienden Erfahrung, einem ‚Durchrieseln' oder – wie es im autogenen Training heißt – einer vegetativen Umschaltung (das ve-

getative Nervensystem schaltet auf völlige Entspannung um), einer Erhellung, ,Lichtung' oder besser noch: Luzidität (das eigene
Körperbild wird irgendwie oder angedeutet durchsichtig).

Nachdem man sich etwa zehn bis zwanzig Minuten der ersten
Übung gewidmet hat, nun zur zweiten Übung. Bei dieser zweiten
Übung konzentriert man sich einfach auf das *Spricht*, das Es Verlautet, also nicht auf eine Stimme, was unsinnig wäre, sondern auf
den Appell, Anruf, der sich unbewusst in uns artikuliert, indem er
sich an den *Anderen* in Form eines Lautes richtet. Denn *Es Spricht*
ständig in uns, und es ist gar nicht notwendig, dass dazu immer ein
Dialogpartner, also ein realer Zweiter vorhanden ist. Wie Lacan
treffend sagt, kann man sich einen Witz erfinden, erzählen, ja,
darüber lachen, auch wenn sonst niemand da ist. Dass es ein
*Spricht* gibt, das allein genügt. Es geht um ein *Spricht* in „ultrare-
duzierten Phrasen" sagt Lacan, also genau solchen Verlautungen,
wie ich sie auch als *Pass-Worte* bezeichne. Es handelt sich um
etwas, das – so Lacan weiterhin – wie der analytische Diskurs in
uns „Wellen schlägt", das „universale Gemurmel" in unserem
Unbewussten.

Anfänglich handelt es sich auch meist nur um einen Laut, um den
primärsten Vorgang des Sprechtriebs. Lacan weist z. B. an
mehreren Stellen seiner Seminare auf den ,Laut' des Shofars
(Musikinstrument) oder das Wimmern des Kindes hin,
rhythmische Verlautungen, die dem Realen zugehören.[177] Wenn
man nur lange genug nach innen „hört", kommt der Moment, wo
Es auch sprechen will, und dies geschieht wie das Auftauchen eines „inneren Satzes" sozusagen in der Form eines eigenen *Formel-
Wortes*. Dieses *gekrümmte* und gerade Denken, das somit in uns
verlautet, kommt von rechts oder der Mitte des Kopfes, weswegen
dafür Lacan auch topologische Knoten und Verschlingungen, die
eine eindeutige (Rechts-) Orientierung[178] im Raum aufweisen,

---

[177] Lacan, J., Seminar II, Walter (1980) S. 327

[178] Damit ist nicht eine euklidische Raumorientierung und deren rechts
und links gemeint, sondern eine des *Signifikanten*: rechts, richtig, recht

ohne sich auf einen schon vorgegebenen Raum zu stützen, als Darstellungsmittel benützt hat. Für beide Übungen zusammen genügen etwa zwanzig bis dreißig Minuten, und ihr Ziel ist, dass sie sich kombinieren in einer eigenen Erfahrung des Unbewussten, wie ich sie schon oben in Form der *Pass-Worte* angedeutet habe.

Dabei ist zuerst noch einmal die Betonung der *Katharsis* wichtig. Es war ja genau so etwas, das Stefan R. dringlich gesucht hatte: Befreiungserlebnisse, Lösung, Höhepunkte, Glück. Dies war ihm weder mit den Frauen gelungen, noch beruflich, noch mit der Gruppentherapie und dem Yoga. Das heißt in seinen Yogaübungen und Beschreibungen hören wir sehr wohl Glückserlebnisse heraus, aber wo hätten diese hinführen sollen, in die Hypomanie? In Indien aber auch bei unseren früheren Mystikern ist eine gewisse hypomanische Grundstimmung häufig anzutreffen. Für Freud waren solche Zustände eher beängstigend und der Wissenschaft zuwiderlaufend. Ich komme auf dieses Problem im letzten Kapitel zurück. Wesentlich erscheint mir nur, dass die Erfahrung der *Analytischen Psychokatharsis* dem psychoanalytischen Vorgehen nicht widerspricht.

Viele Autoren haben vom psychoanalytischen „Aha-Erlebnis" gesprochen, D. Stern beschrieb mehrfach die Erfahrung des „Now-Moments", des aufweckenden, entspannenden „Gegenwarts-moments" in der Beziehung zum Psychoanalytiker, dem der Autor dann den „Moment of Meeting" folgen lässt, den Moment der wirklichen, befreienden Begegnung durch ein Wort. Dass dieses Wort aber wirklich erfahrbar, ‚hörbar', zustande kommt, ist der bahnenden Wirkung der Katharsis zu verdanken. In der Hypnosebehandlung durch Freud hatten die Patienten ja auch in der

---

entstammen dem gleichen Wortstamm. So gibt es auch in der Topologie der Knoten und Verschlingungen eine Rechts- und Linksläufigkeit, je nachdem, in welcher Richtung man die Schlinge durchfährt. Diese ist somit unabhängig vom euklidischen, dreidimensionalen Raum. Das Rechts im Kopf hat jedoch mit dieser Rechtsläufigkeit etwas zu tun. Sie fußt z.t. auch auf der Rechtshirnigkeit, die rein neurologisch gesehen im rechten Hirn dominant ist, aber auch Teile des linken umfasst.

Katharsis die besten Erinnerungen, nur wollten sie dann im Wachzustand nichts mehr damit anfangen. In der *Analytischen Psychokatharsis* jedoch bahnt das *Strahlt* der Katharsis den Übergang zum ‚Laut‘, zum *Spricht* des *Pass-Wortes*. Dies herauszustellen ist ganz wichtig, denn so wird verständlich, dass die Pass-Worte meist direkt innerlich zu ‚hören‘, wahrzunehmen, als wie von ferne her zu erfassende Gedanken sind.

Bezüglich der Erfahrung der *Pass-Worte* habe ich schon Stefan R.s „Reiseschreibschein“ erwähnt, solch ein *Pass-Wort* aus seinem Unbewussten, dessen Bedeutung ihm schnell klar war. Ähnlich hatte einer meiner Patienten nach einigen Wochen des Übens nach dem oben angegebenen Vorgehen plötzlich bei der zweiten Übung die Eingebung oder den ihm selbst befremdlichen und tatsächlich auch von seiner Art und Begrifflichkeit her konträren Gedanken: „Hab einen Taubheitsanspruch"! Plötzlich war wie aus dem monotonen Gemurmel des *Formel-Wortes*, wie aus einem Zustand kurz vor dem Einschlafen, das Wort „Taubheitsanspruch" oder „hab einen Taubheitsanspruch“ herausgeklungen. Jeder Mensch — so realisierte er nun sofort – hat wohl auch einen Anspruch auf Taubheit, d. h. er muss nicht immer alles hören und in sich tief hineinnehmen, was man sagt oder was so verlautet. Man hat einen Anspruch auf das *Spricht*, auf etwas ganz elementares Eigenes, das in einem selbst anklingt, sich verkündet und das einem nicht von den anderen vorgekaut wird, aber eben auch auf das Gegenteil, taub zu sein. Wichtig ist es, etwas in sich zu hören, aber generell und nach außen hin darf man auch taub sein. Diese Enthüllung verschaffte ihm Erkenntnis und gleichzeitig *Katharsis,* körperlich spürbare Entspannung.

Hätte es meinem Patienten irgend jemand erzählt, dass er die Wahrheit in sich suchen und sie nicht immer nur bei anderen hören muss und ihm etwas von einem „Taubheitsanspruch“ erwähnt, hätte es ihn nicht sonderlich beeindruckt, sondern eher befremdet. Er hätte gedacht, derjenige will mich zu irgend etwas sehr Sonderbarem, Verrücktem bekehren. Sicher kann so ein Ausdruck wie das Wort „Taubheitsanspruch“ auch einmal von einem Dichter oder Philosophen erdacht worden sein und vielleicht hat es auf den Leser eine Wirkung. Aber niemals wird diese Wirkung so stark sein, wie wenn sie aus dem eigenen Inneren kommt und auch noch intellektuell einleuchtend ist, weil sie einen direkten *Strahlt* / *Spricht*-Charakter für den Betreffenden hat.[179] Denn sofort erzählte mir dieser Patient, dass er sich nach diesem doch insgesamt sehr langem Üben der *Analytischen Psychokatharsis* wie taub gefühlt hätte. Tatsächlich spricht man bezüglich der Meditation von der ,numbness', der Empfindungslosigkeit, der Taubheit des Körperbildes und zudem hört man ja auch beim Üben lange nichts, bis die Stille schließlich zu „dröhnen" anfängt, um es übertrieben zu sagen. Aber der Patient meinte hier offensichtlich auch eine Art von Erschöpfung, eintretender Abwehr gegen das Verfahren. Ja, er hätte lange nichts gehört und gedacht – und auf einmal das!

Und weiter: natürlich war er auch viel zu sehr auf die Ansprüche seiner Umgebung eingegangen, hätte jeden Rat ernst genommen und sich selbst gar nicht mehr zu Wort gemeldet. Seinem „Taubheitsanspruch" will er jetzt sein „Sprechbegehren" gegenüberstellen, erzählte er mir. Es war ein *Pass-Wort* für ihn geworden, an das er jetzt bei vielen Gelegenheiten dachte und es entsprechend umsetzte. Nun ist dies nicht sein einziges *Pass-Wort* geblieben. So wie ich von den *Formel-Worten* erwähnt habe, dass man mehr, am besten bis zu fünf gebrauchen kann, so benötigt man meist auch mehrere *Pass-* bzw. Kennworte, um sagen zu können, dass man das Ziel des Verfahrens erreicht hat. Das Erreichen des Ziels kann bei jedem ganz unterschiedlich sein, hier gibt es keine starren Re-

---

[179] Hier muss ich nochmals die Anmerkung machen, dass sowohl das STRAHLT wie auch das SPRICHT nicht nur eine Kraft aus dem eigenen Inneren ist. Zu einem noch unklaren Teil wirkt es auch außen. Dies trifft für das SPRICHT natürlich weniger deutlich zu. Wenn ich jetzt sagen würde, es SPRICHT auch in der Natur oder im Universum, würde ich mich des Vorwurfs der spiritistisch-mystischen Weltanschauung schuldig machen. Doch ich stütze mich auch hier wieder auf Lacan, für den die symbolische Ordnung (z. B. durch bereits erste maßgebliche Bilder) schon seit je in der Welt inkarniert ist.

geln. Aber ich glaube, es ist klar geworden, was ich unter den *Pass-Worten* verstehe, dass dies ein passender Ausdruck ist und auch einen gewissen Kulminationspunkt der *Analytischen Psychokatharsis* darstellt.

Doch ich will hier gleich noch ein weiteres *Pass-Wort* mitteilen, das Stefan R. selbst nach einiger Zeit unserer Weiterarbeit wieder erfahren hatte. Auch er hörte plötzlich seinen eigenen Gedanken: „*Geschlechtsloses Sprechen: ist untersagt.*" Dabei hatte er das Gefühl, dass das „ist untersagt" schon mehr bewusst von ihm dazu gedacht war, während das „*geschlechtslose Sprechen*" ganz unbewusst aus ihm heraufkam. Wie im vorher geschilderten Fall war ihm und mir auch die Bedeutung ziemlich klar, auch wenn wir noch eine Sitzung damit zubrachten, den Sinn vollständig zu entziffern. Das „*geschlechtslose Sprechen*" wäre so etwas wie ein ihm unbekannt gebliebener Wunsch, bestätigte er. Dagegen war das „ist untersagt" sein eigenes ständiges Sich-Blockieren, ein starres Überich, das er bisher nur durch psychotische Impulse durchbrechen konnte. Ein extrem rigides und rigoroses Über-Ich, das ständig in ihm wütete und auch die Ursache für seine Verherrlichung des Grolls und Zorns war.

Ein „geschlechtsloses Sprechen" wäre ein Sprechen aus dem Unbewussten heraus, wo, wie Freud sagte, Mann und Frau nicht repräsentiert sind. Die herkömmliche verbale Sprache ist grundsätzlich, auch bei uns, etwas vom Männlichen her bestimmt, zumindest von daher, wo es nur noch eine Libido gibt, die auch Freud mehr dem Männlichen zuordnete. „Von dem Moment an, wo es Sprache gibt", sagt Lacan, „gibt es nur ein Geschlecht." Egal also, wie man es nennt, unsere übliche Sprache ist jedenfalls nicht ganz geschlechtslos, auch wenn es hier gerade nicht um das biologische Geschlecht geht. Es geht um das Geschlechtliche, Sexuelle als solches, es ist aber auch nicht verboten, in diesem psycho-sozialen, ja gerade übergeordneten Sinne geschlechtslos zu sprechen, könnte man es. Und man kann es, Psychoanalyse und *Analytische Psychokatharsis* sind Versuche, diese geschlechtslose Sprache zu sprechen (wenn auch vielleicht nur geschlechtsentsprechend). Im letzten Moment seiner noch nicht ganz gelösten Konflikte verbietet sich Stefan R. aber dieses eigentlich befreiende und wahre geschlechtslose Sprechen.

Die Triebe, so wie Freud sie konzipiert hat, existieren als primäre, konstante Kräfte. Nach Lacans und meiner Auffassung werden sie erst geschlechtlich, erotisch, sexuell, wenn sie sich in ihrer ersten Verknotung als Eros- und Todestrieb, Lust und Schmerz, Aggression und Liebe, *Strahlt* und *Spricht* verbinden und gegenüberstehen. Ich möchte daher nochmals das Wesen des den Triebs betonen, die Praxis, die *psychische Wirklichkeit*, die Freud mit der ständigen Rückführung des Anspruchs zum Trieb gewährleistet hat. Denn der Austausch von Buchstaben genügt nicht, weil wir spüren, wie dann eine gewisse Triftigkeit, Echtheit, verlorengeht: das Freudsche Wort `Trieb' hat eine Triftigkeit , die in Psychoanalyse und *Analytischer Psychokatharsis* zur Geltung kommen, während sie in anderen Wissenschaften verdrängt wird. In der *Analytischen Psychokatharsis* üben wir diese Triftigkeit der Grundtriebe direkt in deren Primärfunktion, indem wir uns auf ihr Primärprozeßhaftes konzentrieren. Wir suchen diese Primärfunktion nur flüchtig auf, benutzen sie nur zur Orientierung, aber eben möglichst praxisnaher Orientierung.

Dazu muss man kurz rekapitulieren, dass für Freud der Trieb eben überhaupt nicht fassbar, nur in seiner psychischen Repräsentanz, und hier, weil eben selbst diese verdrängt ist, nur durch die Repräsentanz der Repräsentanz (Vorstellungs-Repräsentanz, wie er sagt) fassbar ist. Durch einen langen und umständlichen Weg des Durcharbeitens in der Analyse kommt man schließlich an die Primärrepräsentanz der Triebe heran und kann diese dann auch theoretisch, konzeptionell, benennen. Ich bin jedoch davon ausgegangen, dass man ein *Es Strahlt / Es Spricht* aus vielen Wissenschaften und speziell aus der Psychoanalyse heraus als *Schautrieb* und *Sprechtrieb* direkt erfassen kann, und hier kann man anders verfahren. Man kann die zwei Triebe in ihrer unmittelbarsten Repräsentanz eben als *Strahlt / Spricht* direkt und praxisbezogen erfahren und mit dem *Formel-Wort* kombinieren. Denn das *Strahlt /*

164

*Spricht* ist keine Vorstellungsrepräsentanz, sondern die Repräsentanz selbst, die mit dem *Formel-Wort* direkt verbunden das rein formal Verdrängte (die Urverdrängung) und auch Aufhebung der Verdrängung in sich enthält (die vielschichtigen Bedeutungen müssen immer wieder weggeschoben werden, da keine endgültig ist, lassen aber, ja induzieren geradezu eine schließlich neue Bedeutung, wenn man nur lange genug damit übt).

Für Freud waren die Triebe also nicht in dieser Unmittelbarkeit fassbar, sie waren „Libidobesetzungen", die je nach Vorstellung oder Affekt unterschiedlich im Psychischen repräsentiert sind. In dieser Sprache ist das *Strahlt* weder Vorstellung noch Affekt, sondern die „Libidobesetzung" des Schau- Wahrnehmungstriebs als solche. Sie ist auch neuro-psychologisch repräsentiert. Will man unbedingt in der Terminologie einer „Quantentheorie des Geistes" sprechen, von der ich eingangs etwas erwähnt habe, würde man sagen, sie ist universell repräsentiert.[180] Dies bleibt aber trotz allem belanglos, wenn man es nicht in ein praktisches, therapeutisches Verfahren umsetzen kann. Der *Schau-(Blick-)Trieb* und der *Sprech-(Stimm-)Trieb*, diese Kräfte der Seele, die stets Ursache des Begehrens im Unbewussten sind, weil sie sich dort in einer geradezu tödlichen Verstrickung befinden, sind im Leben also oft so kombiniert, dass sie destruktiv wirken. Meist werden sie nur in akademischen Konzepten beschrieben, während in einer Psychoanalyse eine gewisse Umsetzung in die Praxis erreicht wird: Man findet schließlich durch wiederholtes Durcharbeiten ein Verbum, ein Wort, einen *Namen* für die unbewussten Geschehnisse, so dass das Symptom verschwinden kann.

---

[180] Tatsächlich gilt in der Physik, dass der Blick des Beobachters das Ergebnis mitbestimmt. Um wieviel objektiver sind wir also, wenn wir vom absoluten Blick des STRAHLT ausgehen, das, gerade wenn wir hinter die letzten Galaxien blicken, uns entgegenkommen wird in genau der Form, in der wir eben die astronomische Wissenschaft konzipieren und konzipieren werden!

In der *Analytischen Psychokatharsis* gehen wir also umgekehrt vor, wir müssen die *Triebe* in ihrem Primärgeschehen durch eine Konzentrationsübung aufsuchen, gleichzeitig jedoch mit der Wiederholung der *Formel-Worte* beginnen, so dass wir eine ständige Erneuerung, Beeinflussung des auch im Unbewussten vorgehenden Wiederholungsgeschehens erzeugen und diese auf einer symbolischen Ebene stabilisieren. Nicht nur konzentrieren wir uns auf diese beiden Ur-Objekte, Ur-Triebe, wir haben auch gesehen, dass im *Formel-Wort* selbst das *Strahlt* (die Buchstaben sind bildhaft, ergeben als blinde Buchstabenfolge keinen Wortsinn, *strahlen* nur Zeichen aus) und auch das *Spricht* steckt (die Buchstaben sind aber auch *worthaft*, ergeben einen überdeterminierten Sinn, der sich aber nicht in einer Wortfolge fassen lässt, weil sich mehrere darin befinden). Wie sie also konkret einüben?

## III. 2 Pass-Worte, gerade und *gekrümmt*

Ich konnte also mit dem Ausgangspunkt der zwei Grundkräfte, Grundtriebe (*Schau-Trieb, Es Strahlt und Sprech-Trieb, Es Spricht*) ein Übungsverfahren erstellen, das sich für eine Selnstanalyse, aber auch Therapie psychischer Erkrankungen eignet. Man kann mittels dieser beiden durch eine Zusammenführung in der *Analytischen Psychokatharsis* in „konzeptionellen Bildern" und noch endgültiger in den *Pass-Worten* dauerhaft das Wesen der eigenen Identität erfahren und einen therapeutischen Effekt erzeugen. Der Begriff des „konzeptionellen Bildes" ist kongruent mit dem der „neurophysio- und psychologisch angelegten Struktur-Konzepte" der beiden mit ihrem Buch „Gehirn und Gedicht" zitierten Autoren. Endogene Bildmuster,[181] die „ersten maßgeblichen Bilder" Lacans, topologische Figuren – alle diese Bezeichnungen meinen in etwa dasselbe, ein *Strahlt / Spricht*, in dem anfänglich das *Strahlt* dominiert. Dies hat man eben immer schon in Religion und Mystik getan, wenn man z. B. Erscheinungen (*Strahlt*) „sah" oder Eingebungen, Berufungen „hörte" und stark plastisch und subjektiv ausgestaltete.

Es genügt jedoch schon die kurze primärprozesshafte Erfahrung, um das zu erreichen, was ich gerade oben das ‚Durchrieseln' oder die ‚Lichtung', Luzidität des *Strahlt* genannt habe. Man verbindet daher diese Übung auf das *Strahlt* mit der Wiederholungsübung des *Formel-Wortes*, wodurch sich beides gegenseitig aufschaukelt, aber auch eine gezielte Konzentration auf das Linguistische des Unbewussten erreicht wird. So wie das Kristalline die Katharsis fördert, führt die Linguistik der *Pass-Worte* ins Analytische und somit zum endgültigen Ziel. Das „konzeptionelle Bild" ist also etwas, worin bereits „kategorisierendes Denken" und „Abstraktionen von Sprache" mit aufgehen,[182] dagegen charakterisiere ich das *Spricht* als solches als einen „Appell", ein Es ruft, ein Es Verlautet, indem „der durch die erogene Zone sich einstülpende Trieb die

---

[181] Eichmeier, J, Höfer, O., Endogene Bildmuster, U&S Verlag (1974)
[182] Schrott, R., Jacobs, A., Gehirn und Gedicht, Hanser (2011)

Aufgabe zu übernehmen hat, etwas zu suchen, das jeweils im *Anderen* Antwort gibt".[183] Dieses Suchen nach *Antwort* hatte ich als eine erste topologische Operation beschrieben und sie in den literarischen Äußerungen Stefan R.s wiedergefunden. Ein Lustvektor, der sich einstülpt und wieder zurückkehrt, ein Möbiusband, eine einfache Durchschlingung der Phoneme, Morpheme, *Signifikanten*, egal was wir da sagen, wenn wir es rein topologisch hinzeichnen: Der sich einstülpende Trieb sucht durch diese Einstülpung (Verschaltung) eine wirkliche *Antwort*. Dies war der Ausgangspunkt gewesen: Trieb-Verschaltung-Trieb.

Ist es dem Todestrieb zu nahe, dem direkten Wiederholungsgeschehen des Unbewussten, handelt sich nur um ein äußerst primitives Antworten, das hier erwartet werden kann. So müssen wir uns selbst in der topologischen Darstellung schon das *Strahlt* dazu holen, um diesen Vorgang wirklich hinzeichnen zu können. Dennoch ist eine isolierte Übung beim *Spricht* für viele leichter zu erreichen als beim *Strahlt*. Denn wir brauchen uns wirklich nur konzentrieren auf diesen „Appell", dieses Ruft, Anruf (wo auch Worte wie Beruf, Berufung herkommen), „Laut" als Invokationstrieb, Sprechtrieb, der schon in seinem Wiederholungsappell den Charakter des Wiederholungszwanges zeigt, die Durchschlingung verdoppelt, die Verschaltung klicken lässt, ja, beginnt, sie zu metaphorisieren z. B. in einem *Pass-Wort*.

Das *Spricht* ist ubiquitär. Es ist in der „psychotischen" Struktur genauso anzutreffen wie z. B. in der Musik, beim gesunden Kulturmenschen oder in der Evolution. Häufig sprechen ‚Psychotiker' vom plötzlichen Einbruch dieser Anders-Welt in Form eines hörbaren „Lautes" im Kopf. Mancher Tinnitus psychosomatisch Kranker ist häufig nichts anderes, wenn es natürlich auch organische Ursachen dafür gibt und dies klar zu unterscheiden ist. Es liegt so etwas wie ein hintergründiges *Spricht* (Gemurmel, Laut, Stimme) zugrunde, eine ‚Stimmung', ‚Tönung', Temperierung. Im

---

[183] Lacan, J., Die vier Grundbegriffe der Psychoanalyse, Seminar XI, Walter (1980) S. 205

Feld der Religion oder der ist das Auftreten Gottes oder seiner Boten durch Klänge oder Laute wie in der Meditation ein Hauptcharakteristikum. Und der Philosoph E. Bloch sagt, dass es „die Bedeutungslosigkeit und Reinheit des *Tones* ermöglicht, dass die Musik seit alters her die andere Wahrheit verherrlicht, die pia fraus, die konstitutive Phantasie"[184]. Es gibt eine Grund-Stimmung (man hört es förmlich wie eine Stimme) die uns trägt, zur Person macht (personare =lat. hindurchtönen), aus der heraus der Apell kommt, das *Spricht*.

Bei den Nichthörenden, die nicht hören und sprechen können, ist dieser „Laut,", das *Spricht* sogar besonders auffallend geprägt. Das hat H. Green in ihren Büchern über die Taubstummen so treffend beschrieben.[185] Bei diesen Menschen herrscht keineswegs Totenstille, denn um so hörbarer sind die `Zeichen'! Die `Zeichen' sind die „wahre Sprache", die Zeichen, die mit den Händen gemacht werden, mit den Händen, die sowie so schon den Menschen viel echter zeigen, als die Welt der Wörter, weil die Finger zart oder grob sein können, die Bewegungen sanft oder hektisch. „Küssen ist ein Zeichen wie reden, nur stärker", schreibt H. Green. Es gibt Zeichen, die so stark sind, dass sie „laut" werden, so wie es ursprünglich die Vater-Mutter-Zeichen waren, die Elternbeziehungs-Chiffren, die Blick-Berührungs-Atmosphäre der Vater-Mutter-Welt, die immer „laut" für das Kind ist, polternd, pochend, klappernd, auch wenn es nicht hört.

Oft viel zu laut, zu heftig! Umgekehrt nehmen, wenn die Eltern nicht sprechen konnten, für einen Hörenden, der bei solchen taubstummen Eltern aufwächst, die Geräusche der Umgebung die Funktion von Gebärden-Wörtern an, sanften oder harten, gekrümmten und ausgestreckten, und es bleibt eine Art von Grundintonierung im Betreffenden zurück. Genau zwischen den `Zeichen' und dem physischen Ton liegt dieser „Grundton", wie Green sagt,

---

[184] Bloch , E., in Kindlers Lit. Lexikon (1992) Bd.II S.782

[185] Green, H., In diesem Zeichen, Rowohlt (1989) S. 30

ähnlich unserem *Spricht*. Nur, wie kann man es wirklich fassen, „hören"? Wie kann man es erfahren und üben? Berendt hat ein Buch darüber geschrieben, dass die ganze Welt nichts anderes als Laut, Klang sei. Er empfiehlt eine Zen-Übung, ein Hören, das sich ständig über alle Geräusche hinwegsetzt bis die dahinterliegende Stille laut wird, ja schließlich dröhnt. Dieses „Dröhnen der Stille" ist aber auch gleichzeitig der Nachteil seines Buches, denn vor lauter Klang ist es tatsächlich zu laut geworden, wird der Laut-Sinn zu einseitig propagiert. Es fehlt die andere, die visuelle Seite, das *Strahlt*. Doch er hat recht, dass wir den „Laut", den Grundton, nicht nur hören, sondern dass wir auch m i t ihm, mit dem *Spricht* hören, weil wir für die eigentliche Sprache, für die `Zeichen'- Sprache – wie wir oben sagten – ein „absolutes Gehör" haben und haben müssen.[186]

Wenn wir uns in den Wörtern verfangen, so deswegen, weil wir dieses „absolute Gehör" nicht benutzen. Es geht nämlich alles aus von jenem „punktuellen Charakter" in der ursprünglichen narzisstischen Beziehung zum *Anderen* als solchem.[187] Punktuell, wie der „Laut" eben ist. „Dieser Punkt des großen I [des Ideell-Idealen, dessen was Lacan Freud entsprechend den „einzigen Zug" nennt], dieses Zeichen der Zustimmung des *Anderen* [der Grundton! die Hintergrundsgeräusche der Vater-Mutter-Welt, *Es Spricht*] . . . ist irgendwie da. Das *Spricht*, das Echo des *Signifikanten* lautet einfach, mehr kann man da nicht sagen. Zu sagen, dass es ihn gibt, könnte schon zu ontologisch geraten. Das Unbewusste gibt es nicht, sagt Wyss zurecht[188] und bestätigt damit die Psychoanalyse, denn das Unbewusste ist die *Strahlt / Spricht* - Interpretation des *Andern*.[189] Es i s t nicht im ontischen Sinne. Man kann dieses *Spricht* tatsächlich nur in einer gewissen Stille aufnehmen, zum Wortklang machen, d. h. in einer Entspannung, wahren Gelöstheit

---

[186] Was nicht mit dem absoluten Gehör in der Musik identisch ist.

[187] Lacan, J., Le transfert, Seminaire VIII, ed. seuil (1991) S. 414

[188] Wyss, D., Traumbewusstsein, (1990) S. 172

[189] Lacan, J. ,Schriften 1, Quadriga (1986) S. 14

zwischen sich und dem *Anderen* (die äußere Umgebung kann dabei allerdings durchaus laut sein). Und deswegen werden wir es so in unsere Übungen übernehmen: als Konzentration auf ein inneres Verlauten. Doch nochmals zurück zum *Strahlt*.

„Das Wesentliche an der Beziehung zwischen Schein und Sein", das *Strahlt* also – ob wir wirklich `wahrnehmen' oder nicht – „ist nicht in der Geraden, es ist im Lichtpunkt, im Strahlpunkt, in dem Rieseln, dem Feuer, dem Springquell der Reflexe".[190] Weil unsere unbewussten Wünsche uns immer objekthaft machen, sich zwischen uns und unsere Wahrnehmung stellen, `sehen' wir nicht richtig, nehmen wir visuell nicht voll wahr, sondern nur selektiv. Wir sehen nicht nur mit unserem Auge, auch nicht mit dem, was die Physiker uns sagen, dass es Licht sei, Photonen z. B. Sondern wir sehen eigentlich mit jenem *Strahlt*, das uns „anblickt", „angeht",[190] das alle unsere Blicke ermöglicht, und sogar – wenn kein fixierter, alt und dunkel gewordener Blick dazwischen ist – uns d e n Blick geben kann, den Blick als solchen, den 'terminalen' Blick, der 'Einsicht' und Erkenntnis ist. Den ‚absoluten Blick'. Denn unser 'normaler' Blick ist von den Jahrhunderten verstellt, nicht mehr rein und hell genug. „Das Sehen ist ein Grundvorgang des Lebens, der unabhängig ist von den physischen Werkzeugen . . Der Sehvorgang fand in mir selbst statt, in einem inneren Raum, . . er zeichnete sich auf einem inneren Bildschirm ab und nahm Form und Farbe an. . Ich schwimme geradezu in Licht und in allen Formen, die es hervorbringt. Das Licht ist mein Element, ich bin daraus gemacht"[191]. Wie Theiresias sendet der blinde Lusseyran „Licht" aus, was ihm ermöglicht, sein Gegenüber zu „empfangen". Und noch einmal Stefan R.:

*„Die einzig wahre Entdeckungsreise besteht nicht darin, fremde Lande zu besuchen, sondern andere Augen zu besitzen"(Proust).*
*Ja, wir brauchen Augen, deren Blicke im Anderen enden, sich im Anderen verlieren, verweilen, versiegen und verenden. Die dort*

[190] Lacan, J., Seminar XI,Walter (1980) S.100-113, 121
[191] Lusseyran, J., Das Leben beginnt heute, dtv (1990) S.11 , 102-106

*Landschaften entstehen lassen, Liebeskriege und Sterbensspiele.*
*Nie verlöschende Augen, weil sie gar nicht aus Pupillen und Netz-*
*haut bestehen, sondern aus Enthüllungen und Geständnissen, aus*
*Erklärungen über Reibung und Ergießen, Erregung und Befruch-*
*tung, Eindringen und Loslassen. Umschlingende, fesselnde, kral-*
*lende und schmeckende Augen. Sie schmecken dein Fleisch und*
*haben es doch nie entlarvend gesehen.* "

Diese reine Lust des Lautes und diese reine Realität des Blicks
finden wir also überall, denn *Strahlt* und *Spricht* sind keine 'autistischen Objekte', wie sie im frühen Kindesalter normal sind.[192] Sie
sind keine flüchtigen Objekte, die noch keine Konstanz haben und
die auch nicht wie das Ich in ihrer Konstanz durch einen gesell-
schaftlichen Konsensus gesichert werden müssen, der deswegen
sehr brüchig ist. *Strahlt* und *Spricht* sind unverbrüchliche Objekte,
mehr als Gefühle oder Gedanken, die kommen und gehen. Sie sind
„erste Körper des *Signifikanten*", die als solche immer schon da
sind und ihr Spiel miteinander treiben. Mit dem *Formel-Wort* nun
verbinden wir diese beiden Extrem-Punkte zu einem neuen Verfahren, einem neuen Weg, der auch Stefan R. letztendlich dazu
verhalf, sich selbst zu erkennen.

So vernahm er mehrere *Pass-Worte*, aus denen er versuchte wiederum neue *Formel-Worte* zu kreieren, so z. B. PRO-CUL-PAT-
RES. Im Letzteren steckt tatsächlich: procul, in der Ferne, patres,
die Väter, oder tres pro culpa, drei für die Schuld, oder culpat, er
klagt an, res, die Sache, pro, dafür, und weitere Schnittstellen be-
dingte Bedeutugen. Mit derartigen Versuchen beschäftigte Stefan
R. sich in etlichen weiteren Tagebüchern. Einmal hörte er das
*Pass-Wort* „Ein Wholfer", worin er sich wiederzuerkennen glaubte und was er deutete: „Ein Wolfsmensch, genau das war ich als
Kind, zumindest kam ich mir so vor, denn ich passte ja nicht unter
die Leute". Auch mit anderen *Pass-Worten* befasste er sich aus-
giebig.

---

[192] Tustin, F., Autistische Zustände bei Kindern, Klett-Cotta (1989) S. 135

Ich erinnerte mich an die Psychologin R. Lefort, die von jenem Kind erzählte, das nur „der Wolf" sagen konnte.[193] Alles und nichts war „der Wolf". Aber es war der erste Schritt, mit dem es sich selbst von den autistischen Objekten wegholen konnte (oder besser, wie Stefan R. einmal selber sagte: von jenem „In-Mich") und mit dem es sich einüben wollte in die menschliche Gemeinschaft. Nur kommt man mit einem einzigen Wort da nicht weit und der Therapeut musste erst selber für dieses Kind zu diesem Bild-Wort: „Der Wolf" werden, wobei er ihm nur helfen konnte, indem er nicht zum tatsächlichen Wolf wurde (das war ja die Ursache seiner Krankheit, dass alle Welt Wolf für es war), sondern zu einem sprechenden *Anderen*, der ihm seinen Wolfsnamen bildhaft zurückgab, d. h. seinen eigenen Vornamen (den das Kind schon oft gehört hatte, aber nicht annehmen konnte, weil da der tatsächliche Wolf drin steckte).

Die stete Übung „der Wolf" konnte es von seinem Autismus befreien, stieß es aber gleichzeitig wieder in einen unmenschlichen, wölfischen Symbolismus zurück. Indem sie den Wolf zwischen sich und dem Kind aufteilte, indem sie ein liebender Wolf war, ein Wolfskind, ein Helferwolf, ein „Wholfer" (das Beispiel ist nicht sehr gelungen, aber es zeigt, was Stefan R. hier erfuhr und deutete, und was ich mit Bildbuchstabenfolgen, die uns verwandeln können, meine), konnte sie ihm wirklich helfen. „Der Wolf", das ist irgend etwas, sofern es benannt werden kann. Sie sehen da den Knotenzustand des Sprechens. Das Ich ist hier vollkommen chaotisch, das Sprechen zum Stillstand gekommen. Doch von diesem ´der Wolf' aus kann es seinen Platz beziehen und sich konstruieren"[194]. Und so können wir uns konstruieren, indem wir genau jenen Knotenzustand des Sprechens wie es ALITERASUM zweifellos ist, benutzen. Nur brauchen wir noch *Strahlt* und *Spricht* dazu, weil mit uns ja gleichzeitig kein Therapeut spricht und uns auch nicht wie dem Kind von R. Lefort eine von Liebe getragene permanente reale Zuwendung, d. h. *Strahlt / Spricht* in helfender

---

[193] Lefort, R., in Lacan, Seminar I, Walter (1978) S.120-131
[194] Lacan, J., Seminar I, Walter (1978) S. 136

Form gegeben wird. Wir müssen ALITERASUM üben, ohne dass hier wirklich „EINERDAIST".

Ich will damit an ein weiteres *Pass-Wort* Stefan R.s anknüpfen, das er beim Üben der *Analytischen Psychokatharsis* erfuhr: „DER muss dasein"! DER – so erklärte er mir – ist nicht Gott oder der Vater, auch nicht der Analytiker. sondern eben DER, als DER man eben ist, der Eigentliche. Für Stefan R. war diese Deutung ganz klar, das Erfahren eines inneren Wortes, Satzes, einer Phrase ist so beeindruckend, das man sich ihr nicht erwehren kann. Und in diesem Falle war es nicht schwierig für Stefan R., wiederum sich selbst darin zu sehen. Hätte ihm irgendjemand anderer, auch ich als sein Therapeut erzählt, dass er DER sein müsse, der er ist, hätte er dies wieder nur als einen blöden Ausdruck zurückgewiesen. Denn selbst wenn dieses *Pass-Wort* banal klingt, nämlich die Botschaft überbringt, der zu sein, der man ist, stellt allein schon die Tatsache, dass das Unbewusste einem etwas zu sagen hat, ein wichtige Erfahrung dar.

So war er also nicht nur kathartisch erfreut, begeistert, frei, sondern auch intellektuell, auf die Wahrheit bezogen, gut beschäftigt. Das „DER muss dasein" war nicht das erhellendste seiner *Pass-Worte*, die er mir in der Folgezeit noch manchmal zukommen lies, doch er verstand nunmehr damit analytisch zu arbeiten. In der Psychoanalyse gibt es keine feste, nur zu definierende Wahrheit. Noch in jüngster Zeit versuchte ein so bekannter Analytiker wie Loch die `Wahrheit' der Psychoanalyse einzugrenzen,[195] und auch wenn er nur `Mechanismen und Grenzen des psychoanalytischen Prozesses' formuliert, so bedient er sich doch einer phänomenologischen Sprache, die der psychoanalytischen Wahrheitsfindung genau entgegengesetzt ist.[196] Denn „die Wahrheit ist am wahrhaftigsten da, wo sie sich verbirgt",[197] im griechischen Wort Aletheia

---

[195] Loch, W., Voraussetzungen, Mechanismen und Grenzen des psychoanalytischen Prozesses, Bern (1965)
[196] Loch, W., Psyche Nr.10 (1976) S.865-898
[197] Lacan, J., Schriften I, Walter (1980) S. 20

z. B., denn Lethe ist der Fluss des Vergessens. Oder in *ALI-TERASUM*, denn dessen dreigliedrige Wahrheit trifft auf die gleiche Struktur im Unbewussten, ist also eigentlich verborgen. Unser Verfahren kann aber zudem mit einem üblichen psychoanalytischen Vorgehen jederzeit verbunden werden, wenn die *Übertragung* nicht weitgehend aufgelöst wird.

Die Verborgenheit ist auch der Grund, warum das `Daimonion' des Sokrates so wirksam war und es muss ebenso eine logographische, also *Formel-Wort*-Struktur gehabt haben. Seit jeher nämlich wurde mittels dieser Struktur des `Logos' die wirkliche Lehre des Meisters auf seine Nachfolger übertragen. Das lässt Plato Sokrates vor allem im Phaidros sagen, wo es um die drei wichtigsten Dinge der Philosophie geht: um die Unsterblichkeit der Seele, den wahren Eros und die Kunst der Rede, Wesentlichkeiten, die in ihrer Dreiheit zusammengehören. Vorläufer der Linguisten und Psychoanalytiker, der Sokrates ist, erklärt er, dass die vollkommene Seele die ist, „die das Leben lediglich dem Eros, mit philosophischen Reden, widmet".[198] Philosophisch reden aber heißt keinesfalls `gescheit daherreden', sondern so, dass die Reden „in Wahrheit in die Seele hineingeschrieben werden" und zudem „müssen sie in ihm [dem Philosophen] selbst entstanden sein, wenn sie als seine Erfindung in ihm sind, sodann müssen sie die sein, die als Sprösslinge und Schwestern von dieser in den Seelen anderer in würdiger Gestalt erwachsen".[198] D. h. dass dieses Eingeschriebene auf andere übertragbar, wie ein Funke überspringen können muss, eben genauso, wie in der Analyse mit jenem „Flash"-Erlebnis (*Strahlt*) , wie Balint sagt, die *Übertragung*sdeutung im Analysanden seine eigene Rede, seine eigene Deutung (*Spricht*) erwachsen lässt oder die Deutung des Analytikers seine Wirkung tut. Kurz: es muss „integral übertragen werden".[199]

Auf anderen Gebieten, z. B. in der Schriftstellerei hat J. Joyce es hervorragend verstanden, das „Eingeschriebene auf andere über-

---

[198] Platon, Phaidros, Piper (1989) S. 53 und 85
[199] Lacan, J., Seminar XX, Quadriga (1986) S. 154

tragbar" zu machen. Literatur integral! Denn es ist nicht der aus-
gesagte Sinn, der vermittelt werden soll, nicht er allein zumindest,
sondern der „Ton", der „Laut". „Wenn sie Finnagans Wake nicht
verstehen, lesen sie es einfach laut". sagte Joyce über sein letztes
Werk.[200] Man soll den „sound" hören, den „Laut", das *Spricht*!
Schon im Ulysses hatte er Klang-Wort-Assoziationsreihen mit sti-
listischen Methoden so vermischt, dass man das Gefühl hat, er will
im Leser etwas entstehen lassen, den Grundton im Leben des Leo-
pold Bloom z. B. , so dass der Leser selbst nachher diesen Ton nur
aufgreifen muss, um die Bloom´schen, die Joyce´schen Sätze wei-
terzuspinnen. Dennoch ist das literarische Verfahren oft etwas
mühsam. Allein sich durch den gesamten Ulysses zu lesen ist
schon eine Leistung.

In Finnagans Wake gelingt es den wenigsten, die Höhe des Sinns
zu halten, d. h. den Text einigermaßen auch sinngemäß zu verstehen und so ist zumindest gerechtfertigt sich die Frage zu stellen,
ob es sich wirklich noch im vollen Sinne um Literatur handelt.
Wohlgemerkt, wir hüten uns, diese Frage auch zu beantworten,
aber uns scheint manchmal auch hier wieder der „Laut" zu deliri-
eren, zu dröhnen und das „Licht", der Sinn zu stark zu oszillieren!
Aber noch aus einem anderen Grund ist das Joyce´sche Beispiel
wertvoll, denn sowohl im Ulysses wie in Finnagans Wake setzt er
an den Schluss einen langen Frauenmonolog. Die Biographin B.
Maddox meint, dass „Joyce aus der Rede der Frau die universale
Sprache" machte.[201] Hat er also auch etwas vom weiblichen Diskurs verstanden? Dass dieser weibliche Diskurs auf jene Trans-
Sprache hinzielt, wie wir sie im Indischen und in ALITERASUM
gefunden haben?

ALITERASUM ist nicht nur ein „Anders-Sprechen", wie es Sokrates gegenüber seinen sophistisch sprechenden Dialog-Partnern
verwendet und wie es Molly Bloom und Anna Livia bei J. Joyce
mehr singen als sagen. Es ist auch so, wie es die frühen Ägypter

---

[200] Joyce über Finnagans Wake bei Madox, Nora, S. 530?
[201] Maddox, B., Nora, goldmann (1992) S. 532

taten, wenn sie sich untereinander „mit unsichtbaren Fäden gehalten" wussten, als ob sie ohne Worte sprächen, wie die vielen Bilder es ausdrücken. Oder es ist so, wie es der Analytiker tun muss, der sich ebenfalls wie ein unsichtbares Element „aus seinem [dem analytischen] Diskurs eliminiert"[202]. Oder noch besser, „er ist die [unsichtbare] Nabe, die weggeht ...,damit sich etwas ändert". Sahen wir nicht weiter oben schon, dass er am besten den Toten, der mit der Stimme von Niemand spricht, eben einfach diesen XY, diesen ALITERASUM repräsentiert? Besser als in einer derartigen Verschachtelung kann man es zumindest nicht sagen und schreiben. Diese Verschachtelung kann man nur erfinden an jenem geheimnisvollen Ort, an dem Psychoanalyse stattfindet.

Es ist ein Ort der Dialektik, wo jeder der beiden (Analytiker und Analysand) für sein Gegenüber als Subjekt der *Andere* (Eltern, Lehrer, kurz: der, dem Wissen unterstellt wird) ist, und als ich das alter ego repräsentiert.[203] Ein Spiel also mit vier Karten, mit einer zweifachen Verdopplung, mit einer erheblichen Sperrigkeit, einem – wie man im Fachjargon sagt – Widerstand, der genau der des Diskurses selber ist.[203, S.418] Die beiden müssen sprechen, und doch müssen sie exakt das Sprechen auch wieder überwinden, indem sie zu einem letzten Satz, einer letzten Aussage, Wahrheit kommen, die alles beschließt. Ein Drahtseilakt, der nur gelingt, wenn keiner den anderen abstürzen lässt. Aber der Analysand weiß natürlich nicht, dass er vielleicht unbewusst darauf aus ist, den anderen abstürzen zu lassen, um seine eigene Wahrheit nicht hören zu müssen (Gegenübertragung). So muss der Analytiker ausdauernd und stabil sein, damit beide das Ziel erreichen.

Zum Ende der Analyse schreibt Stefan R: „*Ich verstehe die Psychoanalyse nicht. Sie ist mir immer noch fern. Ich würde sie gerne zu meiner Heimat machen, ich würde gerne in ihr zu Hause sein. Aber sie ist zu intellektualisiert, zu überrational gedacht, sie riecht*

---

[202] Lacan, J., L´envers de la Psychanalyse, Seminaire Nr .XVII. edition seuil (1991) S. 71 und 125

[203] Lacan, J., Ecrits, ed. Seuil (1966) S. 429

*zu sehr nach Universität, die ich doch verlassen habe, nach Konzern, nach Management, nach Lehre und Lehre und Lehre, die ich nicht mehr lernen will. Ich will für das Wenige da sein, für das ganz Wenige, für das, das da ist, wo es ist, wo es hingehört, wo es zu Hause ist."*

„Wir sind nicht allein," ergänzte ich und zitierte den Nobelpreisträger de Duve. „Vielleicht wird nicht jede Biosphäre im Universum denkende Gehirne hervorbringen . . . Überall um uns herum im Weltall gibt es kleine Inseln, wo denkende Wesen ihren Geist allein und gemeinsam benutzen . . Besteht irgendeine Chance, dass diese kleinen Inseln des Denkens miteinander kommunizieren und ihre Kulturen teilen können?[204] . . . Denn das Universum ist bedeutungsvoll und nicht bedeutungsleer, wie die meisten Naturwissenschaftler behaupten. Wenn das Universum nicht bedeutungsleer ist, was bedeutet es dann? Für mich findet sich diese Bedeutung im Aufbau des Universums, das nun einmal so ist, dass es auf dem Weg über Leben und Geist das Denken hervorbringt. Denken wiederum ist eine Fähigkeit, durch die das Universum in der Lage ist, über sich selbst zu reflektieren, seine eigene Struktur

**Abb. rechts**
Seite aus Stefan R.s Tagebuch

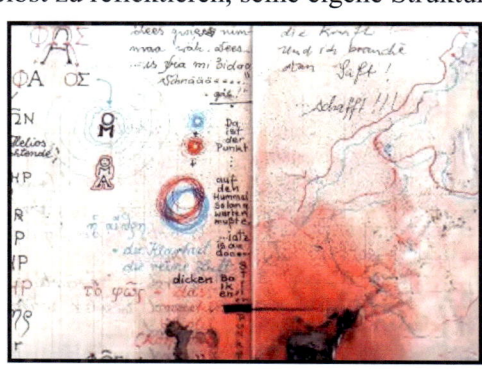

zu entdecken und so immanente Größen, wie Wahrheit, Schönheit, Tugend und Liebe zu erfassen."

Zum Abschluss möchte ich noch nachtragen, dass Stefan R. schon ab dem fünfundvierzigsten Lebensjahr eine Frührente bekam und

---

[204] Duve, C. de, Aus Staub geboren, Leben als kosmische Zwangsläufigkeit, Rowohlt (1997) S.453-4

er somit viel Zeit hatte, seine Tagebücher zu beschreiben und zu bemalen. Daher will ich nochmals eine Doppelseite aus Stefan R.s früheren Tagebüchern zeigen, die so anders aussieht wie das, was er sonst zu sagen und zu schreiben hatte. Viele Seiten vermitteln auch seine sprachwissenschaftlichen Versuche, mit denen er eine Verbindung der *Formel-Worte* mit der herkömmlichen Linguistik erstellen wollte. Dies ist ihm jedoch bisher nicht geglückt, und ich kann mir auch nur vorstellen, dass man diese Verbindung nur im Zusammenhang mit der Psychoanalyse bewerkstelligen kann.

*„Ich kann das Wort Liebe nicht leiden, es ist Gift für mich. Alle haben sie mich geliebt und lieben mich noch. Alle reden sie ständig davon. Nur indem ich DEN lieben kann, DER dasein muss, weiß ich es besser . . ."*

## III. 3 Analytische Psychokatharsis

Das Verfahren der *Analytischen Psychokatharsis* ist von seiner praktischen Seite her wie schon zum Teil beschrieben sehr einfach. Trotzdem will ich nochmals eine kurze Zusammenfassung für all diejenigen geben, die selbst einen Versuch und dann eine Weiterführung mit dem Verfahren machen wollen. Zudem will ich dazu zwei weitere *Formel-Worte* beschreiben, denn für ein sinnvolles Üben benötigt man am besten drei, manchmal – wenn Bedarf besteht – auch bis zu fünf *Formel-Worte*.[205] Anfänglich ist es sicher gut einen ruhigen und bequemen Sitzplatz zu haben, und so beginnt man dann mit der rein gedanklichen Wiederholung der langsam hintereinander angereihten *Formel-Worte*. Dabei achtet man gleichzeitig darauf, ob etwas auftaucht, das den Charakter eines ‚Es *Strahlt*‘ hat. Bei dem „Strahlt" kann es sich um eine Erhellung, Körperbildwahrnehmung, ein Schimmern, einen ‚Lichtpunkt‘ oder eine grundlegende Luzidität handeln, dem eben solch ein Phänomen zukommt. Das *Strahlt* ist also nicht etwas, das man selbst imaginieren, erzeugen oder gar erzwingen muss.

Es ist in jedem Menschen als Primärform eines Kräftegeschehens (*Schautrieb*) vorhanden und muss so nur geweckt oder erwartet werden. Genauso kann aber auch ein ‚Durchrieseln‘ zu spüren sein,[206] oder die Empfindung auftauchen, wie sich das eigene Körperbild verschiebt, sich weitet oder es einfach nur als schwarze Farbe, als Fleck vor den geschlossenen Augen festzustellen ist.

---

[205] Weitere *Formel-Worte* sind in anderen Veröffentlichungen oder auch auf der hinten angegebenen Webseite zu finden. Vorerst genügen die hier erwähnten. Mehr als fünf sollte man nicht benötigen.

[206] Damit ist eine Erfahrung gemeint, die etwas mit atavistischen Gefühlsreaktionen zu tun hat. Die Frühmenschen haben noch viel mit ihrer unbedeckten Haut gefühlt, ertastet und umweltbezogen kommuniziert. Auch bei bewegenden Musikstücken, wenn es einen durch den Rücken herunterrieselnden Schauer erfasst, greifen wir auf diese eben besonders tief gehenden Emotionen zurück. In der Analytischen Psychokatharsis wird diese Erfahrung jedoch als Bestätigung einer Erkenntnis genutzt z. B. bei den *Pass-Worten*.

Denn schwarz ist schon eine Wahrnehmung, die sich von der Dunkelheit im Kopf ganz gering abheben kann. Egal was auch immer ‚gesehen' oder erfahren wird, es wird den Charakter von einem auch nur ganz geringem ‚Es *Strahlt'* haben, und das genügt.

Dadurch tritt eine Entspannung ein, eine Katharsis, eine Befreiungserleben, das besonders dadurch gesteigert werden kann, wenn gleichzeitig die besagten *Formel-Worte* rein mental nacheinander und in dieser Reihenfolge stets wiederholt geübt werden. Nebenan ist nochmals ein weiteres *Formel-Wort* dargestellt. Auch dieses (RA-DIC-IT) ist kein normales Wort aus dem Lateinischen, aber es beinhaltet mehrere sich überschneidende Bedeutungen in einer Formulierung, es ist ‚linguistisch kristallin' aufgebaut. Außer dem radiat und dicit (Strahlt und Spricht) ergeben sich im Kreis geschrieben und von verschiedenen Buchstaben aus gelesen mehrere disparate Bedeutungen.

So kann man hier z. B. auch „adi cit r" (geh heran, es bewegt R) „C i tradi" (hundert I übergeben), „citra di" (diesseits die Götter), „dicit ra" (es sagt ra), „r adic it" (füge r hinzu, es geht), „radi cit" (gekratzt werden, es bewegt sich), „trad ici" (erzähle, ich habe getroffen) etc. herauslesen, wobei vieles recht unsinnig klingt. Dies hat jedoch für den formalen Ausdruck keinerlei

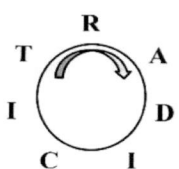

Bedeutung. Ausschlaggebend ist nur, die wissenschaftliche Begründung (mehrere Bedeutungen in einer Formulierung, Verwendung nur anderer Schnittstellen) klar darlegen zu können, und dies ist für das Verfahren sehr wichtig, weil man nur so volles Vertrauen in die Methode haben kann.

Dies ist die erste Übung, die auf tatsächlichen Vorgaben der Psychoanalyse beruht, weil durch das mentale Reverberieren eine Regression (ein innerlicher Rückzug) erzeugt wird, die sich gleichzeitig nur auf einen eingeengten Aspekt des Wahrnehmungs- bzw. Schautriebs konzentriert (das *Strahlt*). Zudem setzt sich die *Formel-Wort*-Wiederholung an die Stelle dessen, was man in der Psychoanalyse den Wiederholungszwang, das unbewusste Wiederholen nennt. Dieses wird zumindest solange aufgehoben, wie die Übungen der *Analytischen Psychokatharsis* wirken. Ich habe schon im Haupttext angedeutet, dass dadurch eine wesentliche Hürde der klassischen Psychoanalyse vereinfacht und vermindert wird. Wichtig ist, dass es zu einer Katharsis kommt, zu einer Befreiungserfahrung und nicht nur zu einer simplen Entspannung.

Auch was andere Therapieformen und deren Probleme angeht, kann in der *Analytischen Psychokatharsis* meist vereinfacht umgangen werden. Es genügt nämlich nicht mehr, einfach einem Therapeuten oder Meditationslehrer zu glauben und seinen einfachen Anweisungen zu folgen. Man muss heutzutage auch verstanden haben, dass das Verfahren wissenschaftliche Grundlagen hat und man mitdenken kann und soll, damit nicht in tieferen Momenten der Übungen Abhängigkeiten von der Ideologie der Methode, vom Lehrer bzw. Therapeuten oder irrationale Ängste auftreten. Das *Strahlt* (das Kristalline, Spiegelnde) der kathartischen Erfahrung ist also aus der Grundkraft des Wahrnehmungstriebs abgeleitet. Es ist somit etwas, das in jedem Menschen originär vorhanden ist, genauso wie das *Spricht* (das Linguistische, Verlautende).[207]

Nach dem R-A-D-I-C-I-T kann nun auch das *Formel-Wort* O-R-S-A-C-E-R-A-M hinzugenommen werden, denn sollte jemand wirklich Interesse haben, die analytisch-psychokathartische Methode zu erlernen, sind wenigstens drei dieser Formulierungen notwendig. Zwei oder gar nur eines würden einen zu schnell ermüden. In dem – einmal anders geschriebenen *Formel-Wort* C-E-R-A-M-O-R-S-A (Abbildung nebenan) stecken je nach Ausgangsbuchstaben folgende Bedeutungen: C eram orsa (hundertfach war ich Beginnen, amo R

---

[207] In der Psychoanalyse gehen wir davon aus, dass in der Menschenentwicklung die symbolische Ordnung bzw. die Sprache eine entscheidende Funktion einnimmt, die die Wahrnehmung in eine reine Sinnestätigkeit und eine Triebtätigkeit teilt. Die Sinnestätigkeit ist eine Wirklichnehmung, die Triebtätigkeit eine Wahrnehmungslust, zusammengefasst sprechen wir von Wahr-Nehmung. Das Wahre kommt durch die Sprache herein, die Nehmung durch die Wirklichkeit.

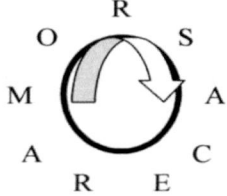

sacer (ich liebe das heilige R), cera morsa (das zerstückelte Wachs), mors acer (der Tod ist bitter), amor sacer (die Liebe ist heilig) usw. Wie betont, kann man diese Bedeutungen gleich wieder vergessen. Sie sind zu disparat, also auf keinen Nenner zu bringen. Denn übt man sie in dem einheitlichen Schriftzug, wird man niemals den bitteren Tod mit dem zerstückelten Wachs und dem hundertfachen Beginnen in einem Sinngehalt zusammenbringen. Wichtig ist nur zu verstehen, wie die *Formel-Worte* aufgebaut sind, so dass man wissenschaftlich-intellektuell das Verfahren jeder Zeit hinterfragen kann. Kommen irgendwelche Gefühle oder Ideen hoch, die unpassend sind oder Angst machen, kann man nachdenken oder sich weiter über das Verfahren belesen. Blinder Glaube ist nicht gefragt.

Bei der zweiten Übung wird nunmehr auf genau dieses *Spricht*, dieses Körper-Echo, also auf einen von oben / rechts im Kopf herkommendes Verlauten, auf einen Ton, Laut, aus dem tiefen Inneren geachtet. Anfänglich ist es tatsächlich meist ein Ton, auf den man sich konzentrieren soll. Konzentrieren heißt, dass man mit der Aufmerksamkeit immer wieder nachfassen muss. Später sind es schließlich Buchstaben, die aus diesem ‚typographischen' Raum herausklingen und die das Unbewusste dort gespeichert hält. Und genau in diesen Raum sind die *Formel-Worte* eingedrungen und haben die Buchstaben in ihrer B(r)uchstaben-haftigkeit geweckt und evoziert. Auch hier wieder gilt das Gleiche: es handelt sich um einen ganz originären Aspekt des Entäußerungs- bzw. Sprechtriebes, der in jedem Menschen als Primärprozess vorhanden ist und im Unbewussten sogar die Form ganz knapper, kompakter „innerer Sätze", „ultrareduzierter Phrasen" annimmt (alles Begriffe Lacans für diese lautliche Erfahrung).

Auch hier können anfänglich nur ein feines Rauschen, ein ferner Laut oder Ähnliches wahrgenommen werden können, der Übende wird jedoch von Anfang an bemerken, dass es sich hier um eine Konzentration auf ein mehr oben-rechts oder oben-zentral im Kopf befindliches Hör-Sprechsystem handelt, zu dem die Echos des Körpers Beziehung haben, auf die hier zurückgegriffen wird. Auch wenn das eigentliche Hör-Sprechsystem im Kopf linksseitig angelegt ist, ist eben rechtsseitig das mehr rudimentäre, musikalische und der Regression besser zugängliche Hör-Sprechsystem vorhanden, und seine Echostruktur deutlich zu sehen. Dazu passen dann eher die kurzen Phrasen der *Pass-Worte*, während bei den längeren das linksseitige System (psychoanalytisch: das Vorbewusste) eine Rolle spielt.

Wenn man sich über Psychoanalyse etwas beliest und auch sonst Kontakt zu literarischer und wissenschaftlicher und sonstiger Kultur hält, und auch den vorliegenden Text gelesen hat, einen Versuch mit den Übungen gemacht hat, kurz: ein bisschen Bildungsbürger ist, wird man die oft sofort einsehbaren *Pass-Worte* richtig deuten. So schreibt Freud, dass man sogar manche Träume, die ja nun viel entstellter sind als die *Pass-Worte*, und die ja auch unmittelbar vom Symbolisch-Realen herkommen, direkt vom „Blatt weg ablesen" könnte. Man braucht nicht mehr den Träumer nach Einfällen dazu zu befragen und umständliche Interpretationen anzubringen.

Und noch ein letzter Hinweis, nach dem oft gefragt wird. Bemerkt man bei der Anwendung der *Analytischen Psychokatharsis*, dass der *Strahlt*-Anteil beim Üben zu stark ausfällt, wechselt man zur *Spricht*-Übung und umgekehrt. Ansonsten sind beide Übungen jeweils nur für etwa zwanzig Minuten durchzuführen. Der Wechsel von praktischer Erfahrung und theoretischem Denken ist wichtig, weil am Ende etwas Gemeinsames herauskommen wird: eine gedankliche Selbsterfahrung, eine praktische Logik, eine kathartische Analyse. Letztendlich finden beide Übungen zu einem inneren ‚Auftrag', einer Gewissheit, auch am Verfahren mitwirken zu können.

Andererseits habe ich bereits beschrieben, dass man manchmal nicht nur in Gedanken vom meditativen Vorgang abweicht. Manchmal weicht man sogar zwischen den einzelnen *Formel-*

*Worten* zu Bildern, Erinnerungen, zu einem Gemisch von beiden und zu *Pass-Worten* ab, und kehrt doch wieder zum *Formel-Wort-Reverberieren* zurück. Der Fortgeschrittene wird dies durchaus als bereichernd erfahren, denn er lässt sich nicht in eine einseitige *Strahlt-* oder *Spricht*-Richtung verführen, sondern bleibt beim Fortschreiten in der engen Kombination der beiden Grundtriebe, Grundprinzipien, des Spiegel- und Echodiskurses. Und nochmals: neben einer Heilung von Störungen besteht das Ziel darin, an einer Weiterentwicklung des Verfahrens mitzuwirken.

## Nachwort

Hinter dem Pseudonym Stefan R. verbirgt sich nicht nur die reale Person des inzwischen pensionierten Gymnasiallehrers, ehem. Assistenten der Sprachwissenschaften und Malers Franz G., sondern es finden sich darin auch einige autobiographische Details von mir selber und vielleicht zwei-, dreimal auch Material, das aus anderen Krankengeschichten stammt. Während die Bilder in diesem Buch nur von Franz G. stammen, sind auch Teile des Tagebuchs, das etwa 65 Din-A4 und -A5Bände umfasst, nicht von ihm. Einiges wurde auch von mir verfasst oder etwas umformuliert. Man könnte daher denken, dass die Darlegung des Falles als wissenschaftlich ganz korrekt nicht gerechtfertigt ist. Wichtig ist aber nicht die historische Belegung jedes einzelnen Wortes oder von möglichst vielen realen Ereignissen, sondern die Erarbeitung des Strukturellen als solchem, also das Gerüst in seiner psychodynamischen Form und Veränderung, das Wesentliche der unbewussten psychischen Struktur, die wichtigsten *Übertragung*sgeschehnisse, die plastisch-bildhaftesten Teile unbewusster Vorgänge.

Wichtig ist, dass – wie das italienische Sprichwort sagt – „se non e vero, e bene raccontato" (selbst wenn es nicht wahr ist, so ist es doch treffend gesagt). Und im „treffend sagen und darstellen" finden sich eben, was nicht selten ist, beim Autor wie beim Analysanden vergleichbare strukturelle Momente. Ja, der Analytiker muss in seiner eigenen Lehranalyse rein der Struktur nach genau das „durchgearbeitet" haben, was er später mit seinen Analysanden „durcharbeitet". Deswegen hat sicher jeder Leser bemerkt, dass der Stil Stefan R.s manchmals auch meinem ähnelt oder umgekehrt, meiner dem seinen. Schließlich bin ich ja von dem Benedetti'schen Ansatz ausgegangen, dass der Analytiker sich mit Etwas von seinem Patienten identifizieren muss, und ich habe mich eben insbesondere mit dem „Literarischen" Stefan R.s identifiziert. Mit seinem Schreib- und Redefluss, seinem Stil, dem Strukturellen seiner Äußerungen. Seinem ONKAR.[208] In diesem Sinne ist Stefan R. also ein bisschen eine Kunstfigur, die jedoch im Wesentlichsten der Person und den Aussagen Franz G.s entspricht. So hat Franz G. auch dieses Buch wiederholt gelesen und manches in seinem Sinne korrigiert.

Diese Identifizierung und Gegenidentifizierung geht einher mit der bereits im Text erwähnten und von Lacan so genannten „Identifizierung mit dem Sinthome (Symptom)" am Ende jeder zu Ende geführten Analyse. Es handelt sich dabei um die Identifizierung mit einem letztlich beiden Beteiligten unbewussten Rest, der sich nunmehr kaum noch als klinisches „Symptom", sondern eben schon als „Sainthomme" (heiliger Mann), „Sinthome" (Sündenmann), „Saint Thomme" (heiliger Thomas) und eben Rest-Symptom weiter inkarniert. Sich darin, in diesem *Formel-Wort* der Mehrbedeutungen zu treffen und auszudrücken, ist die Heilung, die über die klassische Analyse der Neurosen hinausgeht. Wer im *Strahlt* des „Sinthome" sein letztes Wort *Spricht*, ist geheilt, auch wenn Psychoanalytiker und Patient sich darin gemeinsam wiederfinden. Zudem will ich deutlich machen, dass es weder auf eine genaue Diagnose noch auf präzise Zuordnungen einzelner Phänomene ankommt. Eine genaue Diagnose kann evtl. am Ende, nach der Behandlung gestellt werden, aber sie vorher zu stellen, hieße die Wahrheit des Patienten von vornherein zu vereinnahmen, sie vorgreifend zu etikettieren, ja, sie zu verfälschen. Ich schwanke daher bis heute, ob man bei Stefan R. nicht besser von Persönlichkeitsstörung, oder auch nur von „Opfer und Prophet, auf den niemand hört" hätte sprechen sollen, wie es der finnische Psychiater Siirala getan hat.[209]

---

[208] Stefan R. alias Franz G. kam in Begleitung eines Mitschülers seines Yoga-Lehrers zu mir. Dieser Begleiter und der Vater des Yoga-Lehrers, nämlich Kirpal Singh (1894-1974) und daher auch die entsprechende Yoga-Lehre waren auch mir bekannt. Soweit die äußeren Zusammenhänge am Anfang.

[209] Arieti, S., Schizophrenie, Piper (1990) S. 238

Stefan R. alias Franz G. war tatsächlich viele Male vor der Analyse und auch noch ein paar Mal anfänglich in klinischer Behandlung gewesen.[210] Bei der Behandlung in der Klinik wurde stets eine ‚Psychose' attestiert, obwohl man sich auch hier nie ganz sicher war. Mit Sicherheit gibt es Übergänge zwischen all diesen rein klinisch festgeschriebenen Begriffen. Aber wie man es auch immer verstehen will, es zeigt sich – und nur darauf will ich hinaus, dass diese Menschen behandelbar, verstehbar sind, es aber gleichzeitig völlig neuer Ansätze bedarf, um die unbewusste Struktur herauszuarbeiten und zu verändern. Freie Assoziation und Deutung haben hier nur Sinn, wenn sie geradezu zu einem neuen wissenschaftlichen Verfahren führen, das auf den einzelnen Fall zugeschnitten ist. Bei einem anderen Fall müsste man zu anderen Ergebnissen und Umformulierungen der psychoanalytischen Praxis und Theorie kommen, so absurd dies klingt. Aber nur so wird man dem Begriff der ‚Psychose' gerecht. Deswegen gestehe ich auch offen ein, dass ich nur mit diesem einen „Opfer und Propheten, den niemand hört" so weit gekommen bin, dass man von einem gewissen Behandlungserfolg reden kann und dass eben auch psychoanalytisches Denken dabei Leitlinie war.

Dazu muss auch noch angemerkt werden, dass Franz G. immer wieder für kürzere Zeitabschnitte in niedriger Dosis Medikamente bekommen hat, seit über zwanzig Jahren jedoch keine mehr benötigt. Viele Ärzte behandeln ‚Psychotiker' mit normalen bis hohen Dosen von Psychopharmaka auch dann, wenn eine Psychotherapie durchgeführt wird.[211] Dies erscheint mir problematisch. Franz G. wurde stets – wenn es notwendig war – außerhalb der Klinik nur mit Niedrigdosierungen behandelt, die meiste Zeit jedoch gar nicht, und ist wohl auch deswegen schon lange von den Medikamenten befreit.

---

[210] Belegt sind fast 30 Aufenthalte, die mir zum großen Teil vorliegen.

[211] Hartwich, P., Grube, M., Psychosen. Psychotherapie, Steinkopf (2003) S. 133

Auch war Franz G. zwar in den Yoga Darshan Singhs „initiiert", aber nicht selbst in Indien. Diesbezügliche Erfahrungen stammen aus meiner eigenen Biographie, aber ich habe es in die Falldarstellung so eingefügt, wie dies für die strukturelle Darstellung wichtig war. Tatsächlich hat sich Franz G. sehr weitgehend in den Yoga Darshan Singhs vertieft, und so ist dieses biographische Detail also für das Gesamtverständnis wichtig. Auch die Zurückweisung durch den Guru ist glaubhaft belegt, wenn auch nicht so entscheidend, wie die Zurückweisung durch den Doktorvater. Nochmals möchte ich sagen, dass die Identifizierung / Gegenidentifizierung von Analytiker / Patient beide so verflochten darstellt, wie sie in diesem Buch dargestellt worden ist. Und dass die enge Vertrautheit die eigentliche Hilfe war.

Es gibt etliche Kollegen, die ‚Psychosen' „psychoanalytisch behandeln", aber in Wirklichkeit sehr suggestiv vorgehen oder dem Kranken „kognitive Modelle" überstülpen. So ist etwa der Psychosebegriff von Mentzos und Lempa paradox: ‚Psychotiker' sind, ich habe bereits darauf hingewiesen, Experten der präverbalen Beeinflussung des Körpers und der Ich- Funktionen ihrer Mitmenschen. Sie sind keineswegs nur schwach und 'ich-behindert', sie verfügen über erhebliche Kräfte. Therapeuten wissen ein Lied davon zu singen",[212]formulieren die Autoren in einem ihrer grundlegenden Werke. Doch wie kann man hier von Beeinflussung reden? Und gar von Experten! Wenn es unbewusst geschieht und präverbal, dann befinden wir uns doch genau auf dem Feld, das der Therapeut professionell erwartet, und dass er auf diesem Feld nicht immer schnell und klar genug die Dinge erkennt, ist doch nichts Neues! Das Problem liegt doch darin, dass die Therapeuten sich als Therapeuten verstehen, als Metapsychologen, und von da aus so etwas wie die ‚Psychose' und das Präverbale beurteilen, das in Wirklichkeit doch gar nicht vollkommen präverbal ist, denn wie hätte der 'Psychotiker' (jetzt müsste man ihn doppelt in Anführungszeichen setzen) sonst dazu „Experten-Zugang"?

---

[212] Lempa, G., in Mentzos, S., Psychose und Konflikt, Vandenhoeck und Rupprecht (1992) S. 49

Und wie sollte der ‚Psychotiker' die „Ich-Funktionen" seiner Mitmenschen beeinflussen? Die meisten Menschen bauen aus Selbstschutz sehr schnell eine Wand zwischen sich und dem ‚Psychotiker' auf. Der ‚Psychotiker' ist eben verrückt und muss vom Nervenarzt behandelt werden, da wird das Ich des Mit- (besser: Nur-Halb-Mit-) Menschen nicht beeinträchtigt. Vielleicht lässt sich der Psychiater in seinem Ich beeinflussen, weil er im Grunde genommen kein klares Konzept und keine ausreichende Gegenidentifizierung für die Psychosebehandlung hat. Schon mit dem Wort ‚Psychose' führen wir ein zu fest gefasstes und umrissenes Wissen ein, das dem „Experten-Wissen" des *Anderen* nie gerecht werden kann. Natürlich brauchen wir im Notfall, in der Bedrängung des klinischen Momentes einen Begriff, ein Wort, um schnell eine Übersicht, eine Ordnung herzustellen und einzuführen. Aber gleichzeitig muss gewährleistet sein, dass dieser Begriff im Laufe des eigentlichen, hier z. B. therapeutischen Prozesses wieder verschwindet. Und Experten gibt es nur unter Experten, in der Politik etwa oder auf der Universität. Unter Menschen gibt es keine Experten, es sei denn, man ist Experte im Nicht-Experte-Sein, wie der Psychoanalytiker es eben ist und sein sollte..

Das Wissen des ‚Psychotikers' muss mitverwendet, muss miteingebaut werden in das Wissen des Therapeuten und es muss ein gemeinsames Wissen herauskommen. Aber dieses gemeinsame Wissen ist kein Wissen im herkömmlichen Sinn, es ist „Wahrheit über das Wissen", wo das Wissen nicht mehr – wie auf der Universität üblich – die Wahrheitseffekte umkehren kann, sondern selbst nur und ausschließlich als Diener der Wahrheit Gültigkeit hat (eher kann die Wahrheit die Wissenseffekte umkehren). Wenn beide, Therapeut und Patient, sich in der Wahrheit gestellt sehen, bloßgestellt, hineingestellt, ent- und er-stellt sehen, dass also das Wissen selbst Wahrheitseffekt ist, vor dem es verblasst, unwichtig wird, relativiert ist, dass also nur „Wahrheits-Wissen" entsteht, nur dann ist es richtig, stimmen die Dinge.

Basch versucht dieses Problem mit einem kühnen Trick zu lösen. Er sagt einfach: Man muss das seelische Trauma in die Analyse bringen![213] Das ominöse Freudsche Trauma (die frühkindliche, unbewusst gebliebene Verletzung oder Verführung), von dem wir durch seinen Mund selbst wissen, dass es nur 'nachträglich' wirkt (d. h. indem wir ihm durch weitere Wahrnehmungen die infantil-sexuelle Bedeutung geben, die wir verdrängen müssen). Dann ist nach all dem, was wir bisher gehört haben, klar, dass man das Trauma ja ebenfalls nur wieder traumatisch in die Analyse bringen kann, wenn man analytisch, männlich-sprachlich, westlich-wissenschaftlich, vorgeht, wie sonst?

Das Trauma in die Analyse bringen und es dann durch Deutung „klarstelle", wie Basch meint, da bräuchten wir ja dann gar keine Analyse mehr, da traumatisieren wir uns zuerst, und dann sprechen wir einfach so nett und verständlich durch Deutungen darüber und die Sache hat sich! In dem Fall, den Basch darstellt, wird demnach auch ersichtlich, dass der Patient auf die Verletzung durch den Analytiker, die er das Hereinbringen des Traumas nennt, mit erheblicher Wut reagiert, ein Verhalten, das normalerweise zu einem Abbruch der Analyse führt, oder auf jeden Fall sehr häufig dazu führen wird. Mit Sicherheit wird damit die sogenannte negative therapeutische Reaktion zur Tagesordnung, auch wenn man nachher wie Basch versucht alles wieder gut-zu-reden. So geht es also leider nicht, das ist wohl wieder eher ein westlich männlicher (R)Einfall, der das „indische Lächeln" und das weibliche Genießen verhöhnt.

R. Krause meint dagegen, dass die Deutung affektiver Beziehungen als *Übertragung*sgeschehen bei ‚Psychotikern' zu unheilvoller Verwirrung führt.[214] Er empfiehlt er daher über 'Alltagsnamen' an den Patienten heranzugehen, also z. B. ein Seufzen zuerst einmal als Seufzen, ein Fäusteballen als Fäusteballen anzusprechen, um dann mit diesem „semantischen Netzwerk" nun überhaupt erst ei-

[213] Basch, M. F. Verdrängung und Verleugnung, in Forum der Psychoanalyse, Nr. 3 (1992) S. 178-79
[214] Krause, R. et al.: Affektforschung und ihre praktische Anwendung, in Forum der Psychoanalyse, 3 (1992) S. 238 -253

ne „erinnerungshafte Verarbeitung . . . im *Übertragung*sgeschehen" zu ermöglichen. Aber was heißt das, über die Alltagsnamen an den Patienten heranzukommen? Denn wie will man vom Seufzen als Alltagsname zu jenem Seufzen kommen, das der Analysand von sich gibt, weil der Analytiker ihm nicht unter die Haut fährt z. B? Ein Seufzen, da ist doch alles drin, alles und nichts, was man zurecht Alltag nennt, d. h. das Nichts, das herauskommt, wenn immer alle Tage gleich sind, wenn sie Nichts-Tage sind. Aber ein Seufzen über seinen Analytiker, weil der sich so ein Instrument wie ein „semantisches Netzwerk" ausdenkt, ist semantisch ein ebenso berechtigtes Alltagsgeschehen; d. h. das ganze Problem, mit dem die Analyse steht und fällt, das Trauma via *Übertragung* einer Deutungslösung zuzuführen, ist semantisch wieder offen und völlig ungelöst.

Ein Seufzen kann genau so gut sein Gegenteil, z. B. ein Aufatmen sein, das Kopfnicken kann die Verneinung ausdrücken und Liebe den Hass. Nichts gilt. Doch warum mit Sprache, vielleicht sogar noch mit Metasprache, reden, wo wir doch Formulierungs-Bilder haben, ALITERASUM? Warum nicht alles ALITERASUMIEREN – ich habe es psychosemiotisch richtiger: *signifikantisieren* genannt. Damit wird das Trauma in die Analyse gebracht, nämlich auf der rein strukturellen, linguistisch-symbolischen Ebene, und das „semantische Netzwerk" ist von vornherein sichtbar. Es enthält einerseits die weibliche, indische, vom Todestrieb gezeichnete Sprache, das *Gekrümmte* – andererseits können wir nihct unsere in Jahrtausenden erworbene, wenn auch noch so westlich – männliche rationale Sprache, das *Gerade*, einfach wegwerfen. Das Unbewusste, „dieser Diskurs des anderen ist nicht der Diskurs des abstrakten anderen, das anderen in der Dyade, meines Korrespondenten, noch selbst einfach meines Sklaven, es ist der Diskurs des Kreislaufs, in den ich integriert bin. Ich bin eines seiner Kettenglieder. Es ist der Diskurs meines Vaters z. B., insofern mein Vater Fehler gemacht hat, zu deren Reproduktion ich absolut verdammt bin, weil ich den Diskurs wiederaufnehmen muss, den er mir hinterlassen hat, nicht weil ich sein Sohn bin, sondern weil

man die Kette des Diskurses nicht unterbricht".[215] Weil sonst
überhaupt niemand mehr sprechen könnte. Weil sonst überhaupt
nichts mehr ginge, männlich oder weiblich, mütterlich oder väter-
lich, gerade oder *gekrümmt*. Weil man im Namen von irgendetwas
die Dinge aussagen muss, in dem man sie immer schon ausgesagt
hat, im Alltagsnamen, im Übertragens-Namen, im Nichts-Namen,
indisch, deutsch, als *Formel-Wort*, egal. D. h., wenn man den
wirklichen wissenschaftlichen Fortschritt will, müsste man es zuerst in diesen neuen *Namen* versuchen, die ich hier zum Üben angeboten habe. Denn dies sind die wirklichen *Namens-Namen, Sig-
nifikantisierungen*, die notwendig sind von Zeit zu Zeit, weil die
alten *Namen* nicht mehr so funktionieren. Man muss sich im Geraden *krümmen* und im *Gekrümmten* muss man sich wieder begra-
digen.

Auch O. Kernberg stellt ausgedehnte „Interventions- und Inter-
viewtechniken", „deskriptive und psychodynamische Diagnostik"
an den Anfang. Der Patient ist schon lange vor der Therapie in einem totalen fertigen begrifflichen Bezugsrahmen eingespannt, bevor er zu sich selbst kommen kann. Alles ist schon begradet, während der Patient doch selbst der *Gekrümmte* ist. Man hätte ihn
doch *gekrümmt*gradigen müssen! Warum nicht – wie Freud und
Lacan dies tun – von der Spaltung, dem Schnitt, ausgehen, welche
allen Menschen als eine conditio humana wesentlich ist? All dies
also berechtigte mich das wesentliche Element des „splitting", die
menschliche Struktur als solche, die Spaltung ins Zentrum meines
Buches zu stellen und in diesem Wesentlichen keinen Unterschied
zwischen mir, Stefan R. und den anderen zu machen. Dies ließ
auch gewisse Vermischungen des Tagebuches zu. Denn wichtig
waren ja nicht die einzelnen Poetismen, sondern die psychischen,
die mathematischen, die topologischen Schritte, bis hin zu dem
letzt möglichen Schritt, der selbst die Sprache bis an die Grenze
ihrer Sprachlichkeit führt: sie zerstückelnd und wieder zusammen-
setzend durch das Unbewusste selbst.

---

[215] Lacan, J., Das Ich in der Theorie Freuds, Seminar II, Walter (1980) S.
118

Auch Sokrates hat den Schlüssel zur Weisheit keinem geschenkt, man kann nicht genau angeben, was denn nun αρετη, Tugend, wirklich sei, oder im Parmenides, was überhaupt ist und was nicht. Und auch Jesus liefert keine Patentrezepte, es muss erst so ein wilder Eiferer wie Paulus kommen, um der ganzen Angelegenheit ein über die Grenzen hinausgehendes Format zu liefern. Philosophisch kann uns J. Derrida helfen, der von der „reinen Lust und der reinen Realität als den beiden Grenzen" spricht, „idealen Grenzen"![216] Die „reine Realität", das ist nichts anderes als das, was M. Foucault die „Macht ohne Herrscher" nennt und was ich als *Strahlt* bezeichnet habe. „Kraftlinien" (Foucault), die die Grenze des Realen markieren, obwohl sie eigentlich nicht ontologisch zu denken sind. Denn sowohl das *Strahlt*, wie das *Spricht* – das Foucault auch „Sex ohne Gesetz" und Derrida eben die reine Lust" nennt – sind als Grenzen „zerstörerisch und tödlich, die eine wie die andere".[216] Man muss sie durch eine Formulierung in einer guten Kombination zusammenhalten, damit der Tod überwunden und ein neues Leben gefunden werden kann.

*„Nervenzusammenbruch!. Nein Aufbruch!. Ausbruch! Das muss raus aus dem Neuro-Nemo, nonus, der neunte, non nemo, jeder und aus μενος, dem Zorn . . . Man muss den Zorn salonfähig machen. Man darf nicht sagen: der Zorn. Man muss sagen Herr Zorn, Meister Zorn, Herr Direktor Zorn, Gottvater Zorn!!!, Ich will den Zorn als Punkt, als Komma und vor allem als Rufzeichen. Ich will ihn nicht als Norm, als Form-Genorm, Ge-Born, sondern als Z. O. R. und N. Der Zorn der Bürokraten ist nur eine Schabracke, eine Schabernacke und Schlacke . . "*

*„Ich kann gar nicht genug davon reden. Da verhungern wieder Kinder in Afrika, da schlachten sich wieder Menschen ab. Ja haben sie vorher nicht gegrollt, gezürnt, getönt, gelautet, geschrieen, dass alle es hören!? Nichts, Nein, Non, Amen. Und es wird nie anders sein."*

---

[216] Derrida, J., Die Postkarte von Sokrates bis an Freud und jenseits, Brinkmann (1987) S. 38

## V. LITERATURVERZEICHNIS

Baggini, J., Ich denke, also will ich, dtv (2016)

Barkhaus, A., Mayer, M., Identität, Leiblichkeit, Normativität, Suhrkamp (1996)

Bauriedl, T., Beziehungsanalyse, Suhrkamp (1993)

Benthien, C., Wulf, Ch., Körperteile, Rowohlt (2001)

Bezzel, C., Wittgenstein, Junius (1996)

Breuer, R., Immer Ärger mit dem Urknall, Rowohlt (1993)

Brockman, J., Vogel, S., Wie funktioniert die Welt?, Fischer Taschenbuch (2013)

Byung-Chul Han, Die Austreibung des Anderen, Fischer Wissenschaft (2011)

Byung-Chul Han, Die Errettung des Schönen, Fischer Wissenschaft (2011)

Camus, A., Der Mythos des Sisyphos, Rowohlt (2018)

Camus, A., Mythos Prometheus, Reclam Verlag (1995) S. 144-47

Carnap, R., Einführung in die Philosophie der Naturwissenschaft (1969)

Damasio, A. R., Descartes` Irrtum, Dtv (1997)

Dennet, D. C., Von den Bakterien zu Bacvh – und zurück, Suhrkamp (2018)

Davies, P., Gott und die moderne Physik, Bert. M. (1986)

Eccles, J. C., Gehirn und Seele, Piper (1987)

Eichmeier, J., Höfer, O., Endogene Bildmuster, U&S (1974)

Fischer-Lichte, E., Performativität:, transcript (2012)

Freud, S., Studienausgabe, Fischer (1989)

Goel, B. S. Meditation und Psychoanalyse, Ariston (1989)

Görz, G., Einführung in die Künstliche Intelligenz, Addison-Wesley (1996)

Harari, Y. N., Homo Deus, C. H. Beck (2017)

Heidegger, M., Unterwegs zur Sprache, G. Neske (1959)

Hilbrecht, H., Meditation und Gehirn, Schattauer (2010)

Hofstadter, D., Die Analogie, Klett-Cotta (2014)

Horgan, J., An den Grenzen des Wissens, Luchterhand (1997)

Jacobs, A., Schrott, R., Gehirn und Gedicht, Hanser (2011)

Jakobson, R., Semiotik, Suhrkamp (1988)

Jakobson, R., On Language, Harvard University Press (1995)

Jung. C.G., Gesammelte Werke, Walter (1983)

Kant, I., Kritik der reinen Vernunft, Reclam (1966)

Kluge, F., Etymologisches Wörterbuch, W. de Gruyter (1989)

Lacan, J., Schriften I - III, Walter, (1975)

Lacan, J., Seminare I,I, VII, XI, XX, Quadriga (1980-1995)

Lacan, J., Seminaire Nr. III, Iv, VIII, XVII, Edition Seuil (1994)

Lacan, J., Die Bildungen des Unbewussten, Turia & Kant (2006)

Lacan, J., Mitschriften der Seminare,VI,IX,X,XII,XV, B.R.L.F., Strasbourg

Laplanche, J., Pontalis, J. B., Das Vokabular der Psychoanalyse, Suhrkamp (1989)

Leakey, R., Die ersten Spuren, Goldmann (1999)

Linke, D., Kunst und Gehirn, Rowohlt (2001)

Maar, C., Pöppel, E., Christaller, T., Die Technik auf dem Weg zur Seele, Rowohlt (1996)

Merleau-Ponty, M., Das Sichtbare und das Unsichtbare, Fink Verlag (1994)

Pinker, S., Der Sprachinstinkt, Kindler (1996)

Plato, Sämtliche Werke, Insel Verlag (1991)

Popper, K. R., Eccles, J. C., Das Ich und sein Gehirn, Piper (1989)

Potthoff, P., Die Begegnung der Subjekte, Psychosozial-Verlag (2014)

Radisch, I, Camus, Rowohlt (2013)

Roazen, D., Der innere Sinn, Fischer (2012)

Roheim, G., Die Panik der Götter, Kindler (1975)

Rosset, C., Das Reale in seiner Einzigartigkeit, Merve (2000)

Rüdinger, D., Perrez, M., Anthropologische Aspekte der Psychologie, O. Müller (1979)

Rudgley, R., Abenteuer Steinzeit, Kremaye & Scheriau (2001)

Schmidt-Hellerau, C., Lebenstrieb & Todestrieb, Libido & Lethe, Verlag Intern. Psychoanalyse (1995)

Searle, J. R., Geist, Hirn und Wissenschaft, Suhrkamp (1992)

Seidler, G. H., Der Blick des Anderen, Verlag Intern, Psychoanalyse (1995)

Sinz, R., Gehirn und Gedächtnis, Fischer Utb (1981)

Strowik, E., Sprechende Körper, Fink-Verlag (2009)

Thompson, R. F., Das Gehirn, Spectrum (1994)

Thorne, K. S., Gekrümmter Raum und Verbogene Zeit, Knaur (1996)

Tipler, F. J., Über die Omegapunkttheorie, Piper (1994)

Uexküll, Th., Fuchs, M., Subjektive Anatomie, Schattauer (1994)

Weiss, Der Andere in der Übertragung, Frommann-Holzboog, (1988)

Weizsäcker, C. F. von, Die Einheit der Natur, Dtv (1995)

Weinberg, S., Der Traum von der Einheit des Universums, Bertelsmann (1993)

Weizenbaum, J., Die Macht der Computer, Stw (1977)

Wiener, O., Probleme der Künstl. Intelligenz, Merve (1990)

Wilhelm, R., Informatik, C.H.Beck (1996)

Wilson, E. O., Der Wert der Vielfalt, Piper (199

Wolf, F. A., Die Physik der Träume, Byblos (1996)

Wygotski, L. S., Denken und 'Sprechen', Fischer (1981)

# Weitere Bücher des Autors aus dem MCS Verlag

‚teetrunken' Ausgangspunkt des Buches stellt die Lehre des Psychoanalytikers O. Graf Wittgenstein dar, der davon ausging, dass der Mensch in sich drei Teile birgt, die er nur verschiedentlich zu einer Einheit bzw. einheitlichen Persönlichkeit verbinden kann. Die letztliche und ideale Einheit nennt er den 'Trialog'. Anhand der Schilderung mehrerer Bergbesteigungen durchstreift der Autor alle möglichen kulturellen und psychologischen Fragestellungen, um im Endeffekt den 'Trialog' durch das Wandern, Meditieren und intellektuelle Verarbeiten zu erreichen.

## Yoga und Psychoanalyse

An Hand einer wissenschaftlichen Biographie des Religionswissenschaftlers und Yogalehrers Kirpal Singh (Surat Shand Yoga) werden alle Yogaformen von der Seite der Psychoanalyse her betrachtet. Es ergibt sich die Notwendigkeit ein eigenes Verfahren zu begründen, das der Autor auch *Analytische Psychokatharsis* nennt. Zahlreiche Bilder und Schemata machen das Buch anschaulich.

Webseite: analytic-psychocatharsis.com

### Analytische Psychokatharsis

Psychoanalytische Theorie und kathartische Meditation können nicht einfach ineinander überführt werden. Setzt man beide Verfahren aber durch ein entscheidendes Element (einen „linguistischen Kristall") in Beziehung, lässt sich ein eigenes neues Verfahren begründen. Die Psychoanalyse und die meditativen Methoden werden diskutiert, und die Praxis des eigenen Verfahrens wird ausführlich beschrieben.

### Die Revolte des Selbst

Die klassische Methode der Analyse des Unbewussten stellt eine zu theoretische Revolte des Selbst dar. Um in der Praxis Erfolg zu haben bedarf es eines direkteren selbstanalytischen Verfahrens, das jeder aus sich selbst heraus entwickeln kann. Formulierungen, die in einem einzigen Schriftzug mehrere Bedeutungen enthalten, können das Unbewusste jedes Einzelnen durch mentales Üben aufbrechen und zu sich selbst be-

Webseite: analytic-psychocatharsis.com